슈거 대디 자본주의

친밀한 착취가 만들어낸
고립된 노동의 디스토피아

피터 플레밍 지음
김승진 옮김

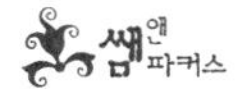

일러두기

- 이 책은 Peter Fleming, *Sugar Daddy Capitalism: The Dark Side of the New Economy*(Polity Press, 2019)를 완역한 것이다.
- 원문에서 저자가 이탤릭체로 강조한 용어는 볼드체로 표시했다.
- 문맥의 이해를 돕기 위하여 옮긴이가 첨언한 내용은 대괄호[ ]로 표시했다. 좀 더 긴 설명이 필요한 옮긴이 주는 본문의 해당 내용 옆에 방주 처리하고 '옮긴이'라 표시했다.

차례

서문

추잡한 자본주의의 비용

2017년 10월, 할리우드의 거물 영화 제작자 하비 와인스틴의 놀라운 스캔들이 수면 위로 떠올랐다. 그가 오랫동안 막강한 권세를 남용해 젊은 여성들을 성적으로 희롱하고 학대해왔다는 것이었다.[1] 최초의 폭로가 언론을 장식한 후, 다른 여성들도 용기를 내 자신의 이야기를 털어놓았다. 피해 여성 중에는 배우 지망생만이 아니라 와인스틴의 회사 직원들도 있었다.[2] 이어 와인스틴 외에도 유명 남자 배우와 감독 여럿이 비슷한 행동을 했다는 의혹이 잇따라 폭로되면서 와인스틴 스캔들은 커다란 사회적 이슈가 됐다.

대부분의 논평과 분석은 선을 넘은 와인스틴의 성격과 기벽에 초점을 맞추면서 이 사안을 거의 전적으로 도덕의 문제로 다뤘다. 하지만 와인스틴의 약탈적인 행위를 경제적 맥락에서도 살펴볼 필요가 있다는 지적 역시 제기됐다. 어떤 경제적 맥락이 그와 같은 행위가 더 거리낌 없이 자행되도록 촉진했는지 살펴봐야 한다는 것이었다.[3] 한 노조 인사는 와인스틴 회사의 직원들이 처했던 상황이 오늘날 많은 일터에서 흔히 일어나는 일이라고 지적했다. "호텔이나 바에서 일하는 젊은 여성을 생각해보십시오. 끄덕끄덕하면서 분위기를 잘 맞춰주지 않으면 그날로 잘리고 다른 사람으로 대체될 수 있는 종류의 일 모두 마찬가지입니다."[4]

경제적으로 취약한 여성들은 와인스틴에게 쉬운 목표물이었다. 그의 성적인 요구를 거절할 경우에 초래될 경제적 불이익이 너무나 크고 명백했을 것이기 때문이다.[5] 게다가 와인스틴은 실상을 아는 사람들을 입 다물게 할 만한 수단도 충분히 가지고 있었다. 그의 회사 직원들은 비밀 유지 조항에 서명해야 했고,[6] 피해자가 공개적으로 알리겠다고 나서면 기업 기밀을 수집하는 전문 첩보 인력을 고용해(이스라엘 대외 첩보 기관 모사드의 전직 스파이도 있었다) 피해자의 평판을 훼손했다.[7]

그랬더라도, 와인스틴이 저지른 일은 결국 세상에 알려졌다. 드러난 여러 행각 중 특히 소름 끼치는 것은 그의 악명 높은 '비즈니스 미팅'이다. 젊은 여성이 거물 영화 제작자 와인스틴의 비서로부터 면접을 보러 오라는 연락을 받고 면접 장소인 호텔 바로 간다. 곧 그 여성은 와인스틴의 개인 룸으로 안내를 받는다. 거기에서 목욕 가운 차림의 와인스틴이 마사지를 해달라고 한다. 한 피해자는 와인스틴과의 '비즈니스 미팅'을 다음과 같이 묘사했다. 이 묘사는 눈여겨볼 필요가 있는데, 직업상의 전망, 추잡한 성적 욕망, 그리고 권력 관계가 복잡하게 얽혀 있음을 잘 보여주기 때문이다.

> 나 역시, 어쩌면 내 인생 전체가 더 좋은 쪽으로 바뀔 수도 있다는 기대를 품고 그 미팅을 하러 갔습니다. 나 역시, 면접 장소가 호텔 바라고 연락을 받았습니다. 나 역시, 호텔 바에 있던 젊은 여비서한테서 와인스틴이 너무 바빠서 미팅 장소가 위층에 있는 그의 개인 룸으로 바뀌었다는 말을 들었습니다. 나 역시, 바짝 경계심이 들었지만 내 또래 젊은 여성이 같이 있기에 안심하고 마음을 진정시켰

습니다. 나 역시, 그 젊은 여성이 방에서 나가고 갑자기 그와 단둘만 남게 됐을 때 극심한 공포를 느꼈습니다. 나 역시, 마사지와 샴페인, 딸기를 원하느냐는 질문을 받았습니다. 나 역시, 그가 같이 샤워를 하자고 했을 때 점점 커지는 공포심에 짓눌려 거의 마비된 채 그 의자에 앉아 있었었습니다. **내가 무엇을 할 수 있지? 어떻게 해야 이 사람을, 이 결정적인 관문을, 나에게 성수를 내릴 수도 있고 나를 파괴할 수도 있는 이 사람을 화나지 않게 할 수 있지?**[8]

#미투 운동을 통해 여성들이 용기 있게 자기 이야기를 밝히면서 할리우드뿐 아니라 다른 곳에서도 주요 조직들이 발칵 뒤집혔다. 영국 의회도 그중 하나다.[9] 런던의 의사당에서 성적인 괴롭힘의 문화가 오래도록 곪고 있었으며 이제는 거의 제어 불가능한 수준에 도달했다는 폭로가 나온 것이다. 한 의원은 젊은 여성 비서를 '꿀 젖꼭지'라고 불렀고 자신의 내연녀가 쓸 섹스토이를 사오라는 심부름도 시켰다고 한다.[10] 의회도 특정한 유형의 고용 관계가 일반화돼 있는 곳이다. 웨스트민스터의 비서들은 '사실상 자영업자'이기 때문에 매우 불평등한 권력 관계의 끄트머리에 위태롭게 매달려 있다.[11] 정규직에게 적용되는 일반적인 노동자 보호는 거의 받지 못하며, 기본적으로 '자기가 알아서 헤쳐나가야' 한다. 이에 더해, '신자유주의의 케이오 펀치'를 맞게 될 위험도 있다. "여기 있으라고 총 겨누고 협박하는 사람 아무도 없어. 싫으면 언제든 자유롭게 나가라고."

제약 없는 자본주의에 대한 환상

이 책은 성적 괴롭힘에 대한 책은 아니다. 하지만 이 충격적인 사례들은 현재 서구 경제에서 벌어지고 있는 폭넓은 전환의 특징을 포착하는 데 매우 도움이 된다. 그 전환은 한마디로 **탈공식화**deformalization라고 부를 수 있는데, 공적인 거버넌스와 규제를 통한 노동자 보호가 일터에서 사라지게 된 것을 의미한다. 오늘날 벌어지고 있는 서구 자본주의의 탈공식화는 신고전파 경제학자들, 특히 프리드리히 하이에크와 '시카고학파'의 밀턴 프리드먼이 개진한 사상에 기반해 전개된 신자유주의 혁명의 때늦은, 그리고 대체로 예견되지 못했던 결과다.

물론 '신고전파 경제학자'는 느슨한 범주이며 여기에 속하는 사람들이 모든 문제에 의견의 일치를 보인 것은 아니다(이를테면 하이에크는 통화 정책과 관련해 프리드먼을 비판했다). 하지만 이들 모두가 공유한 꿈이 하나 있었으니, 모든 이가 철저하게 사적이고 개인적인 토대에서 상호 작용하는 이상적인 사회였다. 그러한 세상에서는 돈과 이기심만이 유일하게 허용된 '보편 원칙'이며, 정부는 최후의 보루로서만 등장한다.[12] 즉 그들의 꿈은 자본주의에 대한, 온전히 자본주의에만 바쳐진 사랑이었다.

시카고학파의 사상에 너무나 매료된 마거릿 대처와 로널드 레이건은 자본주의를 거대 정부의 족쇄에서 해방시키는 것을 인생 미션으로 삼았다. 기업은 스스로를 잘 규제할 수 있다. 민간 영역에서의 시장 개인주의가 바로 '개인의 자유'의 궁극적인 정점이다. 정부가 제시하는 기준, 노동 법규, 노조는 더 이상 우리 사회에 필요치 않다. 고용 조건이나 임금 등은 당사자들이 알아서 결정할 사적인 문제다. 합법적이기만 하면 무엇이건 가능하다. 기타 등등. 그러니 오래지 않아 새로운 경제 세계의 회색 지대를 악용해 이득을 취하는 하비 와인스틴 같은 사람이 나타났다는 것은 이상한 일이 아닐 것이다.

물론 비공식성이 그 자체로 나쁜 것은 아니다. 몇몇 매우 진보적이고 자생적인 협업의 흐름은 국가와 거대 기업 관료제의 틀 밖에서 생겨난 것들이었다.[13] 이 책의 주제는 '시장 개인주의'와 결합해서 벌어지고 있는 유형의 탈공식화다. 오늘날 이런 탈공식화는 모든 곳에 속속들이 퍼지고 있다. 그런데 정확히 어떻게 해서 신자유주의적 자본주의가 추동하는 삶의 냉철한 합리화가 '너무나 인간적인' 그리고 무서울 정도로 자의적이고 변덕스러운 권력 관계와 결합하게 된 것일까?

표면상으로, 시카고학파가 설파한 개념은 와인스틴과 그의 추잡한 거래가 드러내는 지저분하고 은밀하며 불공정한 세계와 거리가 아주 멀어 보인다. 하이에크와 프리드먼은 **제약에서 벗어난 자본주의**가 우리를 더 공정한 사회로 나아가게 해주리라고 믿었다. 우리의 삶이 한편으로는 개인의 능력에, 다른 한편으로는 금전이라는 냉철한 객관성에 의해 구성되리라고 봤기 때문이다. 그렇게 되면 경제 영역이 드디어 편파성과 편견을 탈피할 수 있을 터였다. 가격 메커니즘은 전통, 가문, 연줄, 개인사 등에 아무 관심이 없을 것이기 때문이다. 당신이 흑인이건 백인이건 그것은 중요하지 않다. 유일하게 중요한 색은 녹색[지폐의 색]뿐이다. 신자유주의자들은 이런 개념을 아주 좋아했다. 사람들 사이를 연결하는 유일한 유대는 **질**質, 즉 '당신은 누구인가'가 아니라 **양**量, 즉 '얼마인가'에 기반한 것이어야 했다. 하이에크는 자유를 획득하게 해주는 수단으로서 화폐야말로 인간의 가장 위대한 발명품이라고 말한 적이 있는데, 그가 위와 같은 개념에 얼마나 깊은 믿음을 가지고 있었는지를 단적으로 보여준다.[14] 그는 사회가 이런 신조에 기반해 재구성된다면 머지않아 우리 모두 부유한 '미니 사업가'가 될 수 있으리라고 봤다. 우리의 노동 생활이 노조나 정부가 부과한 보편 기준의 족쇄에 매이지 않고 각자의 취향에 따라 자유롭게 이뤄지리라는 것이었다.

물론 이것은 모두 판타지다. 그래서 하이에크의 《노예의 길The Road to Serfdom》이나 《자유헌정론The Constitution of Liberty》을 보노라면 마치 소설을 읽는 것같이 느껴진다. 전제로 깔린 가정들이 너무 추상적이고 현실과 동떨어져 있기 때문이다.[15] 여기에는 현실 속의 실제 사람들이 반영돼 있지 않다. 특히 그 단호한 개인주의와 관련해서 더욱 그러한데, 사실 이것은 예전부터도 자본주의의 신화에서 늘 수상쩍은 부분이었다. 하이에크의 논증은 **불합리로 환원**reductio ad absurdum[논리학에서 'reductio ad absurdum'은 어떤 명제가 참임을 그것의 부정 명제가 참이라고 가정할 때 불합리에 도달하게 됨을 보임으로써 증명하는 '귀류법'을 일컫는데, 문자 그대로는 '불합리로의 환원'이라는 의미다.-옮긴이]되고 있으며, 어떤 사회도 그런 방식으로는 기능할 수 없다. 이에 더해, 이제 우리는 자본주의 경제가 국가 없이는 아무것도 할 수 없다는 것을 잘 알고 있다. 소위 '자유 무역'도 거대 기업의 이익을 보호하기 위한 국가의 작동과 두꺼운 법전이 필요하다. 사실, 오늘날 '복지 국가'라는 것이 아직 존재한다면, 그것은 기업을 위한 복지 국가이지 정작 복지 제도가 필요한 사람들을 위한 복지 국가라고는 말하기 어려울 것이다.

개인의 고립에 경제적 불안을 덮어씌우다

이제는 더 이상 하이에크와 프리드먼이 주류 경제학계에서 진지하게 연구되지 않고 종종 냉전 시대의 유물로 치부되기도 하지만, 그들이 남긴 유산은 서구 사회 거의 전역에 지금도 엄연히 존재한다. 하지만 그들이 예견했던 방식으로는 아닌데, 이것이 바로 내가 짚고자 하는 지점이다. 금전 거래 기반의 개인주의를 최우선 삼아 사회를 재조직했지만 이는 하이에크가 《노예의 길》에서 대담하게 예측한 기업과 상업 세계의 탈인간화depersonalization를 가져오지 않았다. 와인스틴과 영국 의회의 사례가 보여주듯이, 실제로 일어난 일은 오히려 그와 반대다. 왜 이렇게 됐을까? 공공 영역이 후퇴하고 스스로를 규제할 역량이 있다고 상정된 민간 영역이 팽창해 그 자리를 메우면서 시카고학파가 설파한 대로 '금전을 매개로 한 결합cash nexus'이 경제

관계를 지배하고 있는 것은 사실이다. 하지만 그와 동시에 이 거래는 매우 비공식적인 속성 또한 갖게 됐다. 여기에서는 양('얼마인가?')의 문제와 질('당신은 누구인가?')의 문제 모두가 경제생활에 핵심적인 영향을 미친다. 주된 이유는, 법적인 노동자 보호와 노동 기준이라는 공식적인 토대가 이 새로운 경제에서는 더 이상 중요하지 않아졌기 때문이다.

당신이 부자라면 이것은 아주 좋은 일일 것이다. 하지만 부자가 아니라면 문제에 봉착할 것이고 상황은 점점 더 악화될 것이다. 고립된 개인은 도저히 대적할 수 없는 권력 관계에 놓일 수밖에 없다. 협상력이 너무나 제한적이어서 온갖 종류의 요구 사항을 받아들일 수밖에 없게 되는 것이다. 곧 이 상황을 악용하는 상사들이 생기리라는 것은 뻔한 일이다. 하비 와인스틴 사례에서처럼 추잡한 방식으로만이 아니라 경제적인 착취(우버화된 노동의 시대인 오늘날에는 **유연 착취** flexploitation라는 표현이 더 적합할 수도 있겠다)의 면에서도 그렇다. 바람직한 종류의 비공식성(친한 동료들이 서로를 돕는 경우라든가, 무의미한 규칙들을 에둘러 가면서 일이 잘 돌아가게 하는 경우 등)은 밀려나고 **전도된 인격화** inverse personalism가 들어섰다. 이제 경제적 합리성의 냉철한 논리는 추잡한 상사라든가 '갑질'하는 고객과 같은, 육신을 가진 존재를 통해 작용한다.

이처럼 막무가내로 이뤄지는 노동의 개인화(노동의 비용과 이득을 공유할 수 있는 사회적 재화나 공동의 재화가 없는 상태)는 인간의 사회적인 잠재력을 심각하게 제약한다. 우리를 더 불안정하고 절박하게 만드는 데서 그치지 않고 더 멍청해지게도 만들 수 있는 것이다. 최근의 여러 연구에 따르면, 인간의 창조적·인지적 역량은 공동으로 활동하는 영역이나 공적인 영역에서 매우 증폭되는 경향이 있다. 예를 들어, 심리학자 당 스페르베르와 위고 메르시에는 실험 참가자들을 둘로 나눠 상이한 조건에서 복잡한 단어 퍼즐을 풀게 했다.[16] 첫 번째 집단은 참가자들이 각각 따로따로 퍼즐을 풀었는데, 정답을 낸 사람은 두 명뿐이었다. 두 번째 집단은 함께 논의하고 토론하도록 독려한 뒤 퍼즐을 풀게 했는데, 정답률이 훨씬 높아졌다. 즉각적으로 **공동 이성**이 발휘돼 모두의 수행성이 높아진 것이다. 나는 경제 영역에서도 이와 같을 것이라고 생각한다. 생산성 측면에서만이 아니라 오늘날의 직장처럼 민주적 대화가 매우 환영받지 못하는 조직에서의 교양과 시민성 측면에서도 그렇다.

지금 같은 형태의 신자유주의적 자본주의가 위험한 이유는 개인의 고립 위에 경제적 불안을 덮어씌우기 때문이다. 이런 분위기가 오늘날 우리 일상의 모든 영역을 직조하고 있다. 근심과 불안 자체가 돈과 직결된다. 연구들에 따르면, 희소성(실제든 인식된 것이든)은 우리를 매우 단기적인 문제에만 고착되게 만든다. 다음 달 집세와 각종 고지서를 어떻게 낼 것인가, 다음 일자리에는 어떻게 지원할 것인가에 온 신경이 집중되는 것이다. 이런 상황이 지속되면 이성과 논증의 역량을 잃게 되고, 돈 걱정 없이 사는 사람들에 비해 사실상 장애를 가진 것과 같은 상태가 된다.[17] 우리가 내려야 할 결론은 명확하다. 경제적 이성을 공공재로서 다시 획득해야 한다. 그렇게 하는 것이, 심지어 혁신, 창조성, 성장 등에 대한 자본주의 자체의 기준으로 보더라도 너무나 명백한 이득이기 때문이다.

유령 일자리, 유령 노동

신자유주의적 자본주의에 대해 비판자들이 주로 제기하는 문제는 삶의 모든 영역에 화폐가 파고들면서 영혼을 잠식하는 '탈인간화'를 가져온다는 점이다. 이제 인간적인 유대는 중요하지 않다. 모든 것이 상품화되고 피상적이 된다. 공동체 정신은 금융화의 회색 물결에 휩쓸려 사라진다. 거래가 아닌 관계는 이제 거의 존재할 수 없다. 화폐가 우리 세계에서 관대함과 진정성을 불도저처럼 밀어버리고 있다. 이런 환경에서 정신 질환이 폭발적으로 증가하는 것은 이상한 일이 아니다.[18]

여기에 컴퓨터화라는 요인까지 고려하면 분석은 한층 더 암울해진다. 뛰어난 비평가 프랑코 베라르디('비포Bifo'라고도 알려져 있다)에 따르면, 디지털 노예제는 우리의 고유한 개인성을 지워버리고 '생산적인 시간'의 끊임없는 흐름으로 그것을 대체한다. "정보 노동infolabor 분야에서는 더 이상 하루에 8시간씩 일하는 노동자를 장기 계약으로 고용할 필요가 없다. 이제 자본은 사람을 채용한다기보다 시간의 덩어리를 구매한다. 자본이 구매하는 노동 시간의 덩어리는 그것을 담지하고 있는 구체적인 사람에게서 분리된다. 어느 시점에 그 노동 시간을 누가 담지하고 있는지는 중요치 않고, 사람은 얼마든지 교체 가능한 대상이 된다. 이제 가치 증식의 매개는 탈인간화된 시간이며, 이 탈인간화된 시간은 어떤 권리나 요구를 주장할 수 있는 주체가 아니다."[19]

물론 당사자에게는 그가 하는 구체적인 노동이 그의 신체에 **실재하는** 현실이다. 가령 고혈압과 신경증은 직업의 일상적인 일부다. 하지만 그와 동시에 노동 과정은 실체 없는 유령 같은 특성도 갖게 됐다. 자본주의 체제의 관점에서 보면 더 이상 노동자가 신체를 가진 고유한 존재로서 **거기에** 있지 않기 때문이다. 노동자들은 글로벌 컴퓨터 시스템에서 교체 가능한 e-나사못에 불과하다. 이 시스템은 우리 개개인이 '누구인가'에 대해서는 아무런 관심이 없으면서도, 그와 동시에 우리를 고통스럽도록 세세하게 관리한다.

위와 같은 암울한 진단은 정확하긴 하지만 금전 경제의 탈인간화에 수반되는 역설적인 단점 하나가 빠져 있다. 바로 '비공식성에 대한 찬양'이다. 여기에서는 질식할 것 같은 '인간적인 친밀함'의 순간들이 우리를 포위한다. 소위 '긱 이코노미gig economy'라고 불리는 분야의 불안정한 일자리, 온디맨드 형태의 시간제 일자리, 프리랜서 일자리 등의 확산과 노동의 개인화 추세가 이를 잘 보여준다.[20] 물론 이 경제에서 탈인간적인 가격 메커니즘은 압도적으로 중요하다. 하지만 개개인의 운명이 고용주(혹은 집주인 등)에게 달려 있는 정도가 극도로 높아지면서, 비공식적인 연줄이나 '호의'와 같은 요소도 이 그림에 들어오게 된다. 이제 상사는 당신에게 돈으로 측정되는 객관적인 노동 시간만 요구하지 않는다. 그는 당신의 엉덩이도 요구한다. **지극히 인간적인** 종류의 권력 관계가 전면에 등장하며, 그 권력 관계는 당신이 피할 수 없이 늘상 맞닥뜨리게 되는 '부정적인 종류의 사회적 유대'로 계속해서 거래된다. 이 '전도된 사회적 유대 관계inverted socius'에는 자본주의에 대항해 연대할 수 있게 해주던 '추상적인 것들'(계급, 공동체 등)이 빠져 있다. 이러한 사회적 상상에서는 화폐를 통한 일반화를 제외한 모든 종류의 일반화가 제거돼버릴지 모른다.[21] 이제 공동체는 고립된 개인주의의 왕국이 됐다.

이런 맥락에서, 새로운 경제를 규정짓는 세 종류의 노동 형태가 생기게 된다. 첫째, 전통적인 임금 노동자인 **직원**employee들이다. 이들은 고용 계약서를 쓰고, 정해진 시간 동안 일하며, 법으로 정해진 권리를 갖는다. 둘째, **자가 고용 노동자**self-employed다. 개인 계약자, 프리랜서 등이 해당하며, 법적으로 이들에게는 최저임금보다 낮은 보수를 지불해도 된다. 또 이들은 임금 노동자들이 일반적으로 갖는 권리들을 거의 갖지 못한다. 점점 증가하고 있는 우버화된 일자리도 이 유형에 속한다. 마지막으로, **인력**workers이 있다. 임시적이고 변동성이 큰 환경에서 온디맨드 방식으로 일거리를 받고 언제라도 즉각 계약이 종료될 수 있는 사람들이다. 그런데 이 세 번째 유형은 점점 더 무정형의 모습을 띠어가고 있다. '일자리'라는 범주(보수가 지급되는 고용 관계)를 아예 벗어나 있는 '유령 일자리'가 돼가고 있는 것이다. 여기에서는 소득을 얻는 활동과 일상생활의 구분이 흐릿해진다. 젊은 여성이 돈을 받을 수 있으리라 기대하면서 나이 든 남자를 만나기 위해 '데이트' 주선 온라인 앱인 '슈거 대디'에 가입하는 경우를 생각해 보라. 이 여성은 성 노동자인가 아닌가? 명확히 말하기 어렵다. 화폐 영역과 삶의 영역 사이에 경계를 허무는 것은 하이에크와 시카고학파 경제학자들이 명시적으로 옹호했던 것이긴 하다.[22] 다만, 오늘날 이것은 기업의 권력과 경제적 궁핍이라는 필터를 거쳐 발현된다. 이제 삶 자체가 희한한 종류의 공장이 됐다. 우버가 자신은 평범한 사람들이 자동차의 빈자리를 공유할 수 있게 돕는 '카풀 앱 서비스'일 뿐이라고 주장하는 것은 놀랄 일이 아니다. 이와 같은 우버의 자기 묘사에 따르면, 우버는 사람들이 [우버가 없었더라도] 어차피 일상 속에서 했을 활동들에 매끄럽게 연결되어 있을 뿐이다.[23]

불안정한 일자리(파트타임, 온디맨드, 프리랜서, 개인 계약 노동 등)가 OECD 국가들의 노동시장에서 차지하는 비중은 (지금 추세라면 훨씬 더 증가할 것으로 보이지만[24]) 아직까지는 작은 편이다. 하지만 내가 짚고자 하는 문제는 단순히 산술적인 면('그러한 일자리가 얼마나 되는가?')하고만 관련된 것이 아니다. 이 세 번째 유형의 노동이 전체 노동력에 대해 모종의 **기조**를 설정하고 있다는 점이 내가 주목하려는 부분이다. 최근 영국에서 이뤄진 한 연구에 따르면, 위태로운 일자리의 불안정성이 주는 압박감은 긱 이코노미 분야뿐 아니라 거의 대부분의 직종에 스며들어 있다. 노동자의 약 70%가 자신의 고용 상황을 불안해하는 것으로 나타났다. 이들 모두 [배달 앱 회사] 딜리버루 Deliveroo 배달 기사가 감내하는 것과 비슷한 과로와 스트레스를 겪는다. "이제 경제적 불안정성은 노동시장 전반에 퍼져 있다. 표면상으로 안전해 보이는 일자리도 마찬가지다."[25] 즉 우버화는 우버를 통해 일하는 노동력을 착취하는 데서 그치지 않고 수백만 개의 다른 일자리에도 의심스러운 그늘을 드리우면서, 은밀하게 퍼져나가는 방식으로 작동한다. 이제껏 노동자들이 그토록 힘들게 획득한 권리들이 갑자기 의심스러운 특권으로 보이게 됐고 어떤 고용주에게는 무시해도 되는 귀찮은 것 정도로 여겨지게 됐다.

2018년에 영국에서 벌어진 대학 연금 논쟁이 이를 잘 보여준다. 이 갈등은 고용주가 연금 기금의 운용 및 투자상의 위험을 교직원에게 전가하려고 한 데서 비롯됐다. 투자가 잘못돼 기금 운용이 실패하면 그것은 교직원 각자의 문제라는 것이다. 이는 '고용 계약'이라는 개념에 매우 급진적인 변화가 발생했음을 단적으로 보여준다. 이 무지막지한 조치는 우버화가 다른 영역에서도 벌어지지 않았다면 생길 수 없었을 일이다. '히틀러의 몰락 패러디' 동영상(영화 〈몰락The Downfall〉의 유명한 벙커 장면에 네티즌들이 새로운 자막을 입힌 것으로, 스타벅스부터 [전 알래스카 주지사] 세라 페일린, 엑스박스 라이브까지 수많은 주제로 다양하게 변주됐다) 중 하나가 고용주의 태도를 아주 잘 요약하고 있는데, 교수들이 파업한다는 소식을 들은 히틀러는 격노해서 이렇게 말한다. "연금이라고! 월급이나마 받는 것을 감지덕지하라고 해! 누가 대체 학자를 필요로 한단 말인가? 학자질은 그들이 취미로 하는 것이고 그들은 원래 그러고 사는 자들 아닌가! 그들은 연금이 필요 없는 자들이라고!!"

따라서 슈거 대디 자본주의에 대한 어떤 비판적인 분석도 [전형적인 긱 이코노미 업체인] 리프트Lyft나 태스크래빗에 대한 분석으로만 한정될 수 없다. 리프트나 태스크래빗은 예외적인 경우가 아니라 수많은 영역에서 일자리를 재조직하고 있는 동일한 이데올로기가 단지 조금 더 두드러진 곳일 뿐이기 때문이다. 물론 그 이데올로기는 신자유주의 경제학이다. "엄밀히 따지자면 우버는 운전사를 한 명도 '고용'하고 있지 않다"는 우버의 주장이 어이없고 별나게 들릴지 모르지만, 사실 이 주장은 주류 경제학자들이 노동력을 바라보는 더 일반적인 관점을 나타낸다. 자유지상주의 사상의 역사에는 산업 활동에 대한 담론에서 '노동'을 공식적으로 제거하려 했던 오랜 전통이 있다. 노동 대신 '인적 자본human capital'이라든가 '가격 수용자price takers'라든가,[26] 여하튼 '[노동자로서] 공동의 이해관계와 고려 사항을 가지고 있는 피고용인들'이라는 개념만 아니라면 어떤 단어라도 밀어 넣으려 하면서 말이다.[27]

이런 종류의 이데올로기적 환경은 유령 노동이 들어서기에 매우 좋은 토대를 제공한다. 먼저 노동이 개인화되고 그다음에 삶의 직조로 속속들이 파고들어 온다. 그 결과, '나'와 '경제' 사이의 공식적인 구분, 가령 노동 시간과 사적인 시간 사이의 구분은 도무지 파악하기 어려운 사회의 배경 속으로 희미하게 사라져 들어간다. 개인의 책임과 자립이 신처럼 숭배된다. 따라서 여기에는 근본적인 모순이 존재하게 되는데, 이는 오늘날의 일자리와 고용이 갖는 특징을 단적으로 보여준다. 계량경제학의 공리나 리프트의 재무제표 같은 추상적인 수준에서 노동이 제거되는 한편으로, 동시에 노동은 매우 내밀하고 구체적이며 삶에 밀착된 방식으로 되돌아온다. 노동은 더 이상 **외적인** 활동이 아니다. 동일한 일을 하는 사람들이 존재하는 사회적 범주가 아닌 것이다. 이제 나의 노동은 개별화된 존재로서 내가 누구이냐와 누구를 아느냐의 문제가 됐고, 따라서 사실상 '끝나는 시점이 없는' 사적인 영역에서의 활동이 됐다.

비즈니스로서의 자아는 쉴 틈이 없다

고용 직조상의 이런 변화는 미국에서 구직 활동의 양상을 살펴본 일라나 거숀의 흥미로운 연구에서 잘 드러난다.[28] 신자유주의가 그리는 이상적인 경제에서는 모든 것이 쿨하게 거래 가능하고 탈인간적이며 탈사회적이다. 하지만 거숀이 구직자들을 연구하면서 발견한 것은 이게 다가 아니었다. 구직자들은 치밀하게 큐레이션한 자아를 표현하는 것이 구직에 필수적이라고 여기고 있었고, '비즈니스로서의 자아'라는 은유를 현실로 받아들여서 자기 자신을 일종의 브랜드로 보고 있었다. '코카콜라'나 '마이크로소프트'처럼 이 '인간 i브랜드' 역시 고용주가 바람직하다고 여길 만한 특성들을 반영하기 위해 꼼꼼하게 관리돼야 한다. 거숀의 관찰에 따르면 구직자들은 페이스북에 올린 글을 매우 신중하게 수정했고, 이력서에 적을 (업무 외적인) 취미나 관심사에 대해서도 매우 전술적으로 접근했다. 요컨대, 구직자들은 자신의 객관적인 업무 역량만이 아니라 **자기 자신을 판매하고 있었다.** 이는 고용주의 개인적인 판단에 노동자가 매우 크게 의존하게 되는 결과로 이어진다. 고용주의 판단이 얼마나 변덕스럽고 예측 불가하든 말이다. 게다가 자기 자신을 판매하는 노력에 들이는 시간은 한때는 비교적 명확했던 업무 시간과 개인 시간 사이의 경계를 쉽게 넘나든다. 이제 개인은 **쉬지 않고** 만들어지고 있는 영구적인 미니 사업체다. 경제적 생존 여부가 여기에 달려 있기 때문이다.

거숀의 연구가 보여주듯이, 오늘날 노동 이데올로기는 이미 공장의 담을 넘어섰다. 생산의 논리가 삶 자체에 혼합돼버린 것이다. 바로 이것이 탈공식화가 유연 착취를 가속화하는 방식이다. 전통적인 고용 및 노동 관련 법이 여기에 어떻게 적용되는지가 모호하기 때문이다. 노동자들은 직원 명부에 등록돼 있지 않은 '사적인 개인들'이다. 여기에서도 우버화된 고용 관계는 전문직 면허 제도에 대한 프리드먼의 비판에서 힌트를 얻은 듯하다(이에 대해서는 뒤에서 더 자세히 다룰 것이다). 프리드먼은 직종 면허나 인증 제도(가령 런던에서 택시 면허를 따려면 6개월의 교육 과정을 반드시 거쳐야 한다)가 다른 노동자들의 진입을 막아 가격(또는 임금)을 인위적으로 올리기 위한 술수라고 주장했다.[29] 그에 따르면, 제대로 작동하는 자유시장이라면 의료계든 법조계든 또 어느 직종이든 간에 누가 진입할 수 있느냐에 제약이 있어서는 안 된다. 건설 계획 사전 허가 제도나 지역 당국의 규제 조례도 마찬가지 방식으로 기업 활동을 저해한다. 진정으로 기업가 정신이 꽃피는 사회는 기업인들이 알아서 자기 일을 하도록 내버려 두는 사회다. 딜리버루는 이런 탈공식화의 철학을 한 차원 높이 끌어올렸다. 딜리버루는 영국 전역에 200개의 '다크 키친'을 열 계획이다. 일종의 공유 주방, 혹은 임시 조리 시설로, 수요를 추적해서 뒷동네나 골목에 이런 임시 주방을 세운다는 것이다.[30] 이를 두고, 레스토랑이라면 반드시 받아야 하는 건축 허가 조례와 관련해 논쟁이 벌어지고 있다. 다크 키친에도 이 규제가 적용되는가?

블록체인이나 비트코인, 라이트코인, 모네로, 리플XRP 같은 대안 화폐들이 보여주듯이, 화폐 자체도 탈공식화 과정에서 자유롭지 않다. 이런 화폐는 추적 불가능한 암호화 기법을 통해 거래 시점에 익명성이나 가명성을 보장한다. 대안 화폐에 대해 각국 정부는 매우 우려하고 있다. 국가는 중앙은행이 공급하는 화폐량을 조절해 통화 정책과 통화 규제를 수행하는데, 이것은 중앙은행이 발권에 대해 독점력을 가져야만 작동할 수 있기 때문이다.[31] 만약 비트코인이 사람들 사이에 가장 널리 쓰이는 화폐 형태가 된다면 국가가 이자율을 관리할 수 있겠는가? 물론 일부 사람들(특히 아나키스트들)이 주장하듯이 대안 화폐가 지역 자치를 향한 좌파의 승리를 나타내는 것일 수도 있다. 하지만 대안 화폐는 자본주의적인 자유지상주의 개념에도 매우 깊게 뿌리를 두고 있다. 특히 오스트리아학파의 사고에서 이것이 잘 드러나는데, 하이에크와 그의 스승 루트비히 폰 미제스는 대안 화폐야말로 국가가 경제를 독점적으로 관리하거나 통제하지 못하게 함으로써 국가로부터 왕관을 벗겨버릴 수 있는 수단이라고 여겼다.[32]

불명예에 빠진 국가

증오의 대상이 된 관료제, 그리고 그 관료제를 '큰 정부' 및 '정부의 낭비'라는 개념과 으레 뒤섞어 생각하는 경향이 탈공식화 흐름을 밀어붙인 주요 동인이다. 관료제에 대한 반발은 자본주의에 반대하는 좌파의 사상에서도 볼 수 있지만, 그것을 진정 자신의 것으로 만든 쪽은 자유시장을 옹호하는 자유지상주의자들이다. 이들은 거의 모든 분야에서 공공 영역을 해체하기 위해 이 이데올로기적 망치를 휘둘렀다. 미국과 영국의 부유한 보수 정치인들은 자신들이야말로 불합리한 관료적 규제에 파묻혀 익사하고 있는 평범한 시민들을 대변한다고 말하면서, 바로 그 평범한 시민들이 의존하고 있는 공공 서비스를 없앴다. 그 결과, 행정적인 감독과 관찰이 가장 필요한 영역(식품 위생 검사, 임대 시장 규제 등)에서 바로 그 행정적인 감독과 관찰의 역량이 심각하게 훼손되고 말았다.[33] 이에 더해, 세 가지 문제를 추가로 짚어볼 필요가 있다.

첫째, 서구 사회에서 정부를 공격하는 우파 인사들은 정부의 가장 중요한 임무에 대해서는 거의 언급하지 않는다. 열린 민주주의와 책무성을 촉진하는 역할 말이다. 그들이 '정부'라는 말보다 '정치적 과정'이라는 밋밋한 구절을 (종종 경멸적인 어조로) 더 즐겨 사용하는 이유가 이와 무관하지 않을 것이다. 특히 시카고학파의 게리 베커와 공공 선택 학파의 제임스 M. 뷰캐넌에게서 이를 잘 볼 수 있다. 긴축의 시대에, 민주주의는 경제가 처한 글로벌 위기에 대해서까지 비난을 받는다. 공공 부채와 인플레가 발생한 이유가 정치인들이 표를 얻으려고 무책임하게 사람들에게 너무 많은 것을 약속했기 때문이라는 것이다.[34] '거대 관료제'에 대한 공격은 민주주의 자체에 대한 지배층의 불신을 더 많이 드러내는 것일지도 모른다. 그러면서 그들은 **시스템**상의 문제들(상당 부분 금융 과두제에서 비롯한 문제들이다)을 **개인**의 문제로 치환하려 한다. 어떻든 간에, 탈공식화의 심각한 문제들(곧 상세히 알아볼 것이다)에 맞서려면 활발히 기능하는 공공 영역이 꼭 필요하다. 즉 지금은 국가를 회복시키고 국가 기능을 되찾아야 할 때다. 하지만 국가를 회복시키는 것이 가능할까?

둘째, 아이러니하게도 신고전파 경제학이 기업가적 활력을 운운하며 그렇게 칭송한 민간 영역이야말로 오늘날 엄청나게 비대한 관료제가 존재하는 곳이다. 상당수가 독점적이고 어떤 종류의 혁신과도 반대되는 특성을 가지고 있다.[35] 데이비드 그레이버는《규칙의 유토피아The Utopia of Rules》에서 '총체적 관료제'를 면밀히 해부해 이를 잘 보여주었다.[36] 하지만 그의 분석에는 총체적 관료제를 향해가는 동시에 그 뒷면에서 역설적으로 번성하고 있는 비공식 영역에 대한 내용이 빠져 있다. 나는 이런 비공식 영역의 증가가 하이에크나 프리드먼이 처방한 '삶의 시장화'와 관련이 있다고 생각한다.

셋째, 신고전파 경제학이 명목상으로는 사적인 개인주의와 최소한의 정부를 중요하게 여긴다고 하지만 오늘날 우리가 경험하는 자본주의는 그와 상당히 다르다. 국가는 사라졌다기보다 공공을 위한 임무는 결여한 채 징벌을 내리는 강요적 존재로 재구성되고 있다.[37] 이 우울한 전환은 오랜 시간에 걸쳐 이뤄져왔다. 전후 시기의 '유모 국가'는 1980년대와 1990년대에 멀고 냉랭한 '계모 국가'로 바뀌었다가 오늘날에는 학대적인 '아버지 국가'에 가까워지고 있다.[38] 신자유주의적 정부의 통치는 굉장히 침투적인 상징 폭력symbolic violence과 매우 무책임한 방임의 희한한 혼합을 보여준다. 특히 노동자들에 대해 그렇다. 정부는 우버화된 일자리의 어두운 면에 기꺼이 눈을 감는다. 그리고 역외 조세 피난처에 수십 억이 숨겨지는 것(최근 "파라다이스 페이퍼Paradise Papers"의 누출로 실상이 폭로됐다)도 방임한다. 그와 동시에, 우리의 일상에 개입하는 문제에서는 국가가 이렇게 바쁘게 일해본 적이 없다. 이는 주로 경찰력을 동원하거나 사람들을 추적, 감시하는 형태로 나타나는데, 특히 당신이 돈으로 해결할 수 있을 만한 금전적 여유가 없을 때 이런 개입에 더욱 시달리게 된다. 하위 99%에 해당하는 대부분의 사람들에게 오늘날 국가가 의미하는 바는 다음과 같이 요약될 수 있을 것이다. 그래, 너는 스스로 알아서 해야 해. 하지만 **그렇다고 네가 맘대로 하도록 두겠다는 말은 아니야.**

무수한 증거를 우리 주변에서 볼 수 있는데도, 신고전파 경제학자들과 정책 결정자들은 '총체적 민간화(개인화)pan-privatization'의 암울한 현실을 인정하지 않으려 한다. 이들은 화폐를 매개로 하는 평가가 당사자들의 개인적 특성에 대해서는 무관심하므로(그들은 계속 이렇게 믿고 있다) 무분별한 편견이 제어될 수 있을 것이라고 말한다. 2008년 위기 이후 우리가 목격하고 있는 끔찍한 실패를 생각해볼 때, 이런 자유지상주의적 가정이 여전히 옹호되고 있다는 게 믿어지지 않을 정도다. 영국의 재무부 차관이던 엘리자베스 트러스는 에어비앤비와 긱 이코노미를 옹호하는 연설에서 프리드먼의 말과 '기업가적 개인'이라는 개념을 다음과 같이 기계적으로 되풀이했다.[39] "태스크래빗이나 에어비앤비 같은 긱 이코노미 기업들은 전에는 뒤로 밀려나 있던 사람들도 포함해 모든 사람들에게 새로운 가능성을 가져다줍니다. (…) 특히 우버는 저소득층이 이용하고 있으며 (…) 나는 기업과 개인이 자신의 꿈과 야망을 최소한의 간섭만 받으며 추구할 수 있는 나라에 사는 것이 매우 기쁩니다."

그동안 벌어진 일들을 보고서도, 영향력 있는 당국자들은 (시카고학파를 연상시키면서) 계속해서 이것이 개인의 자유를 향한 길을 열어준다고 말한다.[40] 자유는 전적으로 사적인 문제이고 두 사람이 만나 "거래와 협상을 하는" 것 이상도 이하도 아니라는 것이다.[41] 하지만 나는 신자유주의가 설파한 이데올로기적 세계에서 개인의 자유를 향한 길과는 전혀 다른 길이 나올 수 있음을 보여주고자 한다. 그 길은 어두컴컴한 조명이 있는 호텔 방으로 가는 길이다. 그 안에서 뚱뚱한 남자가 목욕 가운 차림으로 기다리고 있다. 그는 당신이 엄청난 행운을 가질 수 있게 기꺼이 도우려 한다. 물론 당신이 모종의 비용을 치를 경우에 말이다.

1

유령 노동자의 막다른 길

지난 몇 년간 크레이그리스트 같은 웹사이트에는 글로벌 금융 위기의 오랜 여파 속에서 많은 사람들이 얼마나 경제적으로 절박한 처지가 됐는지를 짐작하게 하는 광고가 많이 등장했다.[1] 숙박·임대 광고란에는 '방세 대신 섹스하실 세입자분 구함' 부류의 광고가 심심치 않게 올라온다. 이런 광고가 많이 나오는 도시는 대개 소득 불평등이 급증하고 있고 주거 부족이 심각하며 공공 영역이 붕괴한 곳들이다. 몇 가지 사례를 보자.

1달러: 공짜로 제 방을 쓰실 젊은 여성 룸메이트 구합니다 (덴버)

저는 얼마 전에 오래 사귀던 애인과 헤어졌습니다. 이번에는 무언가 매우 다른 것을 원합니다. 역시 무언가 매우 다른 것을 원하시는 18~20세의 젊은 여성을 찾습니다. 덴버에 새로 오셔서 도움이 필요하신 분일 수도 있겠고, 안 좋은 사람과의 만남을 끝내려는데 현재 가진 것이 아무것도 없는 분일 수도 있을 것입니다. 일자리가 없거나 끔찍한 일자리를 가진 분일 수도 있겠지요. 그래서 아마 당신은 머물 곳이 필요하고, 자동차를 사용해야 할 일도 있고, 새 옷과 근사한 저녁 식사 같은 것들도 필요할 것입니다. 어쩌면 여행도요(나는 라스베이거스에 짧게 다녀오는 것을 좋아합니다).

연락 주시면, 제 방을 쓰시는 대가로 제가 무엇을 원하는지에 대해 알려드리겠습니다.

1파운드/방 하나: 아파트의 방 하나를 공짜로 쓰실 흑인 여성분 구합니다 (런던)

이것은 저의 판타지입니다. 넓은 마음을 가진 흑인 숙녀분에게 6개월만 좋은 방을 임대합니다. 당신 입장에서는 방세를 아껴서 돈을 저축할 수 있는 기회가 될 것입니다. 저는 무난한 성격의 평범한 40대 남성입니다. 저의 판타지는 이런 겁니다. 우리는 평범하게 생활할 거예요. 당신은 자신만의 공간을 가질 것입니다. 다만 일주일에 한 번 당신의 항문을 핥을 수 있게 해주면 됩니다. 진지한 답변 주실 분만 나이, 키, 몸매 등의 정보와 사진을 첨부해 연락주세요.

최근 눈에 띄게 늘어난 '방세 대신 섹스' 임대 광고는 가히 이 시대의 산물이라 할 만하다. 이를테면 신자유주의의 어두운 쓰레기장인 런던에서 이런 광고가 급격하게 늘었다.[2] 정권이 계속 바뀌었어도 들어서는 정부마다 시민들을 위해 주거지를 확충하는 일은 한결같이 시장에 내맡겼고, 시장은 수요를 충족시키는 데 끔찍하게 실패했다.[3] 게다가 상상을 초월할 정도로 팽창한 부동산 투기 거품도 런던의 주거 상황을 악화시켰다. 얼굴 없는 역외 기업들(일반적으로 조세 피난처에 기반을 둔 기업들)이 쉬운 투자 기회를 보고 들어와 나머지 모든 이들의 집세까지 끌어올린 것이다.[4] 그래서 주거지 '부족' 사태가 엉뚱하게도 공실투성이 건물들과 나란히 존재한다. 여기에 낮은 임금과 개인 부채 위기까지 더하면, 살 곳을 구하기 위해 몸을 팔기로 결정하는 사람들이 생긴다는 것이 그리 놀라운 일이 아닐 것이다.

임대 동의, 성관계 동의

'방세 대신 섹스' 방식의 임대는 물론 착취의 극단적인 사례다. 하지만 막무가내로 민간에 내맡겨진 개인화된 세계에서 살아가기 위해 고투하는 사람들의 전반적인 상황을 잘 드러내는 사례이기도 하다. 임대 시장은 시카고학파와 신고전파 경제학이 말한 대로 자기 메커니즘대로 알아서 굴러가도록 방임돼 있다. 그 결과, '민간 임대 사업자'라는 약탈적인 계층이 등장했다. 세입자들은 자신이 취할 수 있는 선택의 여지가 극히 적고 아차 하면 노숙자가 될지도 모른다는 사실을 잘 알고 있기 때문에, 방이 아무리 눅눅해도, 집주인이 아무리 함부로 대해도 문제 제기하기를 두려워한다.[5] 세입자의 목숨은 집주인의 자비에 달려 있다고 해도 과언이 아니다. 2018년이라기보다 전前 산업사회에서 볼 수 있었을 관계가 아닌가?[6]

한 논문이 이를 다음과 같이 간명하게 짚어냈다. "민간 임대 분야에 규제 당국도, 고충 처리 시스템도, 교정 체계도 없다는 것은 놀랍다. 역량 검증을 통과하지 않아도 되는 집주인이 수십만 명에 달한다. 이들은 부동산법이나 임대차보호법 등 어떤 관련 지식에 대해서도 입증하라는 요구를 받지 않는다. 정직성, 재정 안정성 등도 입증할 필요가 없고 (…) 임대 사업에 대한 예전 경력도 입증할 필요가 없다."[7]

또한 이 논문은 노동, 교육 등 주거 이외의 영역도 이런 방식으로 재구성되고 있다고 지적했다.

물론 비공식 경제는 늘 존재했다. 몇몇 가난한 나라들은 전 세계적인 규제 완화 이후 비공식 경제 규모가 극적으로 증가해서 경제 전체의 산출 중 상당한 비중을 차지하게 됐다.[8] 중위 소득국이나 중상위 소득국들은 비공식 고용 영역(미등록 노동자, 암시장, 회색시장, 때로는 노예제까지)을 없애는 데 어려움을 겪고 있다.[9]

하지만 나는 조금 다른 측면에 초점을 맞추고자 한다. 주요 영역의 노동과 상업이 조직되는 방식에서 **비공식성의 거버넌스**가 왜 갑자기 이렇게 지배적인 위치를 차지하게 됐는가? 이 질문이 나의 주제다.

나는 비공식성의 거버넌스가 대처리즘과 레이거노믹스 이래 지금까지 줄곧 촉진돼온 경제적 자유주의의 부산물이라고 생각한다. 좀 희한한 방식으로이긴 하지만 '방세 대신 섹스'라는 시나리오는 프리드먼, 베커, 하이에크 등이 열정적으로 설파한 자유시장 원리의 논리적 귀결이다(그들 자신은 인정하려 하지 않겠지만). 그들에 따르면, 정부에 의한 중앙집중적인 계획은 수요와 공급의 균형을 왜곡한다. 노동, 재화, 서비스를 어떻게 배분할 것인가는 오로지 수백 수천만의 개인들이 내리는 사적인 판단에 맡겨져야 한다. 먼 곳의 굼벵이 같은 국가 관료들보다 기업과 가격 메커니즘(즉 현금)이 훨씬 더 효율적으로 자원을 배분한다. 또한 누구나 무엇이건 자유롭게 시장에 내놓을 수 있어야 한다. 그것에 대해 돈을 지불할 의사가 있는 소비자가 존재한다면 어떤 것도 문제되지 않아야 한다. 면허, 제한, 규제, 인증 등은 열린 경쟁과 기업가 정신을 저해하는 장벽이다. 제공된 서비스가 질이 안 좋아도 정부가 회초리를 들어줄 때까지 기다릴 필요가 없다. 고객이 그 서비스를 버리고 다른 곳으로 가면 그만이기 때문이다. 이런 방식으로 시장은 스스로를 교정한다.

간단히 말해서, 왜 지역 주택 당국이나 도시 계획 당국에 납세자들의 돈을 낭비해야 하는가? 버튼 한 번만 클릭하면 (그리고 아마도 위의 광고들이 지시하는 대로 조금 더 클릭하면) 크레이그리스트가 런던, 시카고, 글래스고 등지에 숱하게 존재하는 남아도는 방을 훨씬 효과적으로 배분할 텐데 말이다.

인간 충격 흡수제가 된 노동자

이런 유형의 규제받지 않는 (그리고 거의 비밀스러운) 개인주의는 지난 몇 년간 우버화를 추동한 이데올로기적 촉진제였다. 가령 여기에서 노동자는 독립적인 사업가가 되는데 이 논리는 소위 '공유 경제'와 '플랫폼 자본주의'라고 불리는 영역으로도 파고들었다.[10] 하지만 자유시장 자본주의에 대한 학계의 모델(신고전파와 시카고학파식 주류 경제학이 이야기하는 모델)과 그것이 현실 세계에서 갖는 추잡하고 복잡한 시사점들 사이에는 중대한 간극이 있다. 하이에크에 따르면 자유시장 자본주의는 관련된 행위자들을 **익명화**하고 탈인간화하기 때문에 좋은 제도다.[11] 완전히 낯선 사람들이 모여 재화와 서비스를 교환하고 헤어진다. 여기에는 눈치를 봐야 할 복잡한 뉘앙스도, 따로 만나야 할 필요성도 존재하지 않는다. 그리고 무엇보다 비즈니스는 비즈니스일 뿐이다.

서문에서 언급했듯이, 하이에크는 이것이 좋은 일이라고 봤다. 거래의 뒤에 '누가' 있는지를 화폐가 가려줌으로써 편견이나 정실주의 같은 문제가 상당히 해결되리라는 것이었다. 이 그림에서는 개인의 변덕이나 편견을 다뤄야 하는 상황이 벌어지지 않는다. 하이에크가 개인의 변덕이나 편견을 말하는 경우는 정부 관료의 정실주의나 이해관계 집단(그에게 이해관계 집단은 기업이 후원하는 싱크탱크 등이 아니라 노동자, 장애인, 인종적 소수자 집단 등을 주로 의미한다)의 행태를 언급하는 맥락에서다. 이렇듯 신자유주의 경제학이 금전 경제의 익명성을 강조했기 때문에, 신자유주의 자본주의를 비판하는 사람들도 그 부분에 초점을 맞춰 금전 경제의 익명성이 불러온 사회의 황폐화를 지적하면서, 화폐에만 관심이 있을 뿐 그 밖에는 다른 어느 것도 인식하지 않는 '낯선 사람들의 땅'의 도래를 애도했다.[12]

하지만 '방세 대신 섹스' 사례가 보여주듯이 '금전을 매개로 한 결합'이라는 냉철한 영역은 거래적이고 계산적이기는 해도 익명적이지는 않다. 결국 여기에서 교환되는 것은 섹스(그리고 그 밖에 우리가 알지 못할 수많은 것들) 아닌가? "노리개로 들어와 사는"(이것도 크레이그리스트에 올라온 광고다) 여성은 이 모든 것이 경제적 거래일 뿐이라고 되뇌겠지만, 개인적이고 자의적인 가치 판단에 무수히 직면하게 되는 것을 피할 수는 없다. 이보다 정도는 덜하지만 다른 수많은 영역에서도 노동자들은 '금전의 객관성과 임의적 차별의 혼합'이라는 동일한 형태를 경험한다. 바에서 일하는 파견 노동자는 근무를 한 타임 더 뛰려면 관리자에게 환심을 사야 한다. 우버 기사는 손님에게 높은 평점을 받아야 한다. 회사 헬스클럽에서 상사의 재미없는 농담을 몇 시간이나 들어줘야 하는(안 그랬다가는 승진에서 누락될지도 모르므로) 정규직 직원도 예외가 아니다.

아마존 본사에서의 직장 생활의 실상을 폭로한 최근의 한 기사가 이를 완벽하게 보여주지 않았는가?[13] 전자화된 360도 다면평가 도구는 전에는 연례로 이뤄졌던 성과 평가가 거의 날마다 이뤄지게 만들었다. 직원들은 동료에 대해 익명으로 코멘트를 올리도록 장려된다. 몇몇 직원들이 의심하기로는, 치열한 경쟁 환경에서 다른 이들에게 감정적으로 타격을 주기 위해 이 시스템을 악용하는 사람들도 있다. 표면적으로 아마존의 기업 문화는 수량화가 가능하고 편견이 개입되지 않는 데이터를 강조하지만, 이 시스템은 문자 그대로 직원들의 피부 속으로 파고들어 괴롭힘을 가한다. 한 직원은 스트레스 때문에 위궤양이 생겼다. "새벽 3시에 문득 깨어보니 CEO가 내 침대에 누워서 내 목에 콧김을 내뿜고 있는 느낌이에요."[14] 한편으로 보면 이 경영 윤리는 얼음처럼 차갑고 탈인간적이다. 하지만 다른 한편으로는 너무나 '뜨겁고' 인간적이어서 노동자들은 다음 날 무슨 일이 벌어질지 두려워하느라 전전긍긍 날밤을 새운다.

신고전파 경제학에서 **효율성**(신고전파 경제학의 사전에서 끊임없이 찬사받는 단어)이 무엇을 의미하는지를 여기에서 엿볼 수 있다. 여기에 존재하는 것은 비용 효율적으로 투입과 산출을 거래하는 시스템이 아니라 누군가(의사결정자에게서 멀리 떨어져 있는 사람이면 더 좋다)가 비용의 전부 혹은 대부분을 떠맡게 하는 시스템이다. 비용을 떠맡는 쪽은 직원, 실업자, 세입자 등 권력이 더 적은 사람들이다. 또한 이 시스템에서는 탈인간화의 요인으로만 작용하리라 여겨진 것(가령 화폐)이 고통스럽도록 삶에 파고드는 시련이 된다. 지속 불가능한 패러다임을 유지하기 위해 평범한 사람들이 **인간 충격 흡수제** 역할을 하고 있기 때문이다. 사람들이 몸으로 흡수하는 '충격'이 무엇인지를 셰리 놀런의 사례에서 볼 수 있다. 놀런은 9년 동안 배달업체 헤르메스Hermes에 고용되어 일하면서 '지옥 같은 삶'을 살았다.[15] 보통 일을 시작하는 시간은 새벽 5시 30분이었고 끝나는 시간은 따로 없이 할 수 있는 한 계속 일했다. 하지만 곧 소위 '음의 외부성negative externality'[위에서 말한 것 같은 비용의 외부화가 일으키는 효과]이 셰리를 덮쳤고 사생활에까지 침범해 들어오기 시작했다. 물론 고위 경영진은 이런 문제에 대해 아무런 관심이나 공감을 보이지 않았다.

> 7년 동안 휴일이 없었고, 주말에 쉬어본 적은 할아버지, 작은할아버지, 할머니가 돌아가셨을 때 딱 세 번뿐이었어요 (…) 할머니의 영구

차가 움직이고 있었을 때 내 현장 매니저는 빨리 일하러 오라고 나에게 전화를 해댔죠. 아들을 출산했을 때 나는 월요일에 일을 하고 화요일 밤에 아이를 낳고 수요일에 회사가 내 구역을 맡을 사람을 구하려 한다는 이야기를 들었어요. 그래서 금요일에 다시 일하러 갔어요. 출산하고 고작 사흘 뒤에요. 일자리를 잃을까 봐 너무 겁이 나서 어쩔 수 없었어요.[16]

셰리 놀런의 끔찍한 경험은 노동의 위기가 가정의 위기이기도 함을 생생하게 보여준다. 최근에 여러 저자들이 지적했듯이 이제는 그 두 영역이 분리되지 않기 때문이다.[17] 하지만 조금 더 깊이 들어가 볼 필요가 있다. 이 사례가 우버화된 일자리에 대해 늘 의아했던 질문 하나에 답을 하고 있기 때문이다. 즉 이런 일자리가 왜 그렇게 많은가가 아니라 **왜 그렇게 적은가**에 대해서 말이다. 우버화가 가장 적은 비용으로 노동을 조직하는 방식이라면 지금쯤 모든 곳에서 도입됐어야 할 텐데 왜 그렇게 되지 않았는가? 그 이유는, 어떤 사회적 실체도 이런 타격을 사회 전체적으로 입는다면 유지될 수 없기 때문이다. 그래서 이 방식은 여전히 '주변부에서 발달하고 있는 방식'에 머물러 있다. 이 방식은 특정 사회경제적 집단들에 더 강하게 집중되는 경향을 보이며, 국가는 전체적인 사회정치적 이해관계를 위해 그것을 면밀하게 관리한다.

셰리 놀런이 묘사한 두려움, 개인이 일상에서 끊임없이 느끼는 두려움은 주류 경제학 모델에 드러나지 않는다. $Q=f(X_1, X_2, X_3, \cdots, X_n)$와 같은 공식의 형태로 포착될 수 없기 때문이다. 가족의 사망과 출산은 각자 알아서 해결해야 할 전적으로 사적인 문제다. 위와 같은 형태의 생산함수와 두려움으로 가득한 셰리 놀런의 삶 사이에 존재하는 커다란 간극을 감추기 위해 '파레토 최적'이니 '사회적 가치 프리미엄'이니 하는 개념들이 동원돼 헤르메스와 셰리 놀런 둘 다 승리자라고 선포한다. 산업계 지도층 인사들은 정장 차림으로 번드르르한 행사에 참석해 다음과 같은 위선적인 말을 한다. "헤르메스가 셰리 놀런과 같은 사람들을 고용하지 않는다면 놀런은 무직자가 될 것이고 훨씬 더 안 좋은 삶을 살게 됐을 것이다." 마치 헤르메스가 놀런에게 커다란 은혜라도 베풀었다는 듯한 논조다. 그들은, 물론 그 과정에서 헤르메스가 꽤 좋은 수익을 올리겠지만 이 시스템은 헤르메스의 비즈니스에 득이 되는 것만큼이나 놀런에게도 득이 되는 것이라고 말한다.

이 얼토당토않은 상황을 돌파하려면 우리에게는 생산함수가 아니라 '상실' 함수가 필요하다. 오늘날 너무나 많은 경제학자와 정책결정자들의 정신을 흐릿하게 만들고 있는 추상적 이상주의에 맞서는 데 무기가 될 공리가 필요하다. 아마존과 헤르메스의 사례를 '피해자의 관점에서' 이론화하고 경제적 친밀성과 현금의 냉철함이 기이하게 혼합된 시스템이 노동력을 어떻게 질식시키고 있는지 밝힐 수 있는 공리가 필요하다. 극단적인 개인주의가 여전히 자유를 위한 수단이라며 촉진되고 있지만, 사실 그것은 재정적인 탈구와 착취의 영향을 **개인화**함으로써 이 더러운 현실을 민주적 감시와 공공의 감독의 시야에서 사라지도록 해주는 깔끔한 공식에 불과하다.

편하게 생각하기에는 너무 가까운

지배적인 신고전파 세계관의 문제는, 그 세계관을 따르는 사람들이 익명성에 기반한 화폐 논리가 진공에서 작동한다는 믿음을 줄기차게 고수한다는 데 있다. 거래가 일어나는 민간 영역에는 권력의 집중도 없고 비대칭적인 의존성의 관계도 없고 착취당하는 세입자도 없다. 너무나 많은 사람들이 감내해야만 하고 또 감내하고 있는 지저분하고 모욕적이며 수치스러운 현실은 완전히 축소돼, 모든 이가 평평한 운동장에서 경쟁하고 있다는 시카고학파의 유토피아적 판타지 속으로 사라져버린다. 그 운동장에서 참여자들은 화폐라는 매우 얇은 매개를 통해서만 접촉하므로 서로를 깊이 알지는 못한다고 여겨진다. 하지만 실제 경제 행위자, 특히 고립돼 있고 보호받지 못하며 노동 시간 (그리고 … 자신의 몸뚱이) 외에는 팔 것이 없는 노동자를 도무지 극복이 불가능한 장애물로 가득한 구체적 권력 관계 속에 놓아보면, 왜 비공식성이 경제 행위의 중심 무대로 들어오게 됐는지가 명확히 드러난다.

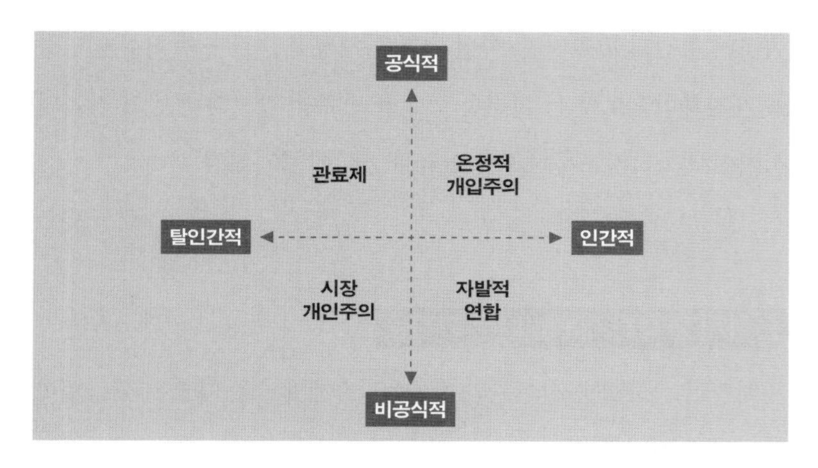

그림 1

'그림 1'은 내가 탐구하고자 하는 교차점을 보여준다. 한 축은 '공식성'이 얼마나 크게 관여돼 있는지를 나타낸다. '공식적'이라는 의미의 영어 단어 'formal'은 라틴어 '포르말리스formalis' 혹은 '포르마forma'가 어원으로, 개별적인 특수 사례들과 대비되는 보편 원칙을 뜻한다. 공식적인 상황은 **규칙**에 의해 규율되고 어느 정도의 공적인 간섭이 존재하는 상황을 의미한다. 즉 이 규칙은 당면한 특정 사안이 무엇인가에 관계없이 일관되게 적용돼야 한다.[18] 여기에서는 전문직 면허 제도나 인증 제도도 중요성을 갖는다. 전문직 종사자가 갖춰야 할 요소가 무엇인지, 어떤 조직이 합법적으로 타당한지 등을 공식적으로 나타내기 때문이다.

이와 달리 비공식적인 상호 작용은 임시적이고 형식이 없으며 무계획적이다. 어떤 사회적 공간도 규칙과 규율이 완전히 없을 수는 없으므로 여기에서 말하는 비공식적인 상호 작용은 '미달 규율적sub-regulated'이라고 부를 수 있을 것이다. 사회 질서는 양자적 관계를 토대로 당사자들 사이에서 생겨나며, 여기에서 핵심은 미시 수준에서 드러나는 개인의 선택과 선호다.

다른 한 축은 해당 관계가 인간적이냐 그렇지 않으냐다. 이 스펙트럼의 한쪽 끝에는 하이에크가 말한 '금전을 매개로 한 결합'이 있다. 이 탈인간적인 결합은 민간 영역에서 벌어지는 사적인 거래에 의해 규율된다.[19] 이런 사회적 상호 작용은 일반화가 가능한 유형의 교환을 토대로 한다. 즉 개인의 특성은 객관적인 화폐보다 중요성이 덜하다. 여기에서 신고전파 경제 사상이 가진 '익명성에 대한 물신화'가 잘 드러난다. 화폐는 관여된 사람, 재화, 서비스가 얼마나 상이하고 이질적이든 간에 다양한 활동들을 하나의 기준으로 측정할 수 있게 해준다. 그래서 신고전파 경제학자들에 의하면 잘 작동하는 노동시장에서는 판매자와 구매자가 '서로에게 보이지 않는다'. 이 대목은 자유주의에서 신자유주의로 넘어가면서 발생한 매우 중요한 반전 하나를 보여준다. 과거에는 공직이나 법이 분노나 호의에 지배되지 않는 **공평무사한** 명령을 실현하는 데 가장 좋은 도구로 여겨졌다면 이제는 그렇지 않게 된 것이다. 이제는 이런 측면에 대해서도 민간 영역의 화폐 경제가 주도적인 역할을 하는 것으로 간주된다.

가로축의 반대쪽, 즉 더 인간적인 쪽은 고유하고 특수하며 사람들 사이의 구체적인 만남에 정서적 닻을 내리고 있는 유형의 사회적 관계다. 삶을 무한히 교환 가능하고 탈인간적이며 전체주의적 계산 속으로 응집시키는 '금전을 매개로 한 결합'과 대조적으로, 이 영역에서 개인들 사이의 상호 작용은 대체 불가능하고 고유하다는 속성을 갖는다. 여기에서는 특정한 시간과 장소에서 벌어진 구체적인 사회적 접촉과 선호가 두드러지게 중요해진다.

이로써 각 사분면이 나타내는 네 가지 조직 형태가 도출된다. 첫째는 고전적인 의미에서의 관료제다. 공식적이고 탈인간적인 조직 형태로, 공공 영역이든 민간 영역이든 마찬가지다. 둘째는 온정적 개입주의에 기반한 조직으로, 공식적인 위계 위에 인간적이고 감정적인 톤이 부여돼 있다. 같은 부족에 속해 있다는 기업 문화를 일구려는 미국의 경영 유행이라든가 조직에의 헌신을 제고하기 위한 프로그램 같은 것이 좋은 사례다. 여기에서 우리는 모두와 친구가 되고 진정하고 고유한 자아로 존재할 수 있을 것이라고 상정되지만, 그래도 임금을 주고 해고도 할 수 있는 한 명의 보스가 있다는 것을 다들 잘 알고 있다.[20] 스페인의 몬드라곤 협동조합이나 남미의 여러 협동조합 같은 비자본주의 조직들도 좀 더 민주적인 분위기를 가지고 있긴 하지만 이 범주에 들 수 있을 것이다.[21] 세 번째 조직 유형은 개인적인 상호 작용과 비공식성이 결합된 것으로, 자발적 연합, 생디칼리슴[무정부주의적인 노동조합], 자생적인 모임 등이 있으며 은밀한 재화를 거래하는 카르텔도 여기에 해당할 수 있다. 이런 조직들은 자발적, 자생적이고 (비밀결사나 동아리처럼) 사적인 지향을 갖는다.

마지막 네 번째 조직 유형이 이 책의 주제인 시장 개인주의다. 금전 교환으로 추동되는 고도로 탈인간적인 관계이지만, 동시에 매우 사적인 측면(특히 노동자와 고용주 사이의 불평등한 권력 관계) 때문에 비공식성의 특성 또한 갖게 된다. 이 동학은 신자유주의하에서 국가가 뒤로 물러서고 규제 법안들이 약화되면서 더욱 가속화된다.

자수성가 신화라는 암울한 농담

어쩌면 '시장 개인주의'라는 표현에는 오도의 소지가 있을지도 모른다. 시장도, 개인주의도, 신자유주의 자본주의 자체만의 특유한 속성은 아니기 때문이다(더 일반적으로 말해서 자본주의 특유의 속성도 아니다). 하지만 지역 수준에서 시장 활동이 이루어지던 시공간(가령 마을의 광장)을 가지고 있었던 다른 사회들과 달리, 신고전파 경제학자들, 특히 시카고학파 학자들은 여타의 모든 서사를 몰아내면서 시장 개인주의를 사회 전체에 지침을 주는 은유로 삼으려 했다. 그런데 어느 사회가 실제로 하나의 거대한 시장처럼 기능하는 것이 가능한가? 제임스 K. 갤브레이스는 이와 관련해 매우 중요한 점을 지적했다. 신자유주의 사상가들이 '시장'을 언급할 때 사실 그들이 지칭하는 것은 어떤 '실체'가 아니라 '무엇이 아닌가'를 말하는 **반정립** negation으로서의 개념이라는 것이다.

이 단어[시장]는 거래가 직접적으로 국가에 의해 관장되지 않는 한 어떤 맥락의 거래에도 적용된다. 이 단어는 그 자체의 내용이 없다. 단순히, 그리고 정치적인 이유에서, '무엇이 시장이 아닌가'로 규정돼 있기 때문이다. 시장은 국가가 아니다. 따라서 국가가 할 수 있는 모든 것을 규칙이나 절차나 제약 없이 시장이 할 수 있다.[22]

현실에서 이 이데올로기는 어떻게 작동하는가? 이에 따르면, 국가가 **아닌** 모든 것은 (그렇지 않음을 명확히 보여주는 증거가 없는 한) 자동적으로 국가보다 윤리적으로 우월한 것으로 취급된다. 정부는 정치적 특혜와 밀실에서의 음모에만 뛰어난 조직이기 때문에 시스템을 불공정하고 변칙적으로 만들 뿐이다.[23] 하지만 현실을 보면 공공영역과 민주적 통제력이 후퇴하면서 불가피하게 기업이 은유적으로나 실제로나 '지하로 들어가게' 되지 않았는가? 시카고학파를 창시한 경제학자 프랭크 나이트의 용어를 빌리자면(도널드 트럼프도 종종 그 말을 사용했다) 결국 삶이란 민간 영역에서 시민들이 '거래와 협상'을 하는 것이다.[24] 또 자유지상주의 학자 앤서니 데 자세이의 표현을 빌리면, 국가가 존재해야 한다면 그것은 근본적으로 '자기 부인적'이어야 하고 스스로에게서 규제 권한을 '무장 해제'시키는 방향으로 작동해야 한다.[25]

앞서 살펴봤듯이 '큰 정부'의 폐해에 대해 시카고학파가 제시한 해독제는 화폐의 불편부당성이었다. 이들의 주장에 따르면, 금전 교환이 가격 메커니즘과 결합될 때 다양한 가치와 목적들의 다층적 교환 관계 속에서 자생적이고 미리 계획되지 않은 사회적 질서(카탈락시)가 생겨나게 된다. 개인의 자유는 탈인간적인 시장의 객관성에 의해 보호된다. 이런 시장은 개개인의 인간적인 특질이나 그가 처해 있는 상황에는 대체로 무관심하다고 상정된다. 하지만 현실에서 우리는 이와 매우 다른 무언가가 펼쳐지는 것을 보고 있지 않은가? 시카고학파가 제시한 모델의 각 부분을 면밀히 살펴봐도 이는 명백히 드러난다. 이제 사적인 배열은 법과 규제의 보호 시스템이 파악할 수 없는 것이 됐다. 고립된 개인은 상대방과의 협상에 들어갈 때 의지할 곳이 기본적으로 자기 자신뿐이다. 그리고 대개 상대방(기업, 고용주, 집주인)의 권력이 훨씬 세다. 여기에 '긴축 정책'의 특징인 경제적 불안정이라는 요소(가령 일방적인 의존성의 관계)까지 더해지면, '비공식성에 대한 찬양'이 개인 간 상호 작용에서 지배적인 원칙으로 자리하리라는 것이 자명해진다. 딜리버루는 언제든 배달 노동자를 갈아치울 수 있다. 하지만 배달 노동자는 일자리가 필요하므로 박차고 나갈 수 있는 여지가 거의 없다. 그 결과, 배달 노동자는 다른 사람이라면 꺼릴 만한 열악한 처우도 견디려 할 가능성이 크다. 우버식 경제적 개인주의 정신이 일터, 주거 시장 등에서 어떻게 질식할 것 같은 친밀성을 육성하게 됐는지 알기는 어렵지 않을 것이다.

몇몇 논평가들은 가장 순수한 형태의 신자유주의는 2006년에 프리드먼과 함께 사망했다고 말한다.[26] 지난 35년간 시카고학파 경제학자들에게 매료된 북미, 유럽, 호주의 경제를 대충만 살펴보더라도 그 경제가 자유시장의 이상에서 얼마나 멀어졌는지를 명확히 알 수 있기 때문이다. 현실 자체가 증거다. 공급측 경제학에 기반한 정책은 재앙적인 시장 실패를 불러왔고 민간 산업(은행, 아웃소싱 하청업체 등)을 부양하기 위해 막대한 공적 개입이 필요했다. 여기에는 양적 완화, 기업 조세 감면, 기업에 대한 막대한 공적 자금 지원 등과 같은 미심쩍은 수단들이 동원됐다. 독과점이 전체 시장을 장악했다. 능력보다는 상속된 부가 삶의 기회를 결정하게 됐다. 아인 랜드가 주창한 '자수성가'의 신화는 이제 암울한 농담에 불과하다. 세계화는 폐허에 빠졌고 타인종과 타민족에 대한 혐오가 득세하고 있다.

바로 이 암울한 환경에서(이 환경은 모종의 형태로 사회적 난파가 발생하는 것이 특징이다) 탈공식화의 흐름이 생겨났다. 이것은 신자유주의의 아들이다. 그리고 이것이 지금 현대인의 삶의 풍경을 다시 한 번 바꾸고 있다.

계약하는 인간, 호모 콘트랙투스

'규제받지 않는 자본주의'라는 개념에도 오도의 소지가 있다. 모든 형태의 경제활동은 어떤 식으로든 규제를 받고 있기 때문이다. 또한 내가 탈공식화라고 말하는 현상에 대해서도 왜 아직도 우리를 사사건건 통제하는 계약과 법(특허 침해에 대한 법, 지적 재산권에 대한 법

등)과 규칙이 이렇게 많은지 문제를 제기할 수 있을 것이다. 좋은 질문이다. 하지만 그에 대한 대답은 나의 주장과 상충하지 않는다. 오히려 한층 더 암울한 그림을 드러낸다. 신고전파 경제학에서 제시하는 인간형('호모 에코노미쿠스' 즉 '경제적 인간'이라는 신화)은 이제 치명적으로 병들어 인공호흡기를 끼고 있는 상태다. 우선 '경제적 인간'은 '빚을 진 인간'이 됐고 빚은 그를 거의 죽일 정도로 짓누르고 있다.[27] 이에 더해, '경제적 인간'이 '계약하는 인간'('호모 콘트랙투스 Homo Contractus')으로 바뀌는, 또 한 번의 탈바꿈이 벌어지고 있다. 계약하는 인간은, 진실로 실현 가능성이 없는 이상이다.

계약이란 법적으로 구속력이 있는 서류를 말한다. 신고전파 경제학자들과 법률가들은 계약을 좋아한다. 특정 시점에 사람을 묶어 두고 그로부터 훨씬 더 미래까지 그의 삶을 추적할 수 있는 방식의 합의가 가능해지기 때문이다(가령 18세에 제공된 학자금 대출). 여기에서 도망칠 길은 없다. 그리고 시민에 대한 책무성 따위는 내던져진 '위기 자본주의'하에서 개개인이 고립적으로 계약을 하게 될 때, '계약contract'의 어원인 콘트라헤레contrahere는 그에게 섬찟한 방식으로 현실이 된다. 콘con은 '함께'라는 뜻이고 트라헤레trahere는 '당기다'라는 뜻이다.

여기에서도, 이중 어느 것도 진공에서 발생하지 않는다. 가령 경제 불평등과 빈곤은 모든 법적 합의에 모종의 의무적인 부가 사항이 더해지게 만드는 구조적 요인이 된다. 계약서에 명기된 것 이외에 다른 서비스도 제공되리라는 것이 암묵적으로 승인되는 것이다. 계약의 공식적인 측면이 당사자를 계약서에 명기된 약속에 묶어놓는다면, 계약의 비공식적인 측면은 그 당사자가 추가적인 사용 가능성에도 무조건 열려 있어야available 함을 의미한다('사용 가능성에 열려 있다'는 말은 하비 와인스틴의 피해자들이 사용한 단어이기도 하다). 계약이라는 단어의 어원이 지닌 '당기다'와 '함께'라는 의미는 슈거 대디 자본주의 구조의 필터를 통과하면 새로운 의미를 갖게 된다.

어느 여성이 붐비는 식당에서 '제로 아워' 계약(정해진 노동 시간이 명시되지 않은 계약)으로 일한다고 해보자. 공식적으로는 아무도 그 여성이 상사에게 성적으로 아양을 떨어야 한다고 강제하지 않는다. 하지만 그렇게 하지 않으면 어떻게 될지 우리는 잘 알고 있다.[28] 그래서 그 여성은 아양을 떤다. '방세 대신 섹스' 계약으로 방을 얻는 데 딸려오는 암묵적인 의무 사항도 마찬가지다. 많은 크레이그리스트 구인 구직 광고가 지원자에게 행간을 읽으라고 요구하는 것은 우연이 아니다. "저와 함께 쓸 수 있는 방이 있습니다. 침대는 한 개이고 내 거예요 (…) 산수를 해보시면 답이 나오겠지요?"

다른 말로, (적어도 경제적으로 착취가 발생하기 쉬운 맥락에서) '계약화'는 단순히 법적인 객관성을 훨씬 넘어서는 것들을 의미한다. 문서는 주관적인 삶도 규율한다. 우리는 행간을 읽고 그때그때 '잘' 판단해서 처신하도록 요구받는다. 우버가 공식적인 계약 자체를 하지 않는 이유가 이와 무관하지 않을 것이다. 우버가 운전사들과 계약을 하면 운전사들이 우버 직원이라는 것을 인정하는 것이 되기 때문에 법적 규제의 적용을 받는다. 그래서 우버는 개별 운전사들에게서 합의 사항에 대해 **동의**를 얻는 방식을 취한다. 합의 사항은 언제라도 변경할 수 있지만 그 변경이 운전사들에게 유리하게 작동하는 경우는 거의 없다. 이런 합의는 **유령 계약**처럼 작동하는데, 이는 더 강력한 통제를 발휘한다. 노동자들이 두 세계의 안 좋은 점을 모아놓은 상황에 처하게 되기 때문이다. 이것이 사실상 '계약'이라는 데서 오는 강제성과 구속력(우버와 개별 계약자가 합의한 내용은 법적으로 구속력이 있다. 가령 합의 내용에 있는 '중재 조항'은 노동자들의 집단 소송을 법적으로 차단한다), **그리고** '합의'라는 느슨한 형태가 함의하는 불안정하고 비공식적인 재량의 여지(여기에서 고용주에게 이득이 되는 것은 노동자에게 비용이 된다)가 결합돼 있는 것이다. 이렇게 해서, 사악한 형태의 비공식성이 고도로 탈인간화된, 마치 '비즈니스적'인 것처럼 보이는 질서와 나란히 전개되며, 전자가 후자를 강화하고 지탱하는 역할을 한다.[29]

이 모든 일이 벌어지는 동안, '계약의 실행을 보장하는 주체'라고들 하는 국가와 사법 제도는 대체 어디에서 무엇을 하고 있는가? 현재의 국가 기구는 맹렬하게 정부에 반대하고 열정적으로 민간 개인주의를 옹호하는 신보수주의적 법률가들의 영향으로 크게 달라졌다. 고용법을 예로 들면, 보수주의 법학자 리처드 엡스타인은 현재의 추세가 진작 이뤄졌어야 할, 일터의 족쇄를 푸는 과정이라고 환영한다.[30] 그에게 노조, 최저임금법, 차별금지조치 등은 불필요한 족쇄다. 개인들은 각자 자신이 가진 조건을 가지고 사적으로 협상할 수 있어야 한다. 하지만 우리는 이런 추세가 우리를 어디로 데려가는지 이제 너무나 잘 알고 있다. 비공식성에 대한 컬트적 집착은 긱 이코노미의 노동자들에게 특히 강한 영향을 미치고 있지만, 다른 많은 직업에서도 이 경향은 매우 중요한 방식으로 규칙을 새로 쓰고 있다. 한때는 공식성의 보루로 여겨지던 영역(가령 경찰, 교사 등)마저 이 추세에서 자유롭지 않다. 엡스타인은 1980년대 이후 고용계약법이 어떻게 '자유화'됐는지를 설명하면서, 공공 영역에서 국가적 형태가 축소된 것이 결정적인 요인이었다고 언급했다.

> 의무적인 조건들을 만드는 것, (아무리 취지가 좋더라도) 협상에서 지켜야 할 의무 사항들을 만드는 것, 또 어떤 종류든 독점적인 상황을 만드는 것은 번영으로 가는 길이 될 수 없다. 번영으로 가는 길은 [국가가] 옆으로 물러서 있는 것이다. 사람들이 알아서 협상하게 하고, 그다음에는 그들이 정한 사항들이 지켜지도록 강제함으로써 계약이 효력을 발휘할 수 있도록 하는 것이다. 이런 맥락에서 개혁은 사적 계약 관계에 법적인 개입을 줄이는 것을 포함한다.[31]

오늘날 이와 같은 견해는 서구 세계에서 대다수의 고용 계약에 적용되고 있다. '사적 계약 관계'들에 도덕적으로 완전한 정직성을 부여하는 엡스타인의 놀라운 낙관주의에 경의를 표한다. 새로운 경제 환경에서 사람들이 어떻게 예산을 맞추며 살아가는지에 대해 그가 상정한 건전한 그림에 '방세 대신 섹스' 같은 유형의 임대 계약은 등장하지 않는다.

국가가 스스로를 공공적인 제도로보다는 징벌적인 제도로 재구성하면서 부유한 사람의 이익만 지원하고 나머지 모든 사람을 괴롭히고 있는 상황에서, 탈공식화의 악순환 고리가 발달하며 이는 계층 위계의 맨 바닥까지 이어진다. 노동 빈민층과 중산층은 무정한 국가와 가장 가혹한 방식으로 만나는 상황을 피하기 위해 주로 사적 경제의 어두운 그늘로 도망치는 방식으로 갖은 노력을 기울인다. 그러면 호모 콘트랙투스가 정말로 스스로를 잘 돌보고 있는 것처럼 보이게 되고 그에 따라 공공 영역이 더 축소된다. 식품 안전 규제? 사라진다. 노동자 보호법? 사라진다. 공공 자금으로 보조되는 정신 건강 돌봄 서비스? 사라진다.

불평등을 옹호하는 논리

조직화된 공식성의 (부분적인) 붕괴가 경제 불평등이 엄청난 수준에 도달한 시기에 발생했다는 것은 놀랄 일이 아니다. 오늘날 세계에서 가장 부유한 1%가 전체 부의 82%를 가지고 있다.[32] 2017년 UBS/PwC의 억만장자 보고서(은행업계를 위해 부의 분포 양상을 분석해주는 보고서다)에 따르면, 전 세계에서 "억만장자들이 가진 부의 총합은 2016년에 17% 증가해, 5.1조 달러에서 6조 달러로 늘었다. 전 세계적으로 억만장자의 수는 10% 증가해 1,542명이 됐다."[33] 이 보고서의 저자 중 한 명은 1900년대 초의 도금시대Gilded Age 이래로 부가 이렇게 심하게 집중된 적은 없었다고 인정했다.[34] 그리고 부의 집중은 상류층 사이에서 탈공식화의 과정을 눈에 띄게 가속화했다. 이들은 국가에서 스스로를 분리하고 공적인 규정(가령 조세)을 회피할 수 있기 때문이다. 이 보고서는 또한 "억만장자들이 그들끼리의 네트워크를 통해 얻는 이득이 그 어느 때보다도 크다"고 했는데, 이는 특이한 일이 아니다.[35] 조세 회피 전문인 한 로비 집단은 하비 와인스틴의 착취를 연상시키는 용어까지 사용했다. 영국 정부의 가장 고위층에까지 '탁월한 침투 능력superb penetration'[성행위의 맥락에서는 삽입이라는 뜻이다]을 가지고 있다고 자랑한 것이다.[36]

페이팔 공동 창립자 피터 틸이 뉴질랜드에서 한 일을 보면 그 침투 능력이 어느 정도인지 감을 잡을 수 있다.[37] 다른 많은 억만장자처럼 그는 남태평양의 이 섬나라를 그저 자신의 피난처로 생각했다.[38] 멀리 떨어져 있고 인구 밀도가 희박하며 군사적 이해관계도 높지 않아서, 글로벌 시스템이 붕괴하거나 기타 사회경제적 재앙이 닥칠 경우 안전하게 숨어 있기에 안성맞춤으로 보였다. 하지만 한 가지 큰 장애물이 있었다. 뉴질랜드가 외국인이 부동산을 구매할 수 있는 자격과 한도를 매우 엄격하게 규제하는 나라였던 것이다. 그래서 틸이 사우스아일랜드의 양 목장 477에이커를 성공적으로 구매했을 때 한 탐사보도 기자가 취재에 나섰고, 2011년에 뉴질랜드가 틸에게 시민권을 부여했음이 드러났다. 그가 뉴질랜드에 머문 기간이 고작 12일밖에 되지 않았는데 말이다. 심지어 뉴질랜드 시민이 될 때 뉴질랜드에 있지도 않았다(샌타모니카에서 열린 한 기념행사에 참석 중이었다). 틸은 뉴질랜드 정부에 뉴질랜드의 테크놀로지 분야에 투자하겠다고 약속했고 그것이면 충분했다. 나중에 드러난 바에 따르면 그가 뉴질랜드 당국자 여러 명에게 줄을 댔는데, 그중에는 (투자 은행가 출신) 존 키 총리도 있었다. 틸은 뉴질랜드에서 정말로 살 생각은 없었기 때문에(이런 경우 시민권을 받는 데에 서류상 문제가 생긴다) '예외 상황'이라는 조항하에서 시민권을 받는 것으로 해결을 봤다.[39]

당연하게도 틸의 사례는 뉴질랜드에서 공분을 불러일으켰다. 다른 사람들은 시민권을 신청하고 받으려면 매우 힘들고 지난한 절차를 밟아야 하기 때문이다. 엄청난 서류 작업이 필요하고 오래 기다려야 하는 것은 기본이다. 하지만 브랑코 밀라노비치가 글로벌 불평등에 대한 뛰어난 연구에서 언급했듯이, 서구 경제의 우버 부자들은 사회의 나머지와 동떨어진 세계에 산다.[40] 바로 여기에서 '미달 공식적sub-formal'인 네트워크와 인맥이 작동한다. 그리고 그들은 네트워크와 인맥이라면 아주 많이 가지고 있다. 밀라노비치는 이 때문에 특히 고용 영역에서 불평등이 얼마나 더 심화될 수 있는지를 잘 보여주고 있다. 소득 기준 상위 10% 사람들이 가지고 있는 기술과 역량은 곧 중간 계층의 사람들과 '동일해질' 것이다. 교육 수준이 전반적으로 높아지고 있기 때문이다. 하지만 사회적 계층(소득 기준) 이동성은 수년째 매우 경직적이었다. 가장 좋은 일자리, 가장 보수가 좋은 일자리는 여전히 가장 부유한 10%에게로 돌아간다. 그런데 이것은 대학 학위 이외의 다른 요인들 때문이고, 이제는 그 요인들이 더 중요하다. "운과 가족 배경이 전보다 더 중요해졌다. 집안이 얼마나 부유한가, 더 나아가 얼마나 인맥을 많이 가지고 있는가가 더 중요해진 것이다. 미국에서 집안의 경제력과 인맥이 얼마나 큰 영향력을 발휘하는지는 돈과 권력이 많이 따르는 직종들을 보면 분명하게 관찰된다."[41]

시카고학파의 영향을 받은 자본주의 옹호 논리들은 경제 불평등을 용인하는 정도가 높기로 유명하다.[42] 그들에 따르면, 누구도 동일하게 태어나지 않는다. 어떤 이는 다른 이보다 뛰어나고, 따라서 더 부유하다. 이런 의미에서 보면, 평등한 사회는 윤리적으로 옳지 않은 사회일지 모른다. 기타 등등. 나를 계속 놀라게 하는 부분이 바로 여기에 있다. 우리 문명과 사회의 직조 자체를 찢어버릴지 모를 정도로 심각한 소득과 부의 불평등과 관련해 공분을 일으키는 사건들이 많아지고 있는데도, 불평등을 옹호하는 신자유주의 논리는 약화되기는커녕 강화됐다.[43] 이 논리가 개진하는 화법은, 태어난 첫날부터 권력이 시스템을 부유한 사람들에게 유리한 방식으로 작동시킨다는 사실에서 우리의 관심을 흩뜨려놓는다. 이런 의미에서, 내가 정작 우려하는 부분은 불평등이 자연스러운 것이고 우리에게 좋은 것이라는 온갖 프로파간다를 덥석 받아들인 사람들이 어떻게 될 것인가가 아니다. 그보다 더 위험한 것은, 기이하기 짝이 없는 이 주장이 더 폭넓은 담론에서도 (다시 한번) **기조를 설정하게 될지 모른다는** 점이다. 눈에 들어간 작은 티끌처럼 말이다. 물론 극우의 가장 위험한 주장을 펴는 사람들이 다수 대중의 동의를 얻으려 하지는 않을 것이다. 하지만 논의의 파라미터를 살짝 이동시켜서 우리의 문화가 용인해서는 안 될 수준의 부의 집중을 용인하게 (적어도 예상하게) 만들려고 할 수는 있을 것이다.

이런 거대한 변화는 공공 영역에 대한 신뢰를 크게 훼손했다. 규칙을 **따르면** 부당하게 불이익을 받았다고 느끼게 되기 때문이다. 아무도 안 지키는데 나라고 왜 지켜야 하는가? 이런 반反시민적인 태도는 어느 정도 늘 존재해왔다. 하지만 오늘날은 이런 태도가 우리의 집단적 상상의 어두운 핵심에 파고들어 와 있다는 데서 차이가 있다. 시스템을 주무르는 것은 이제 당연한 일이 되었다. 그렇게 하지 않으면 바보가 된다. 이렇게 해서, 공공 민주주의는 슬픈 황혼을 맞았고 우버화 추세 속에서 고립된 개인주의가 부상했다. 끔찍하게 탈인간적인 환경에 둘러싸인 한편, 딱 맞는 사람이나 딱 맞는 연줄을 알고 있느냐에도 크게 의존하는 상황에 처하게 된 것이다.

이것의 귀결이 무엇일지는 명확하다. 미래의 전망과 계층 상승의 가능성은 재능, 능력, 교육에 달려 있다는 기대, 한때는 견고했던 그 믿음이 오늘날 빠르게 사라지고 있다.[44] 내가 가진 객관적인 역량보다 인맥, 그리고 내 처지를 좌지우지할 수 있는 권력이 있는 사람과 비공식적으로 주고받는 무언가가 더 중요하다. 매우 부유한 사람들 사이에서는 원래 늘 그랬다. 하지만 이제 중산층도 재능과 능력만으로는 충분치 않음을 점점 더 절실히 깨닫고 있다. 그들은 자신을 (그리고 아이들을) 가장 좋은 사회적 집단에 끼워 넣으려고 맹렬히 기를 쓴다. 그리고 더 아래쪽의 가난한 사람들(가난한 학생, 식당 종업원 등)은 학비를 내기 위해 슈거 대디 데이트 사이트에 가입하려는 유혹을 받으며, 다음번의 '프리티 우먼'이 되기를, 즉 부유한 낯선 남자가 자신에게 홀딱 반하기를 꿈꾼다.[45] 그렇게 될 때까지 살 곳이 필요하면 크레이그리스트가 광범위한 선택지를 제공한다. 가령 당신에게는 다음과 같은 선택지가 있다.

1파운드: 밖은 추워요. 공짜 아파트 제공합니다 (바세트로[영국 노팅엄셔])
안녕하세요? 밖이 추워서 말인데요, 방 한 개짜리 제 작은 아파트를 상호 합의에 따라 저와 딱 맞는 16세 이상 여성에게 제공하려고 합니다(싱글 맘도 환영입니다).
더운 식사가 필요하세요? 더운 목욕은요? 옷을 세탁할 곳이 필요하세요? 인생을 새롭게 시작하고 싶으신가요? 그렇게 하실 수 있어요. 방 한 개짜리 제 작은 아파트에서 저와 함께 지내는 거예요.
식품은 각자 조달하는 게 원칙이고요, 제가 식품도 제공해주길 원하시면 이것과는 완전히 다른, 새로운 합의를 하셔야 해요.
당신에 대해 조금 알려주세요. 그리고 당신의 사진을 보내주세요.

2

당신의 가격은 얼마?

브랜던 웨이드(1970년 싱가포르 출생으로 원래 이름은 리드 웨이Lead Wey다)는 연애를 하는 게 뜻대로 안 돼 의기소침하던 와중에 사업 아이디어를 떠올리게 됐다고 한다. 그는 데이트 사이트들을 기웃거려 봤지만 소득이 없었다.[1] 어딘지 부자연스럽고 테크놀로지광 같은 그의 태도는 더욱이 도움이 되지 않았다. 그때 어머니가 몇 가지 조언을 해줬는데 거기에서 계시와도 같은 깨달음을 얻었다고 한다. "네가 성공해서 후하게 베풀면 여자들이 줄을 설 거야." 웨이드에게 주된 걸림돌은 자신감과 기회였다. MIT에서 전자공학으로 석사 학위를 받고 여섯 자리 수 연봉을 받는 좋은 일자리를 구했지만, 사귀고 싶은 아름다운 여성과 연결되는 것은 좀처럼 쉽지가 않았다. 그래서 직접 슈거 대디 데이트 사이트를 만들기로 했고, '당신의가격은얼마닷컴WhatsYourPrice.com'과 '만남주선닷컴SeekingArrangement.com'을 열었다.

그의 비즈니스 모델은 간단하다. 부유하고 나이가 좀 있는 남성(웨이드는 이들을 '슈거 대디'라고 부른다)은 더 젊은 여성(이들은 '슈거 베이비'라고 부른다)을 만나고 싶어하는 경우가 많지만 그런 계기를 마련할 수단이 많지 않다. 한편 젊은 여성들 중에는 학비나 생활비를 대줄 수 있는 남성, 또는 고급 레스토랑의 와인과 식사, 비싼 선물 등을 사주는 남성에게 끌리는 사람들이 있을지 모른다. 양자가 온라인상에서 연결되면 만남에 대해 가격과 조건을 합의할 수 있다. 겉으로 드러나지는 않지만, 슈거 대디에게 명백한 동기 부여 요인은 모종의 성적인 행동을 할 수 있으리라는 기대이고 슈거 베이비에게 동기 부여 요인은 돈을 받을 수 있으리라는 기대다.[2]

웨이드의 사업 아이디어는 대히트를 쳤다. 오늘날 그의 웹사이트는 미국에서만도 320만 명의 사용자를 가진 수백만 달러 규모의 사업으로 성장했고 사용자는 계속 늘고 있다.[3] 그는 비슷한 웹사이트를 몇 개 더 만들었다. '백만장자찾기닷컴SeekingMillionaire.com', '미스여행닷컴MissTravel.com'(웹사이트의 공식 설명에 따르면, 혼자 여행하는 것을 싫어하는 부유하고 씀씀이가 넉넉한 여행객과 공짜로 세계를 여행할 기회를 반길 아리따운 동행자를 연결시켜준다) 등이 그가 만든 사이트들이다. 웨이드에 따르면, 전형적인 슈거 대디는 연 소득이 20만 달러이고 슈거 베이비에게 월 3000달러를 쓴다.[4] 남성 중 40% 정도가 기혼이고 슈거 베이비의 44%는 대학생이다.[5] 이 비즈니스의 기저에 깔린 철학에 대해 질문하자 웨이드는 연애에 대한 매우 도구적인 접근을 드러냈다. 그는 '당신의가격은얼마닷컴'이 결국 수요 공급의 경제 원칙에 따라 움직인다고 말했다.

> 사랑이란 가난한 사람들이 발명한 개념입니다. 얼핏 보면 사랑은 동화처럼 등골을 찌릿하게 하지요. 하지만 영원히 지속되지는 않습니다.[6]

웨이드에 따르면, 그의 사이트들은 사랑을 단순히 거래적인 활동으로 재구성함으로써 기존 방식의 연애를 망치기 일쑤였던 요인들(소유욕, 드라마적 사건 전개, 불합리한 충돌 등)을 피할 수 있게 해준다.

> 전통적인 방식의 연애 관계는 소유욕과 이기심에 기반을 두고 있습니다. 나는 전통적인 연애의 미래가 이혼, 마음의 상처, 가족의 해체라고 생각합니다. 결혼은 미친 짓이고 이혼은 더 미친 짓이지요. 그런데 행복과 경제적인 안정성을 가질 수 있는 방법으로 결혼만 있는 것이 아닙니다. 합의를 잘 한다면 결혼에 수반되는 위험은 없애면서 결혼이 주는 이익을 누릴 수 있어요 (…) 합의를 할 수 있을 만한 상대방을 찾게 해주고 협상을 하도록 독려함으로써 우리는 사람들이 열린 마음, 열린 소통, 완전한 솔직함, 투명한 기대에 기반한 현대적인 연애 관계를 만들어가기를 바라고 있습니다.[7]

브랜던 웨이드를 둘러싼 논란은 결혼과 연애에 대한 관점 때문만이 아니다. 어떤 이들이 보기에 그의 사업 모델은 잘 알려져 있는 또 다른 직종, 즉 **매매춘**과 너무나 닮은꼴이다.[8] 웨이드는 사실상의 성노동을 촉진하는 '온라인 포주'라고 비난받는다.[9] '데이트'라는 그럴싸한 언어로 포장해 슈거 대디들과 슈거 베이비들의 심적 부담을 줄여줄 뿐 실상은 성적 서비스의 거래이고 그의 데이트 사이트는 그것의 가장 겉면일 뿐이라고 말이다.

칼리굴라와의 데이트

한 매체가 슈거 베이비들 스스로 자신이 성 노동을 한다고 인식하는지 알아보기 위해 그들을 인터뷰했다. 이 '데이트'는 정말로 데이트인가, 아니면 성 매매를 포장한 것에 불과한가? 세레나 세르반테스의 사례를 보자.[10] 세레나는 가사 도우미로 일했지만 그 벌이로는 대학 학비를 댈 수 없었다. 형편이 너무 안 좋아서 노숙자 쉼터에서 지낸 적도 있다. 그때 '슈거대디닷컴SugarDaddies.com'에 가입했고 생활비를 해결할 수 있었다. "마음속 깊은 곳에서는 이런 상황이 정말 내키지 않았어요. 지금으로서 제게 이것은 생존 메커니즘이에요."[11]

그런데 여기에는 늘 섹스가 관여되는가? 또 다른 보도에 따르면, 대체로 그렇다. 세라와 메릴린은 런던에서 공부를 하면서 슈거 베이비가 됐다.[12] 둘 다 돈이 절박하게 필요했다. 세라는 첫 데이트를 이렇게 회상했다. "데이트하는 시간 내내 창녀가 된 느낌이었어요. 주변의 모든 이가 나를 창녀처럼 쳐다보는 것 같았어요." 메릴린은 이렇게 말했다. "나와 데이트한 모든 남자가 곧 성관계를 요구했어요."[13] 데이트 상대방과 성관계를 해야 할 의무가 있다고 생각하는 것은 아니지만 메릴린은 다음과 같은 암울한 결론을 내렸다. "얼마가 지나면 나 자신이 너무 닳고 순수하지 못하게 되었다고 느껴져요. 스스로를 상품으로 만들면 잃게 되는 종류의 순수함 말이에요. 너무 많은 사람이랑 자도 그렇고요. 적어도 나는 그래요."[14] 또 다른 슈거 베이비 코코는 이 사이트를 성 노동에 종사할 수 있게 해주는 위장 지대로 활용한다. 데이트 상대방과 섹스를 하는 것이 의무 사항이냐고 물었더니 코코는 이렇게 대답했다. "아 네, 나에게 이것은 그저 보통의 연애와 같아요. 차이가 있다면 돈을 받는다는 점이죠. (…) 하지만 오해는 마세요. 이것은 자기 자신을 판매하는 거예요."[15]

슈거 베이비가 성 노동자냐 아니냐가 헷갈리는 이유는 내가 이 책에서 탐구하려는 경향, 즉 서구 자본주의의 핵심에서 벌어지고 있는 탈공식화의 흐름과 관련이 있다. 이미 언급했듯이, 규칙과 규제는 물론 여전히 많이 존재한다. 하지만 상업 활동이 조직되는 양상에서 모종의 전환이 벌어지고 있고, 브랜던 웨이드의 비즈니스 모델이 이것을 상징적으로 보여준다. 이 모델이 어떻게 작동하는지 알기 위해 전형적인 슈거 대디와의 만남을 살펴보자. 슈거 베이비가 스스로를 데이트 상대로 판매하겠다고 온라인으로 제안한다. 그러면 경매가 붙고 가격이 협상된다. 양자가 만난다. 그리고 (이상하지만) 결국에는 대체로 성관계로 귀결된다. 따라서 이것은 매매춘으로 여겨질 수 있다. 그런데 많은 서구 국가에서 공식적으로 매매춘으로 인정될 때 가질 수 있는 법적 지위와 보호는 갖지 못한다. 노동자들이 그토록 어렵게 싸워 쟁취한 권리들이 한순간에 옆으로 제쳐진다. 그리고 일과 삶의 경계가 알아볼 수 없게 흐릿해지면서 직업 자체가 (이것을 직업이라고 부를 수 있다면 말이지만) 사적인 삶 속으로 깊숙이 사라져서 정부 기관들이 파악할 수 있는 레이더망에 포착되지 않는다.

강요된 공유

브랜던 웨이드의 데이트 사이트는 탈공식화 과정의 극단적인 사례일 것이다. 말하자면, 너무 지나친 사례인지도 모른다. 하지만 비슷한 현상이 (정도는 조금 덜하지만) 일반적으로 소위 긱 이코노미 혹은 협업적 경제라고 불리는 영역에서도 벌어지고 있지 않은가? 에어비앤비는 등록된 호텔 사업자가 아니다. 그들은 남는 방이 있는 당신이나 나 같은 평범한 사람일 뿐이다. 전통적인 택시 운전사는 교육을 받고 허가를 받아 영업을 하지만 우버 운전사들은 요금을 받고 당신을 태워줄 의향이 있는 평범한 자동차 소유자일 뿐이다.

세계 각지에서 노동을 우버화된 무정형의 기능으로 변형시키는 과정이 계속되고 있다. 기존의 직업에도 플랫폼 경제에서 넘어온 기대치가 덧씌워진다. 늘 대기 상태여야 하고 회사에서 어떤 일이 일어날지 늘 신경 써야 하며 아이의 학교에 방문하는 것은 건너뛰어야 한다. 이 모든 것이 9시 출근, 5시 퇴근이라는 기존의 익숙한 노동 형태를 교란한다. 소득을 얻기 위한 행위가 일상생활에 속속들이 침투해 있기 때문에, 정확히 무슨 일이 벌어지고 있는지를 개념적으로 포착할 수 있게 해주는 법적 범주나 사회학적 범주가 아직 존재하지 않는다. 경영학자 아룬 순다라라잔은 '크라우드 기반 자본주의'와 'P2P 거래'의 부상이 고용의 종말을 촉진할 수도 있다고 보았다.[16] 온디맨드 경제는 한때는 삶의 나머지 영역과 견고하게 분리돼 있었던 '노동 영역'의 경계를 효과적으로 해체하고 있다. 한때는 노동을 교육이나 가정생활 등과 구분할 수 있었는데 이 경계가 허물어지고 있는 것이다. 이제는 공식적으로 출퇴근 명부에 찍히든 아니든 간에 나 자체가 나의 일이다. 소득을 얻는 행위가 삶에서 끊임없이 수행해야 하는, 삶의 방식 자체가 된 것이다. 자발적이고 이타적으로 들리는 '공유 경제'의 용어로 얼마나 포장을 하든 간에, 이것은 규율적이며(일하는 시간을 놓치면 벌을 받는다) 가차 없다(멈추지 않는다).

노동과 일상의 경계가 허물어지는 것을 포함해 존재의 모든 측면이 맹렬하게 경제 영역화되는 것의 기원을 신고전파 경제학에서 찾을 수 있다. 1944년에 출간된 자본주의 선언문《노예의 길》을 보면 하이에크가 '만남주선닷컴'이나 '미스여행닷컴' 같은 미래의 비즈니스 모델을 거의 정확히 예견한 것처럼 생각될 정도다.[17] 이 책에서 하이에크는 국가에 의한 계획 경제와 그에 수반되는 관료 군단이 개인적이고 인간적인 시민적 자유를 불가피하게 침해하게 된다고 주장했다. 계약의 이행을 강제하고 '게임의 규칙'을 유지할 최소한의 법은 필요하지만, 하이에크에 따르면 정부는 종종 이보다 훨씬 더 나가려는 유혹을 받는다. 또한 국가는 사람들을 하나로 뭉뚱그려진 집합적 실체로 보려 하므로 개개인이 각자 선택했더라면 추구했을 법한 고유한 목적들을 좌절시킨다. 하이에크는 사적인 개인들이 가지고 있는 수백만 가지의 선호를 국가 기관이 파악하거나 조정하기란 불가능하다고 봤다. 현대의 인간이 가지고 있는 가치들은 너무나 다양하고 이질적이다. 그러므로 각 개인이 자신의 길을 자유롭게 선택하도록 두는 것이 가장 좋다.

이런 이유에서 하이에크는 '사회적 복지'라든가 '공공선'과 같은 일반화 가능한 용어들이 정직한 용어가 못 된다고 생각했다. 사회 전체가 100% 공유할 수 있는 '공동의 이해관계'란 존재하지 않는다는 것이다. 이런 용어들은 특정한 집단(가령 노조)의 이해관계를 반영하기 십상이다. 주로 다른 이들의 목적을 짓누르고 자신의 목적을 관철하기 위해 정부에 로비를 하는 사람들 말이다. 하이에크에 따르면, 정치인들이 '사회적 선'과 같은 보편 개념을 이야기하면서 법과 규제를 정당화할 때, 사실 그들이 의미하는 것은 특정한 사람들에게만 이익을 주는 당파적인 정책들이다. 이런 이유에서, 하이에크는 국가 기관의 작동 과정에는 언제나 임의적인 조작이 개입된다고 봤다. 국가 차원에서 국민의 소득 수준을 설정하는 것, 고용주가 직원을 고를 자유를 차별금지법으로 제약하는 것, 기업 활동을 규제하는 것, 노조가 기업 이사회에 대표단으로 들어와야 한다고 주장하는 것 등이 모두 그렇다. 이런 것들 모두 사람들의 기업가적 활력을 잠식한다. 저 멀리 있는 관료들이 상황을 미리 다 결정해버렸기 때문이다. 따라서 위험을 감수하고 독립적으로 나서는 기업 활동에는 여지가 거의 주어지지 않는다. 모두가 동일하다면 누구도 앞으로 나갈 수 없다.

하이에크의 논지를 따라 좀 더 얇은 얼음판 위로 나가보자.

그는 중앙 계획가가 우리의 사적인 일들에 간섭하는 국가와 달리, 아주 최소한의, 거의 뼈만 남은 것 같은 수준의 법만 제공하는 국가가 돼야 한다고 주장한다. 그런데 [작은 정부를 설파하는 일반적인 주장과] 중요한 차이가 있다. 여기에서 하이에크는 이 분야의 전통적인 법철학과 달리 일종의 '메타 법철학'을 이야기하고 있다. 이 말이 무슨 의미냐면, 국가가 더 적은 법을 가져야 할 뿐 아니라, 법을 만드는 사람들이 적극적으로 스스로의 권력을 제한하는 일에도 나서야 한다는 것이다. 입법가들은 새 법을 계속해서 만들어낼 수 있는 자신의 권한을 스스로 없애야 한다.[18] 스스로를 규율하는 개인들이 각자 자기 일에 집중하는 사회에서, 입법가는 자신을 불필요한 존재가 되게 만들어야 한다. 각자가 (최소한의 법적 테두리 안에서) 무엇이든 자신이 결정한 것을 할 수 있는 역량이야말로 모든 자유의 기초다. 하이에크 같은 자본주의적 자유지상주의자들은 이것이 매우 절박하고 긴요한 문제라고 생각했다. "이렇게 개인을 스스로의 목적에 대해 궁극적으로 판단을 내리는 존재라고 인식하는 것, 즉 가능하면 언제나 개인 자신의 견해가 그의 행동을 규율할 수 있어야 한다는 믿음이 개인주의의 본질을 구성한다."[19]

하이에크는 자신의 주장을 설명하기 위해 지도 비유를 사용했다. 국가는 지도가 정확하게 그려지도록 보장해야 한다. 하지만 지도에서 **어디로** 운전할지를 지시하려 한다면 이는 잘못이다. 그것은 운전자가 결정할 일이기 때문이다. 여기에서 하이에크의 논의에 화폐가 등장한다. 개인의 자유는 [중앙집중적으로] **파악하는 것이 불가능한** 가격 메커니즘이라는 거래 관계를 통해서만 보장될 수 있다. 때로 그것이, 아름다운 여성 앞에서 숙맥이 되는 버릇을 극복하기 위한 브랜던 웨이드의 노력이나 그가 만든 데이트 사이트들에서처럼, [탈인간적인 방식으로가 아니라] 상당히 '인간적인' 방식으로 표현되더라도 말이다. 웨이드는 자신의 외모나 배경이 아니라 소득으로 여성들에게 어필하기로 선택했다. 그리고 몇 가지 명백한 이유에서 인터넷은 그렇게 하는 것을 훨씬 더 용이하게 만들어준다.

마찬가지로, 하이에크는 우리 삶에 이러쿵저러쿵 간섭하려는 국가 관료들보다 (그가 보기에) 탈인간적이고 자생적이고 익명적인 시장의 힘들이 금전 거래의 자연스러운 매개로서 훨씬 더 우월하다고 주장한다. 하이에크와 시카고학파가 상정한 사회에서 유일하게 중요성을 갖는 것은 객관적인 금전 가격뿐이다. 그것이 사람들을 다른 이들의 주관적인 판단(전통, 편견, 종교적 관습, 공공 정책 등)으로부터 자유롭게 해주고 자신의 고유한 선호를 제약 없이 실현하게 해주기 때문이라는 것이다.

자본가 기질은 인간 본성인가?

하이에크의 냉정한 주장은 몇 가지 대담한 결론으로 이어진다. 그리고 우리는 그것의 슬픈 메아리를 오늘날 자본주의 경제에서 펼쳐지는 우버화의 잔혹함에서 목도하고 있다.

첫째, 하이에크는 (상업적 가능성을 고려하지 않은 채) 예술을 촉진한다거나 (복지 정책을 통해) 가난한 사람들을 시장의 힘에서 면제해준다거나 하는 고상하고 교화적인 목적을 위해 경제의 범위를 제약하거나 사회의 다른 부분과 분리해야 한다고 주장하는 비판가들을 책망한다. 하이에크에게 경제는 별도로 떼어 2차적 위치에 놓을 수 있는 영역이 아니다. 경제는 **삶의 모든 것을** 포괄한다. 경제는 모든 것이고, 그렇지 않다고 생각한다면 순진한 것이다. 하이에크가 이런 입장을 취하게 된 한 가지 이유는 금전적 상업 거래(탈중심적 환경에서 수행되면 더 좋다)만이 개인의 자유가 진정으로 보장되는 유일한 길이라고 믿었기 때문일 것이다. 그 말이 맞는다면, 우리는 **늘** 자유롭기를 원하므로(이것은 우리의 선택과 선호에서 드러난다) 경제는 늘 우리와 함께 있어야 한다. 경제라는 말이 얼마나 '존엄하지 않게' 들리든 간에 말이다.

여기에서 우리는 인적 자본 이론 등 차후에 시카고학파에서 발달시키게 될 개념들의 씨앗을 볼 수 있다. 시카고학파는 심지어 약물 중독까지 포함해 개인의 모든 행동을 경제적 효용이라는 개념으로 설명하는 것으로 악명이 높다. 교육을 더 받는 것, 이러저러한 배우자를 선택하는 것, 이러저러한 직업을 추구하는 것 등이 금전적 수익의 면에서는 무엇을 의미하는가? 결국 삶의 문제는 돈의 문제이며 이 언명은 단지 (자유를 증진시키기 위한) 규범적 명령이기만 한 것이 아니다. 현실의 작동 원리를 설명하는 존재론적 이론이기도 하다. 이것은 (브랜던 웨이드의 사례를 생각해보면 좀 역설적이긴 하지만) 진정으로

'낭만을 제거한 경제학'이다.

하이에크는 이 전제를 '개인의 책임'이라는 우상과 결합한다. 중앙 계획가들이 (실업에서 우리를 보호하거나 연금을 제공하는 등으로) 우리의 경제 상황을 관리하기 시작하면 우리는 부지불식간에 상당한 통제력을 정부에 넘겨주게 된다. 하이에크에 따르면, "경제 계획 등 우리의 경제적 이해관계에 영향을 주는 조치들이 우리 삶의 더 기본적 가치들에 대해서는 크게 간섭하지 않을 것"이라고 흔히들 믿지만 이 믿음은 잘못된 것이다.[20] 그의 논리에서, 불안정성과 모든 것을 잃을지 모른다는 불안은 개인의 자유를 누리기 위해 우리가 치러야 할 비용이다. 이는 오늘날 미국과 영국에서 수백만 명의 프리랜서가 체화하고 있는 개념이기도 하다. 하이에크에게 불안정성은 명예의 표지다.

위의 결론에서 도출되는 두 번째 결론은 우리에게 익명성과 개인의 자유를 보호해주는 개방적인 시장이 어떤 방식으로도 제약을 받아서는 안 된다는 것이다. 웨이드의 가장 인기 있는 웹사이트 '당신의가격은얼마닷컴'을 예상이라도 한 듯, 하이에크는 이렇게 주장했다. "경쟁적인 사회에서는 거의 모든 것이 가격을 가질 수 있다. (…) 많은 경우, 삶, 건강, 아름다움, 미덕, 명예, 마음의 평화 같은 것들을 보존하려면 상당히 많은 물질적인 비용을 들여야 한다. 이것은, 우리가 이런 고결한 가치들을 지키기 위해 감수해야 할 물질적인 희생을 감수할 준비가 잘돼 있지 않기 일쑤라는 사실만큼이나 부인할 수 없는 사실이다."[21] 하이에크는 (노예제 같은 주제는 논외로 하고) '더 높은 가치'에 대한 질문도 금적적으로 가치를 평가하는 것에서 면제될 수 없다고 본다. '더 높은 가치'라고 해서 금전적인 판단을 면제한다면, 이것은 우리에게 가장 좋은 것이 무엇인지에 대한 결정을 개인보다 더 높은 차원의 권위에 맡기는 첫 단계가 되고 그것의 귀결은 전체주의가 될 수 있다는 것이다.

너무 나간 듯한 하이에크의 논리는 후대의 신자유주의 이론들에서도 드러난다. 예를 들어, 미시 경제학에서 시카고학파의 게리 베커는 우리 삶의 가장 내밀한 영역인 사랑과 결혼도 효용 극대화와 합리적 선택의 틀로 가장 잘 설명될 수 있다고 주장한 것으로 유명하다.[22] 그에 따르면, 일생에 걸쳐 결혼과 관련해 발생하는 막대한 일들의 총합을 생각해볼 때 결혼을 경제적 문제가 아닌 낭만적인 추구로 보는 것은 논리적이지 않다. 이런 개념은 사람들이 행동하는 방식으로도 스며들었다. 이를테면 고소득자들이 비슷한 사회경제적 배경을 가진 사람끼리 결혼하는 '동류 짝짓기'가 1980년대 이래 미국과 영국에서 크게 증가했고,[23] 이는 다시 소득과 부의 불평등에 막대한 영향을 끼쳤다. 사람들이 더 아래쪽 부류와는 거의 결혼하지 않고 자신과 '동급'인 사람하고만 결혼하기 때문이다.

'미스여행닷컴' 같은 비즈니스는 이런 개념들에서 나온 환경에서만 뿌리를 내릴 수 있다. (경제학자들의 용어로) '비화폐적인 변수'까지 포함해 삶을 전적으로 상업화한다는 하이에크적 임무는 슈거 대디 자본주의에서 특히 큰 반향을 울리고 있다. 슈거 대디가 굳이 옛 방식으로 파트너를 찾는 데 희소한 자원을 낭비할 이유가 무엇인가? 다른 귀찮은 것들 없이 그가 원하는 아가씨와 **직접** 연결해줄 앱이 있는데 말이다. 또한 이제 우리는 (게리 베커의 인적 자본 이론을 따라서) 데이트 앱 업계의 몇몇 인사가 '당신의가격은얼마닷컴'을 통한 만남이 정상적인 연애 관계와 그리 차이가 없다고 주장하는 논리가 무엇인지도 알 수 있다. 바람직하다고 여겨지든 아니든, '금전을 매개로 한 결합'은 원래부터도 데이트, 사랑, 낭만에서 뗄 수 없는 일부분이었다는 것이다. 브랜던 웨이드는, 차이가 있다면 자신의 웹사이트가 연애의 금전적 차원을 여타의 비즈니스 거래와 동일 선상에 놓음으로써 솔직하게 드러낸다는 점뿐이라고 말했다. '슈거대디닷컴'의 CEO 스티븐 패스터낵도 비슷한 주장을 폈다.

> 나는 아내가 학교를 마치도록 도왔다. 나는 공과금과 집세 등을 낸다. 아내를 여행에 데리고 가고 아내에게 좋은 선물을 사준다. 결혼한 많은 남성이 자신도 깨닫지 못하는 사이에 사실상 슈거 대디 역할을 하고 있다고도 말할 수 있을 것이다. 기본적으로 나는 어떤 남자라도 여성에게 좋은 인상을 주고 싶어 하는 사람이라면 슈거 대디라고 불릴 수 있다고 생각한다.[24]

물론 이것은 음울한 생각일 수 있다. 하지만 기저의 현실은 더 음

울하다. 궁극적으로 슈거 대디 자본주의는 인간은 돈을 좇는 동물이라는 하이에크의 견해에 핵심을 둔 인간 본성론을 이야기한다. 미국의 많은 경영대학원 교수들이 조지 버나드 쇼의 유명한 일화로 강의를 시작한다는 것은 시사하는 바가 크다(매우 적절하기도 하다). 극작가 버나드 쇼가 한번은 유명한 여배우에게 100만 달러에 자신과 같이 자겠냐고 물어봤다. 여배우는 미소를 지으며 대답했다. "좋아요." 이어서 버나드 쇼는 이렇게 물어봤다. "5달러는 어때요?" 그러자 여배우는 모욕을 느끼며 이렇게 대답했다. "그건 안 되죠. 대체 저를 뭐라고 생각하시는 거죠?" 그러자 버나드 쇼는 재치 있게 이렇게 대답했다. "우리는 이미 합의는 했어요. 지금은 가격을 협상하는 중이고요." 신고전파 경제학에 따르면, 결국 우리 모두 마음 깊은 곳에서는 창녀이고 우리의 가장 소중한 가치들을 별생각 없이 타협한다. 가격만 맞는다면.[25]

플랫폼 도착증

하이에크식 접근 방법의 전면에는 우리가 탈인간적인 시장의 힘과 얼굴 없는 화폐의 메커니즘을 전적으로 받아들여야 한다는 개념이 자리 잡고 있다. 하이에크는 법과 국가를 논하는 대목에서 이 점을 가장 분명하게 드러냈다. 그가 상정한 자본주의적 개인주의의 유토피아에는 가장 기초적인 규칙 이외에는 어느 규칙도 필요하지 않다.

물론 사유 재산, 계약의 강제, 사기적 행위의 처벌 등을 위해 국가는 필요하다. 하지만 국가의 역할은 모든 이가 시장의 익명적인 신호를 통해 자신의 계획을 세울 수 있도록 법적인 확실성을 보장하는 것으로만 한정돼야 한다. 이 시스템에서 국가와 국가 기관은 사람들을 세세하게 알지 못한다. 정부는 카지노의 딜러처럼 작동하며 다음 판에서 누가 이길지는 결코 예측할 수 없다. 하이에크는 이 주장을 다음과 같이 전개했다.

> 따라서 공식적인 규칙들은, 그 규칙들을 사용하게 될, 아직은 누구일지 알 수 없는 사람들이, 그들 스스로 정한 [정부로서는 알 수 없는] 목적들을 위해, 상세 사항을 미리 예견할 수 없는 상황 속에서 유용하게 쓰게 될 무언가라는 면에서, 단순히 도구적인 것이다. (…) 이러한 규칙들은 특정한 목적들 사이에서의 선택이나 특정한 사람들 사이에서의 선택에 관여하지 않는다. 그 규칙들이 누구에 의해 어떤 방식으로 사용될지를 우리가 사전에 알 수 없기 때문이다.[26]

하이에크의 '약한' 혹은 '생태적인' 법 형식주의는 특정한 사람들에게 혜택을 제공하는 방식으로 작동하게끔 돼 있지 않다. 가령 인종적 소수자의 평등이라든가 최저임금 도입 등을 입법화하려는 시도는 엄격하게 금지돼야 한다. 하이에크는 이 입장을 매우 긴 지면을 할애해 주장했다. 그에 따르면 좋든 나쁘든 모든 형태의 차등적 대우는 정부가 행하는 일이 임의적이고 자의적인 특성을 갖게 만든다. 정부가 오늘은 이러저러한 집단에 혜택을 줄 수 있겠지만, 중앙 계획가들의 변덕에 따라 내일 너무 쉽게 다른 방식으로 행동할 수도 있다.

하지만 여기에서 하이에크의 논리는 중대하게 미끄러진다. 그의 논리에서 이러한 '약한 공식성'은 순수한 금전적 거래에서 달성되는 익명성을 보완해줄 것으로 상정돼 있다. 각 개인의 거래는 고유하고 사적인 문제다. 위의 인용문이 보여주듯이, 하이에크는 당신의 개인적인 이해관계에 관심이 없다. 또 법의 테두리 안에 있기만 하다면 당신이 고용주나 집주인과 하는 거래의 세부 사항에도 관심이 없다. 법체제는, 말하자면 지붕처럼 기능한다. 지붕은 개입하지 않으며 그 지붕 아래에 있는 자유로운 시장에서는 거의 어떤 일이라도 벌어질 수 있다. 하지만 우리는 이 익명성이 무엇을 수반하는지를 더 면밀히 들여다볼 필요가 있다. 나는 정확히 누구에게 익명적이 되는가? 내가 무슨 일을 하는지에 관심을 두지 않는 존재는 정확히 누구인가? 나이 든 슈거 대디는 18세 슈거 베이비에게 계속해서 익명적인 존재인가? 물론 그렇지 않다. 다른 건 둘째 치더라도, 그들은 섹스를 하는 사이가 아닌가?

'내가 무슨 일을 하는지에 대해 관심이 없는 존재'로 하이에크가 염두에 둔 것은 **정부**다. 《노예의 길》과 《자유헌정론》에 제시된 명목상의 법 형식주의는 모든 경제활동이 국가의 시선에 포착되지 않게 도와주는 깔끔한 방법에 불과하다. 가격 메커니즘이 중앙 계획을 수

렁에 빠뜨리곤 하는 정보의 부족을 해소해주리라 기대되듯이, 하이에크의 법 이론은 개인의 자유라는 문제를 익명성이라는 개념을 통해 풀려고 한다. 하지만 익명성의 공간은 규제나 조세 등 귀찮은 것 없이 슈거 베이비와 슈거 대디가 알아서 거래하도록 방임되는 곳이다. 이것이 내가 이 책에서 제기하고자 하는 핵심 주장이다. 의도한 것은 아니었겠지만 하이에크의 경제 철학은 경제적 관계의 개인화를 암묵적으로 촉진함으로써 그것이 익명적인 화폐의 흐름과 희한한 방식으로 혼합되게 만든다. 하이에크가 제시한 금전적 형식주의('당사자 개인이 누구인가에 대해서는 관심을 갖지 않는')는 현실에서 그와 정반대되는 상황을 일으키고 지탱한다. 임시적이고 임의적인 개인 간 상호작용이 국가의 관리 범위를 완전히 벗어난 곳에서 작동할 수 있게 되는 것이다. 사적인 상호 작용은 국가가 상관할 일이 아니라고 돼 있기 때문이다.

전면에 드러나 있지는 않지만, 하이에크 본인의 서술 중 몇몇 대목에서도 이런 종류의 비공식성 개념을 읽어낼 수 있다. 이를테면 고용 관계에 대한 그의 견해가 그렇다. 하이에크는 최저임금법이나 실업 복지와 같은 국가의 개입에 맹렬히 반대한다. 도덕적 해이를 조장하고 인센티브를 왜곡한다는 것이다. 상당한 돈을 보장받을 수 있다면 사람들이 왜 일을 더 열심히 하겠는가? 국가가 부양을 해준다면 사람들이 왜 일을 하겠는가? 일자리와 직업에 대해 말하자면, 정부, 노조, 전문 직업 협회 등은 모두 뒤로 빠져 있어야 하고 고용주와 피고용인 두 당사자만이 그들의 계약 관계를 스스로 결정하게 둬야 한다.

이것은 물론 극단적인 견해지만 그 흔적은 오늘날 많은 OECD 국가들에서 노동이 가고 있는 방향에서 여전히 분명히 드러난다. 하이에크가 적절한 고용 관계에 대해 60년 전에 상상한 이론은 오늘날 긱 이코노미와 제로 아워 계약에 놀라우리만큼 잘 들어맞는다. 아래의 인용문에서 볼 수 있듯이, 하이에크는 업계의 임금 수준을 정부 정책으로 정하려 하는 것을 비판했고 몇몇 직종에서 (한때 케인스식 거버넌스에서 널리 활용되던 대로) 적성 시험을 직원 선발에 활용하는 것에 반대했다. 하이에크가 보기에 그런 조치들은 개인의 인센티브를 죽이고 유연성을 훼손할 것이기 때문이었다.

> 해당되는 범주 전체에 대해 당국이 보상 수준을 결정하려 하고 지원자 중에서 누구를 선발할지를 객관적인 시험을 통해 정하려 하면, 각 지원자가 그 일자리에 얼마나 열망을 갖고 있는지는 거의 고려되지 못할 것이다. 갖고 있는 조건이 표준 유형에 맞지 않거나 기질이 일반적인 유형에서 벗어나는 사람들은 어쩌면 그들과 잘 맞을지도 모르는, 또 특수한 니즈를 지닌 독특한 고용주와 계약을 맺을 수 있는 가능성을 원천적으로 상실하게 될 것이다. 불규칙한 근무시간을 선호하거나 적은 소득, 혹은 불확실한 소득을 얻더라도 느긋하게 일하고 싶어 하는 사람들은 더 이상 선택의 여지를 가질 수 없게 될 것이다.[27]

'당신의가격은얼마닷컴'의 논리뿐 아니라 오늘날 우버화를 열렬히 환영하는 사람들의 주장과도 완벽하게 맞아떨어지는 논리가 아닌가? 신고전파 경제학에 따르면, 규제 당국은 뒤로 물러나 있어야 하고 거래는 지역적으로, 건별로 이뤄지게 둬야 한다. 동일한 산업 안에서도 각각의 상황이 다 다르고 서로 '통약 불가능'[공통의 척도가 없음]하기 때문이다. 개개인이 서로 얼마나 다른 존재인지를 생각해보면, **동일한 조직 안에서도** 그렇다. 무한히 다르고 변칙적인 노동자 개개인의 세부 상황을 외부의 당국자가 안다는 것은 불가능하다. 이것은 이론상으로는 명료하고 그리 놀랄 것 없는 논리로 보인다. 하지만 현실은 다르다. 특히 하비 와인스틴이 당신을 깜짝 방문했다면 더욱 그럴 것이다. 어느 경우든, 노동은 친밀해지고 또한 거래 가능해진다. 깊숙이 개인적인 동시에 무심하게 도구적이 된다. 하이에크는 경제 행위에서 재량과 임의성의 여지를 제거할 방법을 발견했다고 믿었을지 모르지만, 되레 그의 논리는 뒷문을 활짝 열어 그런 여지를 훨씬 더 안 좋은 형태로 다시 불러왔다.

하이에크가 개진한 경제 논리의 초보적인 오류는 권력에 대한 접근이 잘못됐다는 데 있다. 그의 논리에서는 국가가 하나의 집합적 실체로 간주되기 때문에, 이는 정부가 끊임없이 권력을 과시하려 하는 존재라는 가정으로 곧바로 이어진다. 그에 따르면, 국가[정부]의 모든 곳에서 지배가 발생한다. 반면 시장 자본주의에서 민간 영역은 자유로운 개인들이 위계 구조의 외부에서 협상을 하는 영역으로 간주된다. 여기에서는 화폐의 익명성이 부당한 영향력을 희석하고 흩어버린다. 지배는 그냥 사라져 없어진다. 하지만 현실에서 민간 기업과 부유한 개인들은 이렇게 하이에크적인 방식으로 움직이지 않는다. 하이에크의 버전은 자본주의의 이상향이다. 현실에서 신자유주의의 석탄 막장에 있는 것은 하이에크나 시카고학파가 상상한 유토피아의 꽃길 위에 있는 것과 다르다. **은밀해진** 노동 환경이 어떤 방식으로 펼쳐지고 있는지를 알려면 '당신의가격은얼마닷컴'을 보는 것으로 충분하다. 한 슈거 베이비는 이에 대해 "그들이 당신을 노예나 애완동물이라고 생각하기 때문에 자신이 원하는 것은 뭐든 당신에게 해도 된다고 생각한다는 것을 의미한다"며 "매우 위험하다"고 말했다.[28]

긱 이코노미 노동자들 사이에서 (금전 거래에 함의된 수준을 훨씬 넘어서는) 끔찍한 권위 때문에 겪는 고충은 매우 일반적이다. 만성적인 의존성과 불확실성을 촉진하는 환경에서, 어떻게 하면 상사에게 잘 보일 수 있는지를 아는 것(우리 모두 이것이 무엇을 의미하는지 잘 알고 있다)이 노동 생활에서 결정적으로 중요한 역할을 차지하게 된 것은 당연한 일일 것이다. 일례로, 불안정한 계약 조건으로 런던의 바에서 여성 노동자로 일하는 것이 어떤지를 묘사한 한 기사를 보자. "그 바의 경영자는 여종업원 중 한 명을 '트리클'이라고 부른다. '트리클'은 19세 학생으로, 진토닉을 섞고 있을 때 '손목 쓰는 일'을 아주 잘한다는 말을 들었다. 그가 이 여성에게 "저 남자한테 아양 좀 그만 떨어"

라고 말했을 때 그 여성은 티나게 얼굴이 일그러졌다. 하지만 자신에게 아무런 힘이 없다고 느꼈다."[29] 성적인 희롱과 [내 처지를 좌지우지할 수 있는] 개인이 휘두르는 권력에 대한 예속은 물론 새로운 이야기가 아니다. 하지만 분명 무언가 새로운 것이 함께 벌어지고 있다. 직장에서 벌어지는 '너무나 인간적인' 친밀성은 탈인간적인 금전 거래 관계에 의해 지탱된다. 그 결과, 화폐 자체가 섹스가 개입된 너저분한 것이 된다. 탈인간적인 동시에 **역겨운** 것이 되는 것이다. 시카고학파의 이론에서는 완전히 반대되는 것으로 상정됐던 두 논리가 현실에서는 긴밀하게 결합해 이 경제를 특징짓는 핵심 요인이 됐다.

가장 더러운 자가 생존한다

하이에크는 자신의 견해에 상당한 반론이 있을 것을 예상했고 각각에 대해 재반론을 펼침으로써 그의 미심쩍은 접근 방식을 때로 극한까지 밀어붙였다.

내가 어떤 일자리(가령 항공기 조종사)를 원하는데 그러기에 필요한 자격 조건을 갖추지 못했다고 해보자. 아니면 인종 차별, 성차별에 부닥쳐 진급 기회를 잃었다고 해보자. 여기에 정부가 개입해야 하는가? 가령 정부가 조종사 교육을 받을 수 있게 장학금을 주거나 차별 없는 평등한 기회를 위한 프로그램을 지원해야 하는가? 하이에크는 그러지 말아야 한다고 주장한다. 제약 없는 시장 경쟁만이 유일한 조정 기제여야 한다. 궁극적으로 화폐가 가장 효율적인 결과를 가져다줄 것이기 때문이다. 위의 사례에서 나는 항공 학교에 갈 돈을 은행에서 빌릴 수 있을 것이고 항공 교육을 받아 미래 소득을 높일 수 있을 것이다. 인종 차별적이거나 성차별적인 고용주는 가장 뛰어난 인재를 뽑을 수 있는 풀이 줄어들 것이므로 시장에서 퇴출될 것이다. 이런 면에서, 시장은 교정적인 기능을 수행한다.

> 몸이 약한 소년이 신체적 허약함이 큰 걸림돌이 되는 어떤 일자리를 진심으로 갖고 싶어 한다면, 혹은 더 일반적으로 말해서, 어떤 사람이 해당 직종에 대해 명백히 적합성과 역량이 부족한데도 그 일이 너무 하고 싶다면, 그 결함 때문에 경쟁에서 배제돼서는 안 된다. 그들이 그 일을 너무나 소중하게 여겨서 정말로 간절히 하고 싶어 한다면, 우선 처음에는 금전적인 손해를 감수하더라도 그 일을 시작해볼 수 있을 것이다. 그리고 일을 해가면서 기술을 익혀서 처음에는 적합하지 않았지만 점차 나아져 더 좋은 보수를 받을 수 있게 될 것이다.[30]

이 논리의 문제는 하이에크가 계층 불평등의 퇴행적인 영향, 즉 계층 불평등이 '능력주의meritocracy'의 작동 자체를 훼손하고 있다는 사실을 간과한다는 데 있다. 이 현상은 오늘날 어느 때보다도 두드러진다. 이미 부유한 배경을 지닌 사람들이 대개 가장 좋은 직업을 갖는다. 그런데 하이에크의 주장에는 이보다 더 문제 있는 함의가 있다. 그가 말하는 '금전적인 손해'는 무엇을 의미하는가? 그것을 알려면 오늘날 학자금 대출에 허덕이는 대학생들을 보면 된다. 학자금 대출은 (학위를 따서) 더 나은 삶을 누리고 싶지만 그러기에 필요한 돈(학비)이 없는 중산층의 한 세대를 '불구'로 만들었다.[31] 그리고 여기에서 '당신의가격은얼마닷컴'으로 가는 길, 즉 슈거 대디 경제학의 세계로 가는 길은 아주 가깝다.

부자들이 왜 계속해서 하이에크를 소중히 여기는지를 알기는 어렵지 않을 것이다. 불안정하고 고립된 노동자들과 (집단이 아닌) 개인 단위로 협상하는 것보다 기업이 무엇을 더 원하겠는가? 국가가 민간 임대 시장을 규제하지 않으므로 절박한 세입자들에게 마음대로 이런 저런 조건을 걸 수 있는 것보다 런던의 거대 부동산 업체가 무엇을 더 원하겠는가? 현실에서 하이에크의 철학은 이제 개인 단위로 존재하게 된 경제 행위자(노동자, 학생, 세입자)를 혹독한 금전적 판단 앞에 **세워놓고** 그다음에 무방비로 **노출시킨다.** 이렇게 '보호 없는 개인주의'를 사회적, 정치적으로 생산해내는 것이 신자유주의 거버넌스의 핵심이다. 게다가 고용 영역에서 사람들은 이제 노조나 국가의 규제를 통해서는 물론이고 '고용'을 통해서도 보호되지 않는다(우버화된 일자리와 슈거 베이비들을 보라).

글로벌 기업 지배층은 또 다른 이유에서도 하이에크가 설파한 익명성을 예찬한다. 글로벌 금융 자본주의의 결정적인 특징이 방대한 규모의 경제활동이 국가의 틀을 벗어나서 이뤄진다는 데 있다는 것은 우연이 아니다. 여기에 관여되는 돈의 총합은 어마어마하다. 그림자 금융을 생각해보자. 2015년 금융안정위원회Financial Stability Board의 조사에 따르면 규제를 받지 않고 이뤄지는 거래가 80조 달러(53조 파운드)로 증가했다. 이는 이 거래에 참여하는 26개국(사법 관할권) GDP의 60%에 해당하는 규모다.[32] 2017년 '파라다이스 페이퍼'의 누출로 폭로됐듯이, 조세 회피도 비슷한 양상을 보인다.[33] 그리고 하이에크가 정당화는 데 기여한 이 '보이지 않는' 영역에서는 불가피하게 범죄적인 요소도 생겨난다. 돈 세탁과 (해외에 자금을 빼돌릴 목적으로 이뤄지는) 무역 송장送狀 조작은 전례 없는 수준에 도달해 있다.[34] 99%에 속하는 우리에게 하이에크가 말한 익명성이 트리클의 음탕한 상사가 트리클에게 규제 없이 추파를 던지기 쉽게(즉 성희롱하기 쉽게) 해주는 것을 의미한다면, 부유한 사람들과 그들의 은밀한 껍데기 기업들의 입장에서 그 익명성은 조세 부담을 피해 도망칠 수 있는 길을 의미한다.

바로 여기에서 글로벌 상업에 새로운 지평이 생겨나고 있다. 국가(와 국제기구)의 법적 장치를 통해 작동하는 일반적인 관할권 밖에서 벌어지는 교역이다. 이를 '검은 자본주의'라고 명명해볼 수 있을 것이다. 이것의 작동 양식은 간단하며 다음과 같은 사고思考 실험으로 가려낼 수 있다. 자유시장에서는 어떤 것이든 가능하다는 개념을 하이에크가 제안한 대로 아주 본질적인 요소만 남기고 다 벗겨내면 무엇이 남게 될까? 그 세계에는 국가가 남지 않는다. 수요와 공급은 전적으로 규제를 벗어나게 된다. 사람들이 내키는 대로 행동하는 것을 어느 정도 제약해줄 규범(가장 좋은 활동은 무엇인가, 기준은 무엇인가 등에 대한 규범)도 거의 존재하지 않게 된다. 이 세계는 오로지 가격 시스템에 의해서만 규율된다. 이 세계는 익명성의 망토를 입고 사적인 거래 관계들을 형성하는 낯선 사람들이 사는 세계다.

비밀 인터넷 서버를 다룬 제이미 바틀릿의 뛰어난 저서 《다크 넷 The Dark Net》은 위의 질문에 대해 현실에서의 답을 보여준다.[35] 정교한 암호화 기법(과 IP주소를 숨겨주는 토르TOR 브라우저) 때문에 이 검은 네트워크에서는 사용자를 식별하는 것이 불가능하다. 역설적이게도, 미국 정부가 다크 웹을 만들 때 염두에 둔 것이 바로 익명성이었고 민주주의 운동가들이 중국, 이란 같은 독재적인 정부들에 맞서 싸우는 데 사용할 수 있으리라 기대하며 소프트웨어를 일반에 공개했다. 하지만 지금은 불법적인 포르노, 마약, 무기 거래인들이 사용하는 매개가 됐다. 심지어 자신의 적을 살해해달라고 돈을 지불하는 온라인 '암살 시장'도 찾을 수 있다. 바틀릿이 본 시장은 마치 '고모라' 같은, 무한히 공포스러운 시장이었다. 그럼에도 이 검은 인터넷은 하이에크와 그의 추종자들이 설파한 금전적 자유지상주의의 한 유형을 보여준다. 그것은 "우리가 흔히 머무르는 인터넷과 분리돼 있으면서도 연결돼 있는 지하 세계"를 드러낸다. 이 세계는 "완전한 자유와 익명성의 세계다. 사용자는 검열이나 규제 없이 원하는 대로 말하고 행동할 수 있다 (…) 거의 그 안을 볼 수 없다는 점에서 이곳은 어둡다. 이곳은 숨겨져 있고 모호하고 비밀스럽다."[36]

다크 넷은 금전 개인주의의 고삐 풀린 버전이다. 하이에크의 이론이 배태한 또 다른 유형의 추잡한 경제로의 모험이다. 카를 마르크스는 자본주의의 이윤 동기가 단순히 고삐 풀린 탐욕(추한 종류의 '너무나 인간적인' 요소들)과 관련된 것이기만 한 게 아니라 궁극적으로 우리 자신이 누구인가와 관련해 자아를 텅 비게 만드는 실존적 **결핍**과 관련된 것이기도 하다고 말했는데, 이 말이 옳다면 어떻게 되는가? 더 일반적으로, 마르크스에 따르면 자본주의에서 화폐는 우리를 우리 자신의 잠재력으로부터 소외시키는 내면의 악마를 깨운다. 또한 "모든 인간적이고 자연적인 속성들을 정반대로 전도시키며 불가능한 것들을 상호 밀접하게 친화시킨다. 화폐의 **신과 같은** 힘은 소외되고 소외시키며 자신을 부정하는 존재로서의 [인간종의] 유적類的 특징에 놓여 있다. 화폐는 **인류의 외화**外化**된 역량**이다."[37] 그렇다면, 우리가 다크 넷에, 그리고 그것이 의미하는 사악한 버전의 인류에 직면할 때 상황은 한층 더 역겹고 끔찍해진다. 우리가 다뤄야 하는 것이 인간의 외화된 역량만이 아니라 무의식적인 **무능력**이기도 하기 때문이다. 다크 넷의 가림막 없이는 **할 수 없는** 일들 말이다. 적자생존['가장 잘 적응하는 자the fittest가 생존한다']이라고? 아니다. 가장 더러운 자the filthiest가 생존한다.

뉴라이트의 노동 운동 혐오

밀턴 프리드먼이 아니었다면 하이에크는 잘 알려지지 않은 학자로 남았을 것이다. 프리드먼은 1940년대에 시카고 대학에 왔고 1962년 저서 《자본주의와 자유Capitalism and Freedom》로 유명해졌다.[38] 이 책은 하이에크의 《노예의 길》의 미국판 격으로 널리 읽혔다. 프리드먼은 1970년대와 1980년대에 자유시장 신념을 확산시키기 위해 무수히 강연을 다녔고 대중적인 토크쇼(〈도나휴Donahue〉 등)에도 출연했으며 미국 전역의 대학을 순회하며 강의를 했다. 1980년에는 직접 TV쇼를 진행하기도 했다. 〈선택의 자유Free to Choose〉라는 프로그램이었는데, 이를 통해 프리드먼은 하이에크가 《노예의 길》에서 개진한 가장 논쟁적인 주장까지도 대중의 마음속에 믿을 만한 '상식'으로 각인시키게 된다. 매 회는 미국인의 사고에 뿌리박힌 집합주의(와 심지어는 준사회주의)를 지적하는 내용으로 꾸려졌고 정부가 사람들의 자유에 위협이 된다는 확신을 시청자들에게 전달하는 것을 목표로 삼았다.

그중 제8회는 노동자의 권리를 다루고 있는데, 뉴라이트가 노동 운동을 얼마나 혐오했는지가 잘 드러난다. 프리드먼은 공개적이고 자유로운 노동시장에는 진입 장벽이 절대적으로 없어야 한다고 주장했다. 특히 진입을 통제해서 직업 안정성을 높이려 하는 경우에 더욱 그렇다며, 임금과 노동 조건을 보호하기 위해 노동자들이 오래도록 사용해온 전략을 공격했다. 여기에서 프리드먼은 하이에크가 35년

전쯤 개진한 다음의 주장을 거의 문자 그대로 되풀이했다.

> 기업이든 노동자든, 외부자가 낮은 가격으로 치고 들어오는 것에서 내부자가 보호를 받을 경우, 경제적 여건이 더 안 좋은 사람들이 그러한 보호를 받는 분야의 종사자들이 누리는 경제적 번영에서 배제되는 결과를 낳는다. 어느 업종이건 진입에 대한 모든 제약은 그 외부에 있는 모든 이의 안정성을 저해한다.[39]

〈선택의 자유〉 8회에서 프리드먼이 공격하고자 하는 '제약'은 그의 오랜 적들이 만들어놓은 것이다. 즉 노조, 전문 직종 협회처럼 노동자들의 역량과 보수와 지위를 지키고자 한 곳들이 세운 제약들을 의미한다.

방송에서 프리드먼이 이 주장을 어떤 식으로 전개했는지를 보면, 이 방면에 매우 소질이 있어 보인다. 전후 미국의 자본주의는 강한 노조와 강력한 전문 직종 협회를 기반으로 하고 있었다. 그래서 프리드먼은 8회를 현대 의학의 아버지 히포크라테스가 기원전 4세기에 학교를 세운, 화창한 그리스의 코스섬에서 시작했다. 프리드먼은 스승이 사망한 뒤 제자들이 히포크라테스 선서를 하게 됐음을 설명하면서 시청자들에게 다음과 같은 구절을 읽어준다. "나는 이 지식을 나 자신에게, 나의 스승들에게, 그리고 의학의 법에 따라 서약을 한 제자들에게 전할 것이다. 하지만 그 이외의 어느 누구에게도 이 지식을 전하지 않을 것이다."[40] 그리고 프리드먼은 오늘날 표현으로 말하자면 이것은 클로즈드숍closed shop [모든 노동자가 노조에 가입하는 것을 고용 조건으로 하는 노사 간의 협정.-옮긴이] 노조쯤 되겠다고 비웃듯 덧붙인다.

그가 소개한 히포크라테스 선서의 또 다른 구절은 신장 결석 환자에 대한 것이다. "나는 바위 아래에서 고통스러워하는 자를 베지는 않을 것이지만, 이러한 일을 시행하는 사람에 의해서는 그것이 이루어지게 할 것이다." 이에 대해서도 프리드먼은 다음과 같이 비웃는 논평을 보탰다. "자, 우리는 내과의사와 외과의사 사이의 시장 분할 담합 사례를 보고 있습니다."

프리드먼에게 이것은 물론 끔찍한 상황이며, 그는 히포크라테스도 이를 승인하지 않았을 것이라고 말한다. 그 일을 할 능력이 있고 고객이 그에 대해 돈을 지불할 의향이 있다면 의료적 시술을 제공할 수 있는 사람 누구나 그 일을 행할 수 있어야 한다는 것이다. 이 지점에서 프리드먼은 특유의 민첩함을 발휘해 그의 진짜 공격 대상에 칼을 겨눈다.

> 히포크라테스는 전 세계 의사들이 자신들의 관행을 보호하기 위해 도입하고 있는 제약적인 조치들에 단호히 반대할 것입니다. 미국에서 전미의사협회는 수십 년 동안 가장 강력한 노조였습니다. 이곳은 의사 수를 제한하고 의료 비용을 높이고 의사 집단에 속하지 않

는 사람들과의 경쟁을 막으려 합니다. 물론 모든 것이 환자를 돕는다는 명목으로 이야기되지요. 하지만 우리 중 누구라도 갑자기 치료가 필요한 상황에 처할 수 있습니다. 그럴 경우 당연히 되도록 가장 좋은 치료를 받고 싶을 것입니다. 그런데 그런 치료를 제공할 수 있는 사람은 누구입니까? 꼭 비싼 의대를 나오고 의사 면허라고 불리는 노조 회원증을 가진 사람들일까요? 민간 기업에서 오랫동안 응급 서비스를 한 응급 의료원 같은 사람일 수도 있지 않을까요? 왜 의료를 면허를 가진 의사들이 독점해야 합니까? 효과적으로 도움을 줄 수 있는 사람이 자유롭게 의료를 제공하면 안 되나요?[41]

그리고 장면은 현대 미국의 캘리포니아로 바뀐다. 민간 응급 의료원이 환자 한 명을 돌본다. 미국을 방문해본 사람이라면 의료와 수명에 대한 미국인들의 전투적인 집착을 잘 알고 있을 것이다. 프리드먼은 소재를 정말 잘 고른 것이다. 그는 한 응급 의료원을 인터뷰하는데, 의료원은 응급 콜이 왔을 때 그의 팀이 의사들보다 대응을 더 잘하지만 의사협회는 이를 전혀 이해하지 못한다고 토로한다. “그들은 여기 미국에서 히포크라테스 선서를 합니다. 그리고 자신들만이 환자를 치료해야 한다고 생각합니다. 자신들만이 환자의 생명을 구하는 사람이 돼야 한다고 생각합니다. 그리고 누군가 다른 사람이 그렇게 하면 자신이 배운 모든 것에 대한 간섭과 방해라고 생각합니다.”[42]

프리드먼의 메시지는 간단하다. 개방적이고 자유로운 시장에서는 하나의 전문가 집단(종양학자이든 중세사학자이든)이 해당 분야에서의 업무 수행을 독점해서는 안 된다. 나와 여러분을 포함해서 다른 사람들도 목소리를 가질 수 있어야 한다. 프리드먼은 전문 직종 협회와 그들이 고수하는 자격증 제도가 종사자의 특권을 유지하기 위한 계략에 불과하다고 생각한다. 인위적으로 시장 가격을 높이고 그 서비스를 충분히 제공할 수 있는 대안적인 서비스 제공자가 진입하지 못하도록 막는다는 것이다. 결국 손해를 보는 사람은 치명상을 입고 앰뷸런스를 기다리고 있는 환자다.

〈선택의 자유〉 8회의 핵심 주제에 이제 다 온 것 같다. '노조는 사람을 죽인다!' 다른 노동자들에게 해를 입히면서 자격증을 가진 전문가들만의 이익을 보호하는 진입 장벽에 대한 이 편집증적인 공격은 거대 노조를 공격하기 위한 편리한 논거였던 것이다. 전미의사협회와 미국노동자연맹은 프리드먼이 가장 혐오한 대상이다. 로널드 레이건이 1981년에 항공관제사 노조를 분쇄하는 데 프리드먼의 이론이 매우 기여했음은 두말할 필요도 없다. 그리고 관제사 노조 분쇄는 미국뿐 아니라 서구 전체의 노동 운동을 약화하는 데 크게 일조했다.[43]

탈집단, 탈전문가, 탈공식, 그리고 탈진실

신고전파 경제학의 세부적인 부분들에서는 하이에크와 프리드먼의 견해가 일치하지 않는 면도 있다. 하지만 시장 개인주의에 대한 하이에크의 유토피아적 판타지에 대해서만큼은, 프리드먼은 하이에크의 신실한 추종자가 되었다. 특히 노동과 직업에 대해서 그렇다.[44] 그리고 1980년대에 프리드먼의 주장이 정책 결정자들 사이에서 널리 받아들여지면서 오늘날 우리가 목도하고 있는 탈공식화로 가는 길에서 장애물들이 서서히 치워졌다. 이는 세 가지의 중요한 단계를 따라 진행됐다.

첫째, 이런 주장들은 노동을 **탈집단화**decollectivize하려는 시도를 담고 있다. 동질적인 노동력이라는 집합적 실체를 각자 노동시장에서 열린 상태로 경쟁하는 자기 완결적인 개인들로 대체하는 것이다. '인적 자본' 같은 개념(인적 자본은 T. W. 슐츠와 게리 베커가 주창한 개념이다)이 바로 이런 목적에서 고안됐다고 볼 수 있는데, 이 개념은 미국 국내외 모두에서 노동 중심적인 사회주의 담론에 맞서는 데 유용한 도구가 됐다.[45]

노동이 고립화, 개인화되고 나면 두 번째 단계가 발생한다. 몇몇 직종에서 자격증 등 진입 장벽을 없애는 단계다. 프리드먼이 면허 제도가 노동시장을 왜곡한다는 것을 설명하기 위해 의료 분야에 집중했다는 점은 흥미롭다. 의료에 대한 그의 주장은 물론 지나치다. 거의 돌팔이 의사를 독려하는 것처럼 보일 정도니 말이다. 돌팔이 진료가 야기하는 치명적인 위험과 갈취를 우려해 의사들이 그토록 힘들게 돌팔이를 없애려고 노력한 것이 아닌가? 프리드먼은 누구든 의료적 처치와 조언을 판매할 수 있는 사람은 그렇게 하도록 허용돼야 한다고 주장했다. 교육, 운전, 성 노동 모두 마찬가지다. 구매할 의사가 있는 상대방만 있다면 그 거래는 이뤄져야 한다. 구매한 서비스가 형편없는 것으로 판명 난다면 그 서비스 제공자는 곧 시장에서 퇴출될 것이다. 가령 환자들이 더 안전한 경쟁자에게 가거나 불법 행위에 대해 손해 배상을 청구해 보상을 받으려 할 것이기 때문이다(프리드먼은 이 과정에서 일부 소비자가 매우 심각한 피해를 입게 되리라는 점은 고려하지 않은 듯하다. 탈리도마이드 사건[1950년대 후반~1960년대 초반에 수면제 탈리도마이드가 일으킨 부작용 사건. 탈리도마이드는 입덧을 진정시키는 데도 효과가 있어 임산부가 많이 복용했는데 많은 아이들이 팔다리가 제대로 발육하지 않은 채로 태어났다.-옮긴이]에 대한 그의 논평에서도 이런 면이 드러난다.)[46] 자유지상주의 법학자 리처드 엡스타인은 한술 더 떠 '불법 행위에 대한 손해 배상' 부분과 관련해서도 잘못된 진료를 규정하는 법은 제약돼야 한다고 봤다. 치료가 잘못됐을 때 어디까지 책임을 지울 것인가는 의사와 환자가 '사적인 합의'를 통해 결정할 수 있어야 한다는 것이다.[47]

어느 경우든, 자격증에 대한 위와 같은 공격은 '탈전문가화'라는 더 광범위한 경향의 일부다. 이것은 하이에크가 《노예의 길》에서 누구라도 개방된 시장에서 무엇이든 판매할 수 있게 허용돼야 한다고 주장한 것과 맥을 같이한다. 탈전문가화는 영국에서 특히 두드러지는데, 대처가 하이에크를 매우 존경한 데다 대처의 영향이 오늘날

까지도 많이 남아 있기 때문일 것이다. 한때는 런던에서 택시 운전사가 되려면 상당한 교육과 규제를 받아야 했지만.[48] 물론 우버는 이것을 피해갔다. 경찰도 그런 사례다. 경찰 당국은 명백한 이유에서 오래도록 자경단自警團을 상당히 의심스럽게 여겼다. 하지만 이것이 달라지고 있다. 이제 경찰 수사관들은 공인되지 않은 '소아성애자 추적자'(온라인에서 아동인 것처럼 하고 만남 약속을 잡아 범인을 꾀어낸다)와 협업해 그들이 수집해온 증거를 수사 방향을 확인하는 데 활용한다.[49] 일상적인 경찰 업무도 예외가 아니다. 이를테면 치안보조관PCSO들의 역할이 점점 더 커지고 있다. 이들은 일반 경찰보다 요구되는 훈련이 훨씬 적으며 경찰 노조인 영국경찰연맹Police Federation에 가입할 수 없다. 그리고 여기에는 클로즈드숍 노조가 없다. 물론 문제가 없었을 리 없다. 일례로, 2007년에 템스 밸리 경찰이 실수로 16세와 17세 청소년을 PCSO로 고용한 것이 드러나 논란이 일었다.[50]

교육 분야는 또 어떤가? 영국에서 보수당 정부는 소위 '자유 학교'라는 것을 장려했다. 이 학교들은 지역 당국의 통제를 받지 않으며 종종 기업과 파트너십을 맺어 운영된다. 당연하게도 이는 교과 과정에 영향을 미친다. 물론 자유 학교에 대해서도 논란이 일고 있다. 교사들에게 공식적인 훈련이나 교사자격증QTS 획득을 요구하지 않기 때문이다. 정치인들은 이것이 '혁신, 다양성, 유연성'을 촉진시킬 것이라고 주장한다.[51] 하지만 한 신문 칼럼은 다음과 같은 풍자로 '자유 학교' 운동의 함의를 설명했다. "분명히 정부는 이 방법을 다른 일터에도 확장할 것이다. 극장 운영이나 핵잠수함을 운영하는 것에까지 말이다. 가령 해군은 '콜 오브 듀티 모던 워페어 2' 게임에서 어뢰를 쏴 본 사람들 중에 핵잠수함을 훌륭하게 지휘할 수 있는 사람이 많을 텐데도 핵잠수함 장교가 되려면 '자격' 요건을 증명해야 한다고 요구하는 관료제 때문에 그들이 핵잠수함을 지휘할 수 없어서 우리의 해안이 잘 지켜지지 못하고 있다고 주장할 수 있을 것이다."[52]

탈공식화의 마지막 세 번째 단계는 숙련된 공직자의 전문성을 훼손하는 것이다. 이제는 악명 높아진 2016년의 브렉시트 투표를 생각해보자. 당시에 '탈퇴에 투표를Vote Leave' 운동가들은 영국이 EU 회원인 것이 영국에 주당 3억 5000만 파운드의 비용을 부담시킨다고 주장했는데, 영국통계학회는 이것이 "오도의 소지가 있는" 숫자라고 지적했다. EU에서 리베이트해주는 것을 포함하지 않았기 때문이다. 재정연구소도 우려를 제기했다. 하지만 이런 지적들에 대해 탈퇴 진영의 한 저명인사는 영국 국민들은 전문가라면 물리도록 가지고 있다고 응수했다.[53]

미국에서는 도널드 트럼프의 지지자들이 '전문가리아트expertariat'[전문가expert+프롤레타리아트proletariat]들에게 비슷한 공격을 가했다. 전문가리아트는 기후변화 부인론자인 마이런 이벨이 지구온난화에 맞서 싸우고 있는 과학자들의 신뢰성을 훼손하기 위해서 만든 말이다.[54] 놀랍게도 트럼프는 그를 인수위원회의 기후 환경 분야 담당으로 임명했다. 트럼프식 '기업 포퓰리즘'은 '대안적 사실alternative fact'[2017년 1월 트럼프 대통령 취임식에 숀 스파이서 백악관 대변인이 "취임식 최대 인파"가 몰렸다고 사실과 다른 말을 한 데 대해 지적이 일자, 켈리앤 콘웨이 백악관 고문이 방송에 출연해 "스파이서는 거짓을 말한 것이 아니라 대안적 사실을 말했을 뿐"이라고 옹호해 빈축을 샀다. -옮긴이]의 활용을 적극적으로 독려하며, 일반 시민들이 자신이 전문가를 대체할 권한을 가진 것처럼, 자신이 더 잘할 수 있는 것처럼 느끼게 만든다.[55] 이 대목에서, 하이에크가 자유시장의 근본 토대라고 상정했던 '가치와 사상의 상대주의'는 그것의 슬픈 귀결에 도달했다. 2016년에 옥스퍼드 영어사전은 **탈진실**post-truth을 '올해의 단어'에 올렸다. 모든 것이 가장 높은 가격을 부르는 사람에게 팔릴 수 있는 슈거 대디 자본주의의 시대에, **진실**마저 그렇게 되고 말았다. 이제는 러시아의 소셜 미디어 봇이 만들어내는 것이 진실이다.

3

위키 봉건주의

2017년 6월 영국 런던에서 발생한 그렌펠 타워Grenfell Tower 화재는 전 세계를 충격에 빠뜨렸다. 요즘 같은 시대에는 이런 유형의 재앙이 일어나지 않을 거라고 다들 생각했기 때문이다. 화염은 새벽 1시경 아파트 4층의 냉장고에서 시작됐다. 첫 소방대가 도착했을 때는 이미 불길이 번져 있었다. 건물 외장이 불이 잘 붙는 소재로 돼 있었던 것이 피해가 커진 원인으로 지목됐다. 아이들을 포함해 적어도 80명이 숨졌다. 어떤 이들은 검은 연기의 장막에서 어떻게든 벗어나보려고 창문으로 뛰어내리다 숨졌고, 어떤 이들은 주의를 끌기 위해 팔을 흔들고 불을 껐다 켰다 하면서 부엌에서 가망 없는 도움을 요청했다. 이 사고의 가장 마음 아픈 희생자는 생후 6개월 된 아기 리나 벨카디일 것이다.[1] 사고 조사에 따르면 아기 리나는 19층과 20층 사이의 계단에서 엄마의 팔에 안긴 채 연기에 질식해 숨졌다.

어떻게 이런 참사가 세계에서 가장 부유한 축에 속하는 나라에서 일어날 수 있단 말인가? 그렌펠 타워의 집들은 대체로 '카운슬 하우징,' 즉 공영 주택이었다. 129세대가 있었고 주로 노동자 계층이 거주했다. 이 블록은 켄싱턴과 첼시의 관할 구역이었고 해당 아파트는 '켄싱턴 첼시 임대 관리 기구KCTMO'가 관리하고 있었다. 2016년에 그렌펠 타워의 대대적인 리노베이션이 완료됐다. 사고 후 조사 과정에서 KCTMO가 카운슬의 엄격한 예산 제약을 맞추지 못했다는 이유로 원래의 계약 업체 리드비터Leadbitter를 탈락시켰다는 사실이 드러났다.[2] 대신 그 계약은 라이벌 회사인 라이돈Rydon이 따냈다.[3] 라이돈은 30만 파운드 정도를 절약하기 위해 방염 피복을 더 싼 것으로 교체했는데, 이것은 불이 잘 붙어서 미국과 독일에서는 고층 건물에 사용이 금지된 자재였다.[4] 2016년 런던 셰퍼드 코트에서 비슷한 화재가 일어난 뒤 한 보험 회사는 이 피복재가 "극도로 빠르게 화재를 번지게 할 위험이 있고 상당한 양의 유독한 연기를 내뿜기 때문에" 화재가 "광범위하고 파괴적으로 퍼져 진압이 거의 불가능해질 수 있다"고 지적했다.[5] 런던 소방대는 그렌펠 같은 주거 건물에 이 자재가 사용된 것에 수차례나 우려를 제기한 바 있었다.[6]

이 비극적인 화재의 뒤에는 피할 수 있었던 요인이 또 있었다. 그렌펠 타워 세입자 연합은 훨씬 전부터 화재 안전에 대해 우려를 제기해왔다. 화재 다음 날 이곳 대변인은 "우리가 했던 모든 경고가 귀 기울여지지 않았다"며 "이와 같은 재앙이 시간 문제였을 뿐 불가피하리라는 것을 우리는 알고 있었다"고 말했다.[7] 스프링클러도 없었다. 소화기는 오래돼 '사용 불가' 표지가 붙어 있었다. 화재에 대한 어떤 안내 지침도 붙어 있지 않았고, 건물의 배선도 많은 거주자들이 걱정스러워하는 상태였다. 사고 발생 시 나갈 수 있는 계단이 하나뿐이라는 것도 세입자들이 우려한 부분이었다. 다른 나라들에서는 출구를 두 개 두는 것이 의무 사항이다. 런던 시장 사디크 칸은 KCTMO가 세입자들에게 화재가 발생할 경우 실내에 머무르라고 조언했었던 것을 비판했다.[8] KCTMO는 화재가 나더라도 진원지인 호실에서 더 번지지 않게 잘 통제할 수 있을 것이라고 생각했던 것이다. 그리고 가장 최근의 소방 점검은 2015년이었다.[9] 규정에는 자재와 관련한 중대 변화가 있을 경우 위험 평가가 반드시 이뤄져야 한다고 명시돼 있지만 정확히 **언제**여야 하는지는 명시돼 있지 않았다. 정부의 화재 관련 예산도 문제였다. 2011년에서 2017년 사이에 고층 건물 전문 조사관 244명이 감원됐다.[10] 종합적으로는 화재 관련 예산이 같은 기간 동안 39%나 줄었다.[11]

탈규제가 부른 참사

비용 절감과 배임이 그렌펠 참사의 요인이었던 것은 틀림없지만, 나는 이 사안을 탈관료화 및 탈규제화, 그리고 (내가 부르는 표현으로) 영국 경제의 **탈공식화**와 관련해 살펴봐야 한다고 생각한다. 2014년에 의회에서 건물 중앙 스프링클러 설치 문제에 대한 질의를 받자 당시 주택 장관은 이렇게 답변했다.

> 그 규칙[one in two out, 규제비용총량제]하에서, 정부는 규제 하나를 도입할 때 기존 규제 두 개를 찾아내 제거합니다. 지역사회지방정부부Department for Communities and Local Government는 한발 더 나가서 그보다 많은 비중으로 규제를 없애왔습니다. 이런 맥락에서, 의원님들께서는 그게 어떤 것이든 간에 우리가 새로운 규제를 도입하기 전에 왜 규제 외적인 수단들을 일단 먼저 다 사용하고자 했는지 이

해하실 수 있을 것입니다.[12]

더 나아가 그는 이렇게 언급했다. "정부가 건물 규제를 바꿔야 한다는 요구는 늘 있었습니다. 규제가 쉬운 답이라고 생각하는 사람들에게 이것은 늘 기본 설정과도 같은 주장입니다. 하지만 이것이 유일한 답은 아닙니다. 정부는 전적으로 필요할 때만, 그리고 최후의 수단으로만 개입해야 합니다. 화재 방지용 스프링클러를 설치하는 비용은 건물을 짓는 방식에 영향을 미칠 것입니다. 우리는 이것을 장려하고 싶습니다." 이런 식으로 규제가 제거되고 있기 때문에, "어떠어떠한 화재 안전 조치를 취할지는 주거 제공자와 건물 소유자들이 자신이 가진 정보에 기반해 각자의 상황에 맞게 알아서 결정할 문제"가 된다.

신고전파 및 신자유주의 정책들을 통해 영국의 주요 영역에서 꾸준히 탈규제가 이뤄져왔다. 1980년대 중반까지 런던의 건축법은 고층 건물의 외관 자재가 적어도 1시간은 방염이 돼야 한다고 규제하고 있었다.[13] 이런 법들의 기원은 1666년 런던 대화재 이후 크리스토퍼 렌이 제안한 것으로까지 거슬러 올라갈 수 있다. 하지만 마거릿 대처가 정권을 잡았을 때 이런 옛 규제는 불필요한 관료제라고 여겨졌고 1986년에 전국 건물 규정National Buildings Regulations으로 대체됐는데, 건물 자재가 방염 자재여야 한다는 부분이 삭제됐다.[14]

데이비드 캐머런 총리가 이끄는 토리당 연합 정부는 이런 반규제 움직임을 매우 진지하게 밀어붙였다.[15] 2011년에 규제를 줄이고 독립적인 기업 활동을 증진한다는 목적에서 '레드 테이프 챌린지Red Tape Challenge'[국민이 불합리한 규제에 대해 개선 의견을 제시하고 그것을 정부가 수용하지 않을 시 장관이 직접 소명하는 제도.-옮긴이]가 도입됐다.[16] 2014년 중소기업협회 연설에서 캐머런은 영국을 규제 없는 국가로 만들고자 하는 열정을 이렇게 설파했다. "우리는 임기 중에 현대의 역사에서 국내의 기업 규제를 늘리는 것이 아니라 줄이는 최초의 정부가 될 것입니다."[17] 이 연설에서 특히 주목할 부분은 그가 안전 규제에 초점을 맞췄다는 점이다. "현 정부는 이미 불필요한 보건 및 안전 검사를 폐기했습니다 (…) 그리고 새로운 탈규제 법안은 100만 명의 자영업자를 보건 및 안전 관련 법에서 완전히 면제해줄 것입니다." 2017년 런던 거리에서 발생한 묻지마 염산 테러가 줬던 충격을 생각하면, 다음과 같은 그의 발언은 특히나 우려스럽다. "전에는 상점 주인들이 오븐 세척제를 판매하기 위해 독성 물질 취급 면허를 반드시 받아야 했습니다. 우리는 그것을 폐기할 것입니다."

캐머런은 자신의 규제 타파 운동을 해맑게 '레드 테이프 챌린지'라고 불렀지만 2014년에 한 영민한 논평가는 이를 다른 식으로 표현했는데, 돌이켜보면 마치 예언처럼 느껴진다. 그가 쓴 표현은 "건물 규제를 태워버리는 모닥불"이었다.[18] '레드 테이프 챌린지'가 캐머런의 친구이자 한때 자문이었던 스티브 힐턴의 제안이라는 사실에 주목할 필요가 있다.[19] 그는 '큰 사회(빅 소사이어티Big Society)론'의 산파 역할을 한 브레인 중 한 명이다. '큰 사회론'은 2010년에 상당한 팡파르를 울리며 등장했다. 하지만 그때 이것의 의미를 이해한 사람은 거의 없었다. 당시에 지지자들은 그것이 경제적 탈중심화와 지방 분권주의, 자생적인 행동 등을 촉진하기 위한 것이라고 말했다. 미국에서 오랫동안 인기 있었던 '작은 정부' 개념의 복제판이었다고 볼 수 있다(영국답게 조지 오웰식 반어법으로 '큰big'이라는 형용사를 붙여서). 현실에서 '큰 사회'가 대체 무엇을 의미하는지 더 설명해달라는 질문을 받자 데이비드 캐머런은 "이 모든 것의 핵심에는 하나의 단어가 있다"며 "그것은 책임감"이라고 말했다. "우리는 사람들이 더 책임감을 갖게 해야 합니다. 사람들이 더 책임감을 갖고 행동하게 해야 합니다. 우리나라에서는 사람들이 문제에 봉착하면 으레 '정부가 이 문제를 해결하기 위해 어떤 일을 해줄까?'를 생각하지 않습니까? 하지만 이것은 절반의 답밖에 줄 수 없습니다."[20] 그러나 비판자들은 '큰 사회' 개념이 공공 지출을 줄이고 거대 기업과 거대 조직들이 스스로를 알아서 규제하도록(그렌펠 참사의 경우에는 거대 조직들이 **스스로를 규제하지 않도록**) 허용하는 데 쓰인 얄팍한 변명에 불과하다고 본다.

신자유주의 사상가들의 자본 친화 논리

스티브 힐턴은 캐머런의 정책 자문이었다. 그는 뜬구름 잡는 소리를 하는 '블루 스카이' 사상가라는 비판을 많이 받았다. 그러다 2012년에 영국을 떠나 사업을 하러 캘리포니아로 갔고 요즘은 폭스 네트워크에서 친트럼프 뉴스쇼를 진행하고 있는데(그가 나오는 '스왐프 워치Swamp Watch'라는 코너가 있다) 여기에서 그는 '긍정적인 포퓰리즘'을 설파한다. 다우닝가 10번지[영국 총리 관저]에 있던 시절에는 힐턴이 새로운 아이디어를 구상하면서 티셔츠와 반바지, 양말 바람으로 돌아다닌다는 말이 있었다. 그의 캐주얼한 외양은 토리당 이미지를 바꾸기 위한 시도였을 것이다. 내부 사정을 잘 아는 정부의 한 인사는 힐턴의 기이한 견해들은 용인됐지만 어느 정도 한계 내에서만이었다고 말했다. 그에 따르면, "규제는 스티브가 정부에 대해 혐오하고 오해한 모든 것을 의미했다. [그가 보기에] 규제를 없애려던 이전의 모든 시도는 실패했고, 그렇게 해서 고전적인 힐턴식 아이디어가 생겨났다. 2만 1000개의 규제를 온라인에 올리고 크라우드의 대중 지혜가 빨리 없애야 할 최악의 규제를 골라내게 한다는 것이었다."[21]

2011년에 경제에 재시동을 걸기 위해서라며 힐턴이 내놓은 더 문제적인 제안 몇 가지가 언론에 추가로 폭로됐다. "어떻게 되나 보기 위해" 출산 휴가와 모든 소비자 보호법을 일단 없애자는 것도 있었다.[22] 실업 문제를 다루기 위해서는 정부의 일자리센터Jobcentre들을 폐쇄하고 대신 지역사회 집단들이 생겨야 한다고 했다.[23] 앵글로아메리카 세계에서 이제는 너무나 익숙해진 후렴구를 빌려 요약하자면, 정부는 문제의 일부이지 해결책의 일부가 아니라는 것이었다.

정책에 대한 힐턴의 견해는 그의 베스트셀러 저서《더 인간적인 More Human》에 잘 나와 있다.[24] 아이디어는 간단하다. 거대한 관료제가 사회를 서서히 잠식했고 아주 부유한 사람들을 제외한 거의 모두를 단순히 숫자에 불과한 존재로 여겨지게 만들었다. 멀리 있는 로봇 같은 당국자들이 에너지, 의료, 교육 분야에서 거대 조직들을 운영하면서 일반 시민들에게는 거의 책무성을 지지 않는다. 일반적으로 관료들은 자기 이익을 추구할 뿐 자신들이 관리 감독하는 평범한 시민들에게는 관심이 없기 때문에, 이들 얼굴 없는 관료 조직은 탈인간적으로 행동하기 십상이다. 힐턴에 따르면, 이런 탈인간화의 사례는 도처에서 볼 수 있다. 승객은 무덤덤하게 비행기에서 내던져진다. 항공사들이 개별 고객에게 관심이 없기 때문이다. 어떻게 수백만 명을 운송하면서 승객 개개인에게 신경을 쓸 수 있겠는가? 실업자는 이등 시민처럼 취급된다. 아이들은 '공장식 학교'에서 대량 생산 공정을 거치는 제품처럼 교육받는다. 식품업계는 기준 이하의 제품들을 내놓는다. 이들은 거대 체인 유통업체의 통제를 받는데 이 유통업체들은 수백만 달러를 벌면서 우리의 건강을 해친다. 병원은 제대로 돌봄을 받지 못하는 환경에서 힘들어하는 환자보다 서류 작업과 성과 지표에 더 신경을 쓴다. 그리고 기업은 직원을 대체 가능한 '자원'으로 여긴다. 이렇게 조직들이 과도하게 비대해지면 불필요한 규칙과 규제가 급증하는 것은 필연적인 귀결이다. 이런 규칙과 규제 중 많은 것이 고유하고 살아 있는 최종 소비자(즉 실제의 인간)를 염두에 두고 만들어진 것이 아니다.

힐턴이 정부를 싫어한다는 것, 특히 정부가 기업가 정신을 몰아내고 사람들을 관료제적 절차에 익사시키는 경향을 끔찍이 싫어한다는 것은 분명해 보인다. 하지만 그는 거대 기업에 대해서도 많은 비판을 했다. 많은 민간 영역에서 독점을 형성해 자신들은 아무런 해를 입지 않고 소비자와 노동자를 착취했다는 것이다. 그는 이런 민간 독점이 시카고학파 경제학자들이 말한, 그리고 그 자신도 동의하는 경쟁적 기업 활동의 철학을 훼손한다고 봤다. 하지만 힐턴 같은 자유시장 자본주의 옹호자들은 법학 분야의 시카고학파가 민간 독점을 정당화하는 데 지대한 공헌을 했다는 사실을 잊고 있다.[25] 예를 들어, 법학자 아론 디렉터는 신고전파 경제학이 독점을 비판하는 것에 맞서 집요하게 싸웠으며 그 과정에서 시카고학파 경제학에도 상당한 영향을 미쳤다.[26] 그래서 1960년대 무렵이면 경제학에서도 독점을 바라보는 시각에 새로운 틀이 잡혔다. 기업 독점(수직 합병, 상호 교차 이사회, 인수합병 등으로 생긴다)이 자원을 효율적으로 배분하기만 한다면, 산업을 독점적으로 통제하더라도 국가가 소유하는 조직들보다는 낫다는 것이었다. 밀턴 프리드먼과 리처드 포스너, 토머스 소웰 등도 이런 입장을 견지하기 시작했다. 민간 독점은 가격 바가지, 노동자 권리 침해, 소비자 안전 위협 등과 같이 **강요적**으로 작동할 때만 문제가 된다는 것이다.

이 논리는 물론 사기다. 이들이 국가의 독점이나 노조에 대해 이야기할 때는 언어가 이렇게 친절하지 않다. 이 입장은 몇몇 초기 신자유주의 사상가들이 얼마나 자본주의 친화적이었는지를 보여주는 지표일 뿐이다. 나는 독점 기업이 자신의 영향력을 모종의 착취적인 방식으로 사용하지 않기 위해 스스로를 제약한 사례를 하나도 본 적이 없다. 게다가 당신이나 내가 노동자와 소비자로서 명백하게 **강요적**이라고 느끼는 것도 민간 기업의 신화에 푹 빠진 정치인에게는 매우 공정한 것으로 보일 수 있다. 그래서 많은 정부가 1980년대와 1990년대에 공공 서비스(수도, 교통, 우편 등)를 민영화했다. 하이에크적 의미에서의 합당한 시장 경쟁이 결코 발생할 수 없는 영역에서도 말이다. 그것의 장기적인 결과로, 가격이 오른 것은 물론이고 노동자들이 큰 피해를 입었다. 이를테면 미국에서 자본의 집중은 노동소득분배율이 떨어지고 임금이 정체되는 결과로 이어졌다. 고용주의 수가 줄어서(노동 시장에서 많은 노동 공급자가 하나의 구매자에게 매달려야 하는 '수요 독점' 경향이 커지면서) 옮겨갈 만한 다른 일자리가 없어지면서 노동자의 협상력이 크게 훼손됐기 때문이다.[27]

법을 신뢰하지 말아야 하는 이유는?

힐턴은 공공 영역, 민간 영역 모두에서 관료제의 문제가 주로 **크기**의 문제라고 본다. "너무나 자주 의사결정자들이 그 결정에 영향을 받는 사람들로부터 너무 멀리 떨어져 있다. 대부분 런던이나 그 밖의 행정 중심지에 있는 정책 결정자들이 전국 각지 사람들의 세세한 차이들을 다 파악하는 것이 가능하겠는가?"[28] 힐턴은 조직의 규모가 극적으로 작아져야 한다고 본다. 그래야 더 지역적인 니즈에 민감하게 반응할 수 있어서 현실의 실제 사람과 공동체에 더 가까워진다는 것이다. 그는 지역적인 조직이 거대한 관료제적 조직보다 양질의 재화와 서비스를 제공하는 몇몇 사례도 제시한다. 하지만《더 인간적인》을 읽다 보면 그가 단지 '큰' 조직만이 아니라 **일반적인 조직 전체**, 즉 개인들의 부분적인 합을 넘어서는 집합적 실체라는 범주 전체를 적으로 여기고 있다는 느낌이 든다. 어떤 조직이건 간에, 규모가 점점 커지고 권위주의적인 지배층이 형성되고 조직 구성원과 고객 모두에게 탈인간적이 되는 나쁜 버릇을 보이게 마련이라는 것이다.

그에 따르면, 거대 조직은 '자기 영속'에 더 관심이 있지 유의미한 목표 달성에는 그리 관심이 없다. 거대 조직은 규칙, 규제, 관료적 절차들 속에서 번성한다. 다양하고 폭넓은 범주의 사람들 모두에게 일관성이 있어야 하기 때문이다. 힐턴은 이 모든 것을 싫어한다. "가장 인간적인 규모는 개인과 그의 가족이다."[29] 거대 관료제와 달리, '큰 사회'는 권력과 지배의 분산이라는 완전히 상이한 원칙을 따른다. 개개인이 스스로의 후생에 책임을 지며, 민첩하고 진정성 있는 지역적 네트워크를 구성해 가까운 사람들에게 돌봄, 식품, 교육, 의료를 제공한다. 국가와 기술 관료는 풀뿌리 네트워크가 달성할 수 있는 정도만큼의 수용성을 결코 달성할 수 없다.

힐턴의 주장이 개진됨에 따라 그의 경제 어젠다도 점점 명백해진다. '큰 사회론'과 마찬가지로, '더 인간적인 지역주의'라는 개념도 현실에서 의미하는 바는 공공 지출의 축소다. 예를 들어, 힐턴은 영국에서 공영 병원이 이미 생존 가망이 없는 환자들의 마지막 시기에 너무 많은 자원을 쓴다고 비난한다. 그들에게 선택의 자유를 준다면 대부분은 집에서 사랑하는 사람들의 돌봄을 받으면서 생을 마감하고 싶어 할 것이다(힐턴은 집중적인 돌봄이 필요한 환자의 가족들이 전문 의료 인력의 역할을 자신들이 대신해야 하는 것을 어떻게 생각할지는 전혀 고려하지 않은 듯하다). 그렇게 해서 병상에 여유가 생기면 납세자의 세금이 상당히 절약되고 생의 막바지에 있는 환자들도 자유로워질 수 있다는 것이 그의 논리다.

이 지점에서 의미심장한 논리의 비약이 여럿 발생한다. 우리를 '인간적'이 되게 해주는 특질이 너무나 다양하고 맥락에 따라 달라서 어느 하나로 규정될 수 없음은 인정한다고 치자. 그런데 힐턴 본인도 하나의 방식으로 인간의 특질을 규정하고 있다. 그에 따르면 인간은 모두 상업에 대한 열렬한 욕망을 가지고 있다. 우리가 인지하든 못 하든 우리 모두는 내재적으로 비즈니스맨이다. 그래서 기업이 시장에서 자유롭게 활동할 수 있어야 하고 고도로 탈중심적인 시스템이 세워져야 한다. 힐턴에 따르면, "기업가라는 개념, 기업가적 소명이야말로 근본적으로 인간적인 것"이기 때문이다.[30] 힐턴의 주장에 담긴 반관료적 뉘앙스는 금전적 개인주의, 혹은 '무정부적 자본주의'에 대한 옹호다. 그런 체제를 통해 우리 모두 자신의 보스가 되고 자기 뜻대로 할 수 있는 '인간적인' 자본가가 될 수 있다는 것이다.

힐턴은 이런 유토피아적인 꿈을 현실에서 실현하려다 문제에 봉착했다. 2008년에 기차표 때문에 실랑이가 붙었다가 교통경찰에게 체포됐다.[31] 또 2011년에는 한 회의에서 정부 당국자들에게 총리가 법을 지켜야 하는 이유가 정확히 무엇이냐고 물었다. 넌더리가 난 내각의 한 인사가 그 질문에 대해 안 그러면 감옥에 갈 것이기 때문이라고 대답했다고 한다.[32] 모든 선량한 자유지상주의자가 그렇게 믿듯이 힐턴은 법을 신뢰하지 말아야 한다고 본다. 특히 법이 기업가 정신을 안에서부터 고사시킬 때는 말이다. 힐턴의 책을 보면, 그는 반사회적 행위가 그런 행위를 막기 위해 고안된 규제 자체에서 나온다고 믿는 듯하다. 그 근거로 힐턴은 로버트 치알디니가 미국에서 진행한 실험 하나를 인용했다.[33] 애리조나주의 화석림 국립공원은 석화된 고대의 나무를 기념으로 가져가려는 방문객들 때문에 늘 골머리를 앓고 있었다. 치알디니는 나무 화석을 가지고 나가는 것이 엄격하게 금지돼 있음을 알리는 표지판을 세워봤다. 그런데 이상하게도 표지판이 세워진 곳 근처에서 나무 화석을 가져가는 일이 더 많이 발생했다. 치알디니는 공식적인 경고 표지판이 의도치 않게 사람들에게 나무를 집어 가는 일이 꽤 흔한 일이라는 신호를 주었기 때문일 것이라고 설명했다. 이 사례를 들면서 힐턴이 말하려는 바는 분명하다. '정부의 규칙과 규제는 작동하지 않는다.' 모든 다국적 기업 경영자들이 정말 듣고 싶어 하는 말이 아닌가?

위키 봉건주의의 탄생

힐턴의 서사는 오늘날 우리 사회를 대대적으로 재구성하고 있는 이데올로기적 조류에 크게 영향을 미쳤다. 내 생각에는, 대개 안 좋은 쪽으로.

첫째, 그가 상정한 개인화되고 규칙이 없는 (상상 속의) 자본주의 환경에서는 거대 관료제보다 기술이 우리를 더 인간적이 되게 해준다. 영국의 전국민의료서비스NHS를 생각해보자. 힐턴에 따르면 영국에서 양질의 의료를 촉진하는 가장 좋은 방법은 보건 의료와 관련된 조직의 규모를 줄이는 것이다. 현재는 NHS가 의료 분야를 장악하고 있는데, 이것의 규모가 쪼개져서 "다양한 의료 제공자들이 평평한 운동장에서 환자를 위해 경쟁하는 새로운 의료 서비스 시장"으로 나아가야 한다.[34] 또한 그는 정보 기술이 의료 시스템이 환자들에게 더 잘 반응하게 하는 데 도움을 줄 수 있을 것이라고 본다. 가령 원격 의료를 통해 의사들이 온라인으로 진료를 할 수 있으리라는 것이다. 헬스탭Healthtap이라는 미국 회사는 사용자가 의사에게 질문을 올리면 병원에 가지 않고도 답을 들을 수 있다. 영국에서는 푸시닥터Push Doctor 같은 기업이 일반의의 상담을 유료로 제공한다. 힐턴에 따르면, "의료 앱과 소셜 네트워크를 통해 테크놀로지는 의료가 환자의 손에서 이뤄질 수 있게 해준다."[35]

둘째, 그의 개념은 캘리포니아의 '하이테크 개인주의 이데올로기'와 공존하는 한편으로, 복잡성이 훨씬 낮은 전산업사회 시절에 대한 향수도 담고 있다. 거대 괴물 같은 관료제의 탄생은 (적어도 서구에서는) 산업 사회가 '근대화 프로젝트'에 매진하던 시기에 등장했다. 디지털 자본주의와 관련된 모든 담론의 기저에는 더 단순한 세상에 대한 향수가 있다. 근대 국가가 생겨나 상황을 온통 엉망으로 만들어 놓기 이전의 세계 말이다. "산업 혁명 이전에는 정부, 정치, 기업이 거의 완전히 지역적이었다. 그럴 수밖에 없었다. 지배자가 개개인의 삶에 대해 결정을 내리거나 중앙집중적인 관료제를 유지할 수 있을 만한 정보를 가지고 있지 못했기 때문이다. 따라서 지역 정부나 봉건 영주가 거의 모든 주권을 이양받아 행사했다. 저 멀리 있는 자본에 대해서는 명목상으로만 답할 의무를 가지고 있었다. (…) 이 시기를 전前관료제 시대라고 부를 수 있을 것이다."[36]

힐턴을 신자유주의의 두 번째 파도를 주창한 사람이라고 보면 가장 정확한 묘사일 것이다. 하이에크, 프리드먼 등으로 대표되는 첫 번째 파도는 모든 사회적 삶을 가격 메커니즘의 필터를 통해서 보고자 했고 가격 메커니즘이 모든 사람을 익명화해줄 것으로 기대했다. 하지만 국가와 공공 영역이 수축되면서 의도치 않게 이는 탈공식화를 가져왔다. 신자유주의의 두 번째 파도는 비공식적인 면들에 특히 찬사를 보내면서 이러한 기업 활동에 인간의 얼굴을 씌우려 한다. 따라서 '더 인간적인' 것에 대한 힐턴의 서사는 금전적인 시장 개인주의의 공식성(외로운 기업가, 자영업 계약자 등)을 전근대 사회의 가산제 patrimonialism [군주가 자신에게 종속된 사람들을 사적私的인 가산처럼 취급하는 통치 체제. 종속된 사람들에게 토지나 도구 등을 자의적인 판단에 따라 은전으로 할당해주기도 하지만 공적인 국사를 자신의 사적인 일로, 관료를 자신의 사적인 가신으로 취급한다.-옮긴이]적 시스템 위에 얹고자 한다. 그 결과, '위키 봉건주의'가 나타난다. 여기에서 당신이 가라앉을지 헤엄칠 수 있을지를 결정하는 요인은 개인적인 연줄이다. '극단적인 신자유주의'의 시대에, 되레 가족과 개인의 연줄이 갑자기 매우 중요해졌다.[37] 법이나 적법 절차도 아니고, 국가나 공공 기관은 더더욱 아니고 말이다.

위키 봉건주의는 서로 모순되는 사회적 논리들을 함께 담고 있다. 첫째, 여기에서 정말로 중요성을 갖는 상호 작용은 금전적인 것뿐이다. 개인은 금전적인 거래 관계를 자유롭게 맺을 수 있다고 여겨지며, 그러한 거래는 개인의 역량을 강화한다고 상정된다. 사회적 위계의 사다리를 오르려는 젊은이는 학자금 대출을 받을 수 있다. 은퇴한 배관공이 현금이 부족하면 독립 계약자로서 일거리를 얻을 수 있다. 기타 등등. 둘째, 개인 간의 시장 거래에서 도출되리라 여겨졌던 계층 이동성과 삶의 기회가 그와는 정반대되는 결과로 이어진다. 개개인의 자유도가 매우 축소된 상황에 처하게 되는 것이다. 학자금 대출은 끝없는 예속이 된다. 독립 계약자 신분으로 고용된 노동자는 자신이 아무런 권리도 누리지 못하지만 다른 곳에서 일을 할 수도 없는 **사실상의** 직원이라는 것을 깨닫게 된다.

이 두 논리는 신자유주의 사회의 중심에 자리한 핵심적인 모순을 드러내며, 이 모순은 개인의 자유라는 레토릭과 현재의 경제가 기능하는 방식에 대한 지배적 견해인 '클릭 민주주의' 개념을 끊임없이 뒤흔든다. 여기에 전前관료제 시대의 비공식성에 대한 예찬(도널드 트럼프의 표현을 빌리면, 모든 사람이 "협상"을 한다)을 더하면, 우리는 (미래주의적인 색채를 띠긴 했지만) 경제의 '암흑시대'로 들어가게 된다. 한때는 (가령 노동과 자본 사이에) 공식적이고 잠재적으로 투명했던 권력 관계가 이제는 비공식적인 합의에 의한 관계라는 특성 또한 갖게 됐다. 표면상으로는 교양 있고 '더 인간적인' 것으로 보일지 모르지만, 제약 없는 권위는 예고 없이 매우 불합리한 방식으로 작동하는 나쁜 버릇이 있다. 칼리굴라와 저녁 식사를 해야 하는 것처럼 말이다.

다시 여기에 부당한 영향력과 통제력까지 더하면, 스티브 힐턴이 그린 (우파 스타일의) '개인주의적 기업가들의 세계'에 대한 꿈은 이제 영화 〈대부The Godfather〉의 세계와 더 비슷해 보인다. 지극히 봉건적인 운영 방식의 면에서 마피아는 적절한 비유다. 무법성, 강한 개인적인 연출이 사업에 미치는 중요성, 그리고 일이 잘못됐을 때의 예측 불가능한 무정함 등에서 말이다. 범죄 조직이 신자유주의 자본주의를 좋아하는 것은 이상한 일이 아니다.[38] 규제를 태워 없애는 '모닥불'과 최소화된 정부 개입은 범죄적인 암시장에 확실하게 득이 됐다.

그리고 이런 암시장은 오늘날 전 세계적인 재화와 서비스의 흐름에 전례 없이 깊숙이 파고들어 와 있다.

연옥에 갇힌 관료제

신자유주의 자본주의의 끔찍한 오류를 손보기 위해 정보기술IT을 통한 해법을 찬양하는 것은 위키 봉건주의의 시대에 우리 앞에서 펼쳐지고 있는 억압적 현실을 가리는 것이다. 개인 기반의 '클릭 휴머니즘'은 자유지상주의적 자본가들에게 오늘날 굉장히 각광받는다. 그것이 관료제가 아닌 모든 것을 상징하기 때문이다. 그런데 애초에 관료제는 왜 이렇게 미움을 받게 됐을까?

관료제는 고대 중국과 로마 제국 이래 내내 존재했지만 우리가 오늘날 알고 있는 근대적 형태의 관료제는 18세기와 19세기 초에 프랑스, 프로이센, 영국에서 생겨났다. 처음부터 관료제는 경외와 공포를 동시에 불러일으켰다. 공직자들은 무심하게 서류와 파일을 지배했다. (대개 조세와 거래를 목적으로 하는) 대규모의 탈인간적 조직들이 국가에 무엇과도 비교 불가능한 권력의 원천을 제공했다. 또한 관료제는 스스로 복제, 확산, 성장하는 놀라운 역량이 있었다. 19세기에 미국에서 이런 유형의 조직은 거대한 철도를 건설했고 미국을 근대화했지만, 곧 전형적인 '샐러리맨 관리자'를 만들어냈고 머지않아 이들이 공공 영역과 민간 영역 모두에서 거대 조직들을 관리하게 됐다. 기업 역사학자 앨프리드 챈들러가 언급했듯이, 미국 자유시장(1850년 이전, 서부개척시대)의 '보이지 않는 손'은 민간 거대 기업의 '보이는 손'으로 빠르게 대체됐다. 그리고 오늘날 우리 경제를 지배하고 있는 거대한 다국적 기업이 생긴 이래 이 상황은 계속되고 있다.

독일 사회학자 막스 베버는 근대 관료제에 대해 가장 초창기의, 그리고 가장 오래도록 영향을 미칠 비판적 분석을 개진한 이론가다.[40] 하지만 그는 비판만 한 것이 아니라 관료제가 보인 성취 역량에 매우 깊은 인상을 받기도 했다. 성직자 사회(베버의 표현이다)가 이어지던 수천 년 동안 전통과 미신에 의해 이뤄지던 모호한 행정이 관리자들의 태도를 형성했던 데 비해(그런 상황에서는 관습과 후견이 중요해진다) 근대의 관료들은 전혀 그렇지 않았다. 근대의 관료는 전적으로 계산적이고 지극히 합리적이며 기록을 남기고 계획을 세운다. 근대의 관료는 정확하고 빠르고 명료하고 감상주의에 빠지지 않는다. 베버에 따르면, 관료제가 성공적으로 도입되고 맹렬히 확산되는 데 기여한 일등 공신은 **공식성**이었다. 근대 관료 조직에는 사랑, 열정, 공포, 증오가 들어설 여지가 없다. 관료제가 기능적으로 적합하게 돌아갈 경우, 사적인 감성이나 개인적인 배경은 일에 아무런 영향을 미치지 않는다. 공직자는 감정을 배제하고 자신의 업무를 명확한 규정과 규칙에 따라 균일한 방식으로 수행한다. 그들이 공직을 맡게 된 이유 자체가 가문의 연줄이나 후견인의 은전이 아니라 그들이 받은 교육과 전문성이기 때문이다. 베버는 이것이 매우 큰 장점이라고 봤다. 하지만 단점도 있었다. 관료적 마인드가 지배하는 사회는 합리적이기는 하지만 근본적으로 영혼이 없는 사회다. 베버의 용어를 빌리자면, 삶은 '탈미혹화disenchanted'되고 삶을 가치 있게 만들어주는 인간적인 특질들이 사라지게 된다.

근대 관료 조직에 대한 이런 비판은 관료제의 평판을 훼손하는 담론에 물꼬를 텄다. 이 담론은 정치적 좌파와 우파 두 갈래로 전개됐다. 좌파 쪽 비판가들은 관료제가 불공정한 방식으로 대중을 지배하는 막강한 도구가 되고 있다고 봤다. 특히 자본주의 사회를 떠받치는 계급 구조와 관련해서 이런 기능이 두드러졌다. 앨빈 굴드너와 C. 라이트 밀스 같은 미국 사회학자들은(밀스는 베버의 주요 저술을 영어로 번역한 사람이기도 하다) 1950년대 미국 행정의 압제적인 경향을 지적했다.[41] 관료들은 배려심 없이 규칙 자체를 위해 사람들에게 규칙의 준수를 강제했을 뿐 아니라, 억압적이고 비민주적일 수 있는 조직들의 운영을 담당했다. 급진적인 마르크스주의자 허버트 마르쿠제는 1960년대에 이런 비판으로 대중의 마음을 정통으로 건드렸다. 그의 책 《1차원적 인간One-Dimensional Man》은 근대의 합리성이 어떻게 심리적인 감옥이 돼서 대중을 열정이나 상상력이 결여된 순응적 인형이 되게 했는지 분석하고 있다.[42] 이 책은 반문화counter-culture가 떠오르던 때 출간돼 큰 반향을 일으켰다. 젊은이들은 기성세대의 고루한 순응성을 거부하고, 환각제를 사용하고, [지미 헨드릭스의 1967년 데뷔 앨범] 〈아 유 익스피리언스드Are You Experienced〉를 들었다. 한때는 관료제적 이성이 우리를 야만적인 전근대적 삶에서 해방시켜준다고 약속했고 부분적으로는 실제로 그렇게 되기도 했다. 하지만 인형 같이 순응적인 존재가 되고 끝없이 감시를 당하는 대가를 치러야 했다. "발달된 문명 세계에서 안락하고 부드럽고 합리적이고 민주적인 부자유가 횡행하고 있다. 이것은 기술적 진보의 귀결을 보여주는 표지다."[43]

1970년대에 급진적인 성직자이자 철학자 이반 일리치는 이 주장을 한층 더 밀고 나갔다. 그를 명사의 반열에 올린 책《학교 없는 사회Deschooling Society》에서 일리치는 근대식 학교를 자동차 공장이나 육가공 공장과 마찬가지로 묘사한다.[44] 학교의 주된 목적은 대안적인 능력이나 존재 방식을 질식시켜서 표준화된 학생들을 생산하는 것이다. 일리치는 이렇게 다른 형태의 지식들을 죽여버린다는 점 때문에 거대 관료제가 위험하다고 봤다. 관료들이 우리의 의료나 교육 등을 관리할 때 그들은 노하우를 독점할 뿐 아니라 지역적인 상호 부조의 방식을 과학의 이름으로 막아버린다. 시민적 모임, 가족, 개인 등은 무능하고 수동적이고 스스로를 도울 수 없는 존재가 된다. 자연스럽게 '전문가리아트'의 수가 증가하고 영향력도 커진다. 표준화와 정상화를 추동하는 요인들이 호시탐탐 새로 정복할 영역을 찾고 있기 때문이다. 일리치는 무엇보다 이러한 기관들의 **규모**가 문제의 핵심이라고 봤다. "기업이나 기관의 규모가 어느 정도 이상으로 커지면 먼저 그것이 애초에 세워졌던 목적을 질식시키고 곧 이어 사회 자체를 위협하는 요인으로 빠르게 변모한다."[45]

규칙의 디스토피아

정치적 우파가 제기하는 관료제 비판, 특히 하이에크와 프리드먼의 견해는 이제 익숙하다. 우리가 주목할 부분은 두 가지다.

첫째, 신고전파 경제학자들은 인간의 자유가 무엇보다도 개인의 재정적 자립에 있다고 생각한다. 하이에크에 따르면 자유의 실질적인 보장 측면에서 정치적 좌파의 다소 낭만적이고 거대한 온갖 '사회정의'의 요구도 결국 따지고 보면 냉철하고 전혀 낭만적이지 않은, 매우 현실적인 요소에 대한 요구다. 바로, 돈이다. 돈은 인간이 발명한 모든 것 중 자유를 가져다줄 수 있는 가장 좋은 도구다.[46] 화폐화된 시장 개인주의는 모두에게 가장 자유로운 사회를 가져다줄 수 있다. 정치가 해줄 수 있는 것을 훨씬 능가한다. 정부 관료와 중앙 계획가들은 각 개인들의 구별되는 특성과 고유의 선호에서 동떨어져 있기 때문이다. 계획가들은 대규모 집단들을 상대해야 하므로 거리를 둔 채 넓은 시야에서 바라볼 수밖에 없다. 일률적인 프로그램을 운영하는 사람들에게 요구되는 덕목은 멀찍이서 **대중 사회**를 스프레드시트 칸을 채우는 식으로 조사하는 것이다. 개개인에 따라 맞춤형으로 정책을 펴는 데는 행정 비용이 많이 들기 때문이다.

하이에크가 국가 관료제와 중앙 계획에 대해 반대하는 데는 이보다 더 현실적이고 기술적인 측면의 이유도 있다. 하나의 조직이 경제를 돌아가게 하는 데 필요한 모든 정보를 수집, 처리, 유통시킬 수는 없다. 규제 없는 시장에서의 가격 메커니즘만이 개개 행위자의 효용에 민감하게 반응하는 결과를 산출할 수 있다. 가격 메커니즘은 거버넌스를 전체적으로 담당할 조직과 구조, 중앙집중적인 조정 등의 필요성을 없애준다. 하이에크의 분석에서 규제와 관료제적 절차로부터 자유로운 가격 메커니즘의 '보이지 않는 손'은 위키피디아와도 닮았다(공유 온라인 백과사전을 너무 자본주의적으로 해석한 감은 있지만). 하이에크는 다음과 같이 말했다. "어떤 상품에 대해서도 그것에 맞는 하나의 가격이 존재한다는 단순한 사실이 (…) 관여된 모든 사람들 사이에 퍼져 있는 정보를 한 사람이 다 가지고 있을 때와 비슷한 결과를 가져다준다."[47]

둘째, 정부 규제에 초점을 둔 관료제 비판은 신고전파 경제학 중 공공 선택 이론에서도 찾아볼 수 있다. 1980년대에 대두한 공공 선택 이론은 제임스 뷰캐넌, 윌리엄 니스카넨 등이 대표적인 학자로,[48] 이들은 국가 관료제에 대한 베버의 그림(불편부당한 당사자로서의 관료)이 너무 순진하다고 봤다. 뷰캐넌은 정부에 대해 낭만을 제거한 이론이 필요하다고 생각했다. "정치인과 관료도 우리와 다르지 않다. 그들도 다른 모든 사람들처럼 자신의 인센티브를 극대화하려 한다."[49] 이 관점은 베버의 제자 로베르트 미헬스의 냉소적인 주장과 관련이 더 크다. 미헬스는 처음에는 얼마나 민주적이고 얼마나 구성원의 이

익에 신경을 썼든 간에 종국에는 **모든 조직이** 책무를 지지 않고 사실상의 귀족 세력이 상층을 차지하는 과두적 형태로 귀결된다고 봤다(훗날 미헬스가 무솔리니의 파시스트 정당에 들어간 것은 놀랄 일이 아니다).[50] 그와 마찬가지로 공공 선택 이론가들도 공직자를 객관적이고 불편부당한 관료라고 상정하지 않았다. 이들에 따르면 베버가 틀렸고, 공직자들은 그 자신의 의제를 가지고 있으며 권력을 위해 경쟁한다. 따라서 그들을 공익에 복무하는 사람들이 아니라 다른 모든 이들과 다를 바 없이 자기 보존적이고 자신을 위해 자원을 챙기려는 인센티브를 가진 존재로 봐야 한다. 그것이 관료들의 주된 목적이다. 이에 더해, 정부 기관은 자신이 가진 독점력을 사용해 공공 자원에 대한 대중의 접근권을 통제함으로써 '지대地代를 추구하는' 경향이 있다.

데이비드 그레이버가 뛰어난 관료제 비판서《규칙의 유토피아》에서 지적했듯이, 무의미한 서류 작업이 진정한 승리자인 것처럼 느껴진다. 관료제는 모든 곳에 속속들이 존재한다. 하지만 나는 이 문제가 단지 국가라는 형태에 내재한 문제가 아니라고 생각한다. 자유시장을 옹호하는 정치인들과 주류 경제학자들은 우리가 정부의 규제에 파묻혀 익사하고 있는 것처럼 말하지만 이것이 꼭 사실은 아니다. 국방 예산이나 은행 구제 금융 등에서 보듯 소위 '큰 정부'는 아직도 존재한다. 하지만 공동체 지향적인 공공 서비스는 어떤가? 적어도 영국의 경우, 이 방면에서의 국가 역할은 지난 10년 동안 극적으로 축소됐다.[51] 물론 **억압적인 국가**는 중산층과 노동 빈곤층에 대한 지배력을 계속 확장해왔다. 하지만 부자들에 대해서는 그 지배력이 거의 사라졌다. 그리고 너그러운 복지 프로그램이 기업 계층에 커다란 혜택을 주는 동안, 다른 모든 이들에게서는 복지 프로그램이 사라져버렸다.

레드 테이프가 끊어진 사회

영국의 지역 당국과 카운슬에 자금이 할당되는 시스템을 생각해보자.[52] 부유한 사람들에게는 이런 기관이 별로 필요 없을 테지만 우리에게는 필요하다. 정치인들은 우리에게 서비스를 더 민첩하고 상황에 맞게 제공할 수 있도록 권한을 지역민의 손에 양도하는 중이라고 말한다. 이 논리는 여러 면에서 힐턴의 '더 인간적인' 철학과도 부합한다. 하지만 권한이 이양된 동시에 카운슬들은 자금이 훨씬 부족해졌다. 적은 자금으로 알아서 하라는 식이 된 것이다. 그러니 권한의 이양은 독이 든 성배였다. 성배가 있기나 했다면 말이다. 톰 크루의 암울한 글이 지적했듯이, "정부 영역 중 이렇게나 예산이 축소된 곳은 찾아보기 어렵다. 2010년 이래 지역 당국의 지출은 37%나 줄었고 향후 5년간 더 줄어들 전망이다. 이는 많은 카운슬에서 2020년까지 수입이 60% 이상 상실되리라는 것을 의미한다."[53]

그리고 이는 더 적은 도서관, 더 적은 공중 화장실, 더 적은 공원, 줄어든 노인 복지도 의미한다. 또 빚이 불어난 개인들을 의미하기도 한다. 대개 공공 부문의 지출이 줄어들면 평범한 사람들의 빚이 늘기 때문이다. 몇몇 분석가들에 따르면 이 경향은 또 한 번의 금융 붕괴로 이어질 수 있다. 어쨌든, '규제 당국'(다들 싫어하는 '레드 테이프')이 가장 크게 타격을 받고 있는 것으로 보인다. 우리는 앞에서 이미 소방서비스에 무슨 일이 벌어졌는지 살펴봤다. 훈련된 조사관이 줄어서 2010년에서 2017년 사이 강제 집행 통지가 45%나 줄었다. 몇몇 구역에서는 같은 기간에 화재 안전 점검이 66%나 줄었다.[54] 환경 보건 담당관은 또 어떤가? 이들은 우리가 먹는 식품에 대해 안전과 정확한 성분 표기 등을 점검하라고 지역 당국에 고용된 사람들이다. 이들은 주거용 건물의 안전을 점검하는 역할도 하는데, 런던 같은 도시는 관련 규제가 더 약하다. 런던 집주인들 사이에 약탈적인 임대 관행이 널리 퍼져 있는데도 말이다. 우리는 환경 보건 담당관의 일에 감사하고 그들의 노동에 가치를 인정해야 마땅하다. 우리가 무엇을 먹게 될지, 우리 집에 어떤 치명적인 위험이 도사리고 있을지 어떻게 아는가? 그러나 이들에 대한 자금 지원은 급격하게 감소했고, 그 결과 식품 위생 검사는 2003년 이래 15%나 줄었다.[55] 식품안전기준청Food Standards Agency에 따르면, 2003년에 비해 2014년에 거의 4만 7000건이나 조사가 적게 이뤄졌다. 식당과 카페가 지적을 받은 건수도 같은 기간 552건에서 361건으로 35%나 줄었다.[56]

영국에서 식품 위생이 문제가 되고 있는 것은 놀랄 일이 아니다. '범죄와 사법 정의 연구 센터Centre for Crime and Justice Studies'에 따르면, 피할 수 있는 식품 오염으로 매년 500명이 사망하고 20만 명이 병원을 찾는다.[57] 이곳 대변인은 '탈규제된 영국'이 진정으로 의미하는 바를 이렇게 설명했다. "이것은 규칙, 규제, 관료제에 대한 문제가 아니다. 이것은 잃어버린 생명과 공동체의 건강, 더 빈곤해지는 노동자와 소비자에 대한 문제다. 이것은 피할 수 있었는데도 기업이 일으키고 국가가 촉진한 사회적 살인이다. 이것은 눈에 띄게 날마다 벌어지고 있지만 대개 정치적인 침묵 속에 싸여 있다."[58] 규제 당국의 간섭이 없는 사회는 힐턴이 상상한 '서로를 돌보는 인간적인 세계'가 아니다.

그러면 실상은 어떤가? 국가(특히 **공공 영역**의 가치를 지지하는 국가)는 사회의 많은 부분에서 이미 활력을 잃었다. 징벌적인 기관과 전쟁 기계로서의 국가만이 정부 영역 중 유일하게 성장하는 부분인 듯하다. 적어도 예산 면에서는 그렇다. 그뿐 아니라, 힐턴이 (하이에크, 프리드먼, 보리스 존슨 등도) 이상화한 '탈규제되고 초개인화된 사업체'들의 시스템하에서의 삶은 현실에서는 종종 모양이 아름답지 않다. 물론 이것은 매우 '인간적인' 특질들 속에서 작동한다. 살모넬라균 중독으로 설사나 구토를 하는 것처럼 말이다. 하지만 곧 당신의 몸속에 있는 바이러스를 추적할 깔끔한 앱이 나올 것이다(캘리포니아에 있는 스타트업이 만들겠지?). 이것이 위키 봉건주의가 현실에서 작동하는 방식이다.

개인(당신이나 나처럼)은 공동체의 규칙과 규범을 따르기 위해 종종 스스로를 규제한다. 그렇지 않다면 사회는 금방 붕괴할 것이다. 하지만 이윤을 추구하는 기업의 입장에서 '자기 규율'이라는 신조는 그리 유용하지 않다. 소비자, 노동자, 자연 환경을 곤경에 빠뜨리면서까지 비용을 줄이려는 유혹이 종종 너무 강하기 때문이다. 기업을 운영하는 사람들이 도덕적으로 '나빠서'가 아니다. 하지만 그들의 목적함수가 이윤 극대화일 경우, [그들이 규율될 수 있으려면] **외부에서** 부과된 제약이 필요하다. 가장 좋게는 공공에 의해 부과돼야 한다. 그렇지 않으면 어떤 일이라도 벌어질 수 있다. 그런데 바로 그 중요한 제약들이 신자유주의 자본주의하에서 완화됐고 지금 우리는 그 자업자득의 결과를 식품 안전 및 위생과 관련한 최근의 사건들에서 겪고 있다. 미국의 한 보고서에 따르면 돼지고기와 닭고기 공장들이 줄곧 식품 위생 기준을 위반한 것으로 나타났다. 이 책에서 묘사하기 어려울 정도로 역겨운 방식들도 사용됐다.[59] 이 상황을 다음의 맥락에 놓아보자. 미국의 '질병 통제 예방 센터CDC'는 매년 4800만 명의 미국인이 식품 관련 질병에 걸린다고 추산하고 있다. 이 중 상당수가 입원 치료를 받아야 하고 생명의 위험에 처하기도 한다.[60]

홈 오피스 지옥

관료제의 문제는 규모가 아니다. 대對시민 업무(화재 안전, 식품 위생 등)에 대해서라면 나는 규모가 클수록 좋다고 생각한다. 백신, 우편 서비스, 교통, 공중 보건 등의 영역에서 시장 개인주의가 해낼 수 있는 정도가 관료제에 비할 바가 되는가? 그렇지 않을 것이다. 여기에서는 그 기관에 속한 관료의 수나 그 기관이 동원하는 규칙들이 아니라 이런 관료 기관들의 **사회적 임무**(이 기관들의 공식적인 존재 이유)가 가장 중요하기 때문이다. 관료제에 대해 양적인 관점에서만 접근하면 핵심을 놓치게 된다. **질적인** 면도 봐야 한다. 거대 관료 조직은 사회적으로 매우 유용한 진보의 횃불이 될 수 있다. 또 몇몇 작은 규모의 조직은 형편없고 반사회적일 수도 있다.

질적인 관점으로 접근하면 지난 30년간 왜 많은 관료제가 실패했는지 알 수 있다. 가령 자금이 부족한 국가 기관이 민간 기업처럼 행동할 것을 요구받으면(긴축 정책을 주창하는 정치인들이 그렇게 요구했다) 틀림없이 질 낮은 서비스를 제공하게 된다. 어떻게 그렇지 않을 수 있겠는가? 마찬가지로, 거대 기업이 시장을 독점적인 방식으로 통제할 수 있을 경우, 그들은 당연히 고객을 매우 귀찮아하게 된다. 불만을 제기하는 고객은 특히나 불편한 존재다.

간단히 이런 것들을 **나쁜 관료 조직**이라고 불러보자.

이민과 비자 신청을 담당하는 영국의 '홈 오피스'[내무부]가 이를 잘 보여주는 사례다. 최근 몇 년간 홈 오피스는 진정으로 끔찍한 기관이었다.

2017년에 나온 한 보도에 따르면, 홈 오피스는 이민 신청 업무를 통해 무려 많게는 [비용 대비] 800%에 달하는 수익을 올렸다. 상당 부분이 영국에 거주할 자격이 있는데도 수많은 장애물을 뛰어넘지 않으면 안 됐던 사람들에게서 나온 수익이었다.[61] 많은 신청자가 단순히 기술적인 문제 때문에 신청이 거부됐다. 물론 그럴 경우 그들은 다시 신청할 자유가 있다. 하지만 수수료도 다시 내야 한다. 영구 체류 허가를 받으려면 수수료가 1인당 무려 2297파운드나 된다. 대민 서비스('서비스'라고 부를 수 있다면)는 하청업체에 아웃소싱됐다. 시텔 UK라는 민간 회사다. 그러자 즉시 몇 가지 변화가 나타났다. 가령, 홈 오피스에 이메일로 비자 신청서를 내는 사람은 5.48파운드를 내야 하게 됐다.[62] 홈 오피스의 업무가 끔찍한 고객 서비스를 하는 기업처럼(혹은 부정한 돈벌이를 하는 기업처럼) 달라진 것은 물론이고, 그곳 직원들의 처우도 더 나빠졌다. 최근 홈 오피스는 예산이 24.9%나 삭감됐다.[63] 영국 국경통제국(홈 오피스의 주요 부서다) 직원들을 대상으로 업무 만족도에 대해 설문조사를 한 결과, 경영진에게 만족하고 있다고 답한 사람이 4명 중 1명꼴도 안 됐다.[64] 한 직원은 "이곳 직원들이 경영진이 리더십이 없고 업무를 잘 알지 못한다고 생각한다"고 말했다. 또한 이곳 직원들은 자신이 하는 일이 앞으로 또 어떻게 달라질지, 예산 삭감의 파도에서 자신의 일자리가 어떻게 될지 몹시 걱정하고 있었다. "직원들의 만족도와 사기는 이보다 더 낮을 수가 없을 정도였다. 그런데 놀랍게도 만족도와 사기는 계속 떨어지고 있다." 이런 관료 조직은 **매우 나쁜 관료 조직**이다.

나는 좋은 관료제에 관심이 있다. 공공재를 잘 모아서 진보와 존엄의 이름으로 분배할 수 있는 관료제 말이다. '민중을 위한 관료제'라고도 부를 수 있겠다.

하이에크는 《노예의 길》에서 각 개인은 서로 너무 다르고 가치도 다양하기 때문에 그런 조직은 존재할 수 없다고 주장했다. 그의 주장에 따르면, 무엇이 '좋은지'에 대해 공동의 합의에 도달하는 것이 불가능하기 때문에 공공재나 공공선을 추구하지 말고 자신의 이기심과 가격 메커니즘에 따라 저마다 알아서 각자의 길을 가야 한다. 그런데 그렌펠 타워 참사에서 가족을 잃은 사람이나 식중독으로 고통스러워하는 사람에게 그렇게 말할 수 있을까? 이런 일에 대해 그렇게나 '다양한' 가치가 존재하는가? 하이에크는 틀렸다. 우리 대부분이 인식하고 동의할 수 있을 만큼의 '공동의 선'은 분명 존재한다. 그러한 공동선은 그것이 파괴됐을 때 더 잘 인식된다. 사회적 목적을 염두에 두고 움직이는 좋은 관료제는 그런 사회적 선을 추구하고, 그것의 실현을 가능하게 하며, 그것을 사람들의 역량을 강화하는 민주적인 방식으로 촉진하고자 한다.

어떤 학자들은 관료제를 '억압적인' 형태와 '역량 강화적인' 형태로 구분하는데, 나는 이것이 매우 유용한 구분이라고 생각한다.[65] 억압적인 관료제는 조직의 구성원과 고객을 사물로 대한다. 단지 '처리'돼야 할 대상인 것이다. 최근 국가가 신자유주의화되고 기업과 파트너십을 형성하면서 우리는 억압적인 관료제를 굉장히 많이 목격했다. 이런 관료제는 독재적, 전체주의적 환경에서 더 융성하는 경향이 있는데, 최근에 현대 자본주의가 바로 그런 환경이 됐다.[66] 이런 관료조직은 고위층을 보면 사실 관료적이지 않다. 조직의 꼭대기에는 행정적인 비밀주의와 특권으로 감싸인 완충 지대가 존재하기 때문이다.[67] 지배층은 조직의 구성원과 대중에게 열심히 규율을 강제하지만 그와 동일한 기준을 결코 자신에게는 적용하지 않는다(고위 경영진이 스스로에게는 막대한 임금 인상을 해주면서 노동자들에게는 매우 인색하게 구는 것을 생각해보라).

이와 달리 역량 강화적인 관료제는 민주적 관여와 사회적 개선을 위해 사람들의 역량을 강화하도록 고안된 조직이다. 전국민의료서비스와 같은 뛰어난 공공 의료 시스템을 '역량 강화적인 공식성'이라는 요소 없이 조직하기란 불가능하다. 또한 이런 유형의 관료제는 노동자 권리, 성 평등, 차별 금지와 같은 문제에 대한 절차적, 분배적 정의도 상당한 수준으로 달성할 수 있다(이것은 이슬람의 카디나 샤리아의 정의, 혹은 개개인의 청지기 정신과 다르다). 이런 평준화적 특성 때문에 막스 베버는 관료제에 대해 양면적인 태도를 가지고 있었다. 관료제는 세상을 탈인간화하고 기계적이 되게 만든다. 하지만 이 동전의 또 다른 면은, 관료제가 "불가피하게 근대적인 대중 민주주의를 불러온다"는 것이다.[68]

> [관료제가 대중 민주주의를 불러오는 효과는] 개인적이고 기능적인 면에서 '법 앞에서의 평등'을 요구하는 것에서(즉 '특전'이나 '특권'에 대한 공포와 경계에서), 그리고 일을 '매번 다르게' 처리하는 것을 원칙적으로 거부하는 것에서 비롯한다. 종류를 불문하고 거대한 사회

> 조직에서 비관료적인 행정은 행정상의 기능을 수행하는 것이 전통적인 사회적, 물질적, 명예적 위계나 우선순위와 연결돼 있다는 사실에서 나오기 때문이다.[69]

베버는 이를 행정적 관료제에 흔히 수반되는, 사회적 차이들에 대한 '거대한 평준화' 효과라고 묘사했다. 그리고 신기하게도 이 효과는 조직화된 공식성이 사회적으로 취약한 처지의 사람들과 접할 때 **해방적인** 면모를 갖게 만든다.

급진적 관료제, 급진적 민주화

베버는 물론 순진하지 않았다. 관료제 형태가 평준화의 효과를 내기도 하지만 과점 체제로 변질되기 쉽다는 것을 잘 알고 있었다. 하지만 관료제는 소속원들, 그리고 더 광범위한 공동체를 **정치화**하는 효과도 낸다. 그래서 자본주의의 중요한 권력 관계들을 뒤흔들 수 있다. 노동 경제학자 리처드 에드워즈는 이미 1970년대 말에 이에 대해 언급한 바 있다.[70] 미국에서 노동과 거대 기업 사이의 전투가 어떻게 전개됐는지를 다룬 역작《투쟁의 영역Contested Terrain》은 오늘날에도 유의미한 책이다. 그는 미국이 산업화를 거치면서 경영자가 노동자를 관리하기 위해 사용한 기법이 세 단계의 변화를 거쳤다고 설명했다.

첫 단계는 단순히 직접 감시하고 통제하는 것이다. 여기에서는 권위자의 임의적이고 자의적인 행동이 비일비재했다. 노동자들이 노조를 결성해 이러한 개인적 압제에 드디어 저항하자, 노동자 관리 기법도 다시 발달해서 단순한 통제에서 두 번째 시스템인 기술적 통제로 바뀌었다. 어셈블리 라인이 여기에 해당한다. 이 방식으로 한동안은 질서를 잡을 수 있었다. 하지만 곧 파업이나 태업이 발생했다. 그래서 고용주들은 이제 세 번째 통제 양식을 도입했다. 여기에 도움이 된 것이 바로 관료제다. 여기에는 규칙과 규제만이 아니라 경력 관리나 고충 제기와 관련된 적법 절차도 포함된다. 에드워즈는 관료제가 기업에 양날의 칼이었다고 분석했다. 관료제는 한편으로는 노동자들을 기계 같은 정확성의 원칙에 따르도록 억압했다. 하지만 다른 한편으로는 노동자들이 권리와 책임에 대한 새로운 어휘를 접할 수 있게 했다. 관료제가 아니었다면 작업장에 고립돼 있었을 노동자들이 전국 수준에서 벌어지던 더 넓은 투쟁으로 스스로를 확장할 수 있었다. 이런 특징을 에드워즈는 다음과 같이 훌륭하게 설명했다.

> 관료제적 통제는 명시적인 구조를 만들어 그것 주위로 더 폭넓은 정치적 싸움의 장이 응집되게 했다. 이런 투쟁은 임노동의 갈등을 직접적으로 해소할 수 있는 길을 제공했다. 또한 일터의 투쟁이 사회 전체적인 계급 갈등과 연관되게 함으로써 더 혁명적인 결과들로 이어질 수도 있을 것이다. 관료제적 통제란 자본주의의 발달에서 생산 과정이 사회화되는 방식 중 가장 최근에 나타난 형태에 불과

하다. 공식적인 권리와 책임이라는 것을 형성함으로써 자본가들은 노동 조건에 대해 개별 자본가의 책임을 없애고 그것을 사회적 책무로 대체했다. 따라서 현대의 통제는 [자본가의 입장에서 볼 때] 지역 수준에서의 갈등을 더 일반적인 수준으로 올리는 비용을 치르고서만 해소될 수 있었다.[71]

하지만 에드워즈가 위에서 묘사한 경향은 1981년에 로널드 레이건이 대통령이 되고 관료제에 대해 신자유주의적 전쟁이 벌어지면서 갑자기 끝났다. 노동자들은 자립해야 하는 '인적 자본가'가 되었고 그 이후에 컴퓨터화의 파도가 덮치면서 위키 봉건주의로 가는 조건이 성숙됐다. 비슷한 일이 마거릿 대처 집권 이후 대처의 하이에크 사랑에 힘입어 영국에서도 일어났다. 이것은 제로 아워 계약과 우버화된 유령 일자리로 특징지어질 경제 패러다임으로 가는 길을 닦았다. 오늘날의 고용주들을 보면 한때는 그들이 노동자를 통제하기 위해 단순 노동에 대해서까지 장기적으로 경력 관리를 했다는 것이 믿기지 않을 정도다. 오늘날에는 정말이지 찾아보기 어려운 일이 아닌가. 이는 상황이 정치적 우파 쪽으로 얼마나 많이 달라졌는지를 단적으로 보여준다.

에드워즈의 뛰어난 분석을 토대로 생각해보면 신자유주의 지배층이 관료제를 왜 그렇게 싫어하는지 알 수 있다. 1960년대와 1970년대의 어느 기간 동안 미국과 영국에서 노동 법제의 구성은 노동의 급

진적인 민주화와 관련이 있었다. 노동 운동은 널리 연맹을 구성하고 있었다. 평범한 사람들이 권리를 획득했고 이 시스템하에서 현명해져서 당황하거나 두려워하지 않고 계급의 위계를 위협했다. 자, 이제 모든 퍼즐이 맞춰졌다. 하이에크와 그의 추종자들은 계획 자체를 반대한 것이 아니라 **저항으로서의 계획**에 반대한 것이었다. 즉 노동 운동의 중심적인 활동들에 반대한 것이었다.[72] '너 자신이 되라'는 언명, 개인의 선택, 차이와 다양성에 대한 어휘 등 1990년대 이래로 노동 이데올로기를 지배하는 용어들은 이런 면에서 완전히 합리적인 어휘였다. 노조를 와해하고 민주적 참여를 분쇄하는 데 효과가 있었고, 금융 자본가들이 케인스주의적 사회 계약에서 발을 빼게 하는 데 편리한 변명거리가 돼준 것이다.

스티브 힐턴의 관료제 비판은 마치 기득권에 맞서는 풀뿌리의 싸움인 것처럼 이야기하지만 그것은 사실이 아니다. 오히려 기득권의 주요 주제 중 하나를 확장하고 있다. 그 주제는 하이에크적 개인주의이고, 그는 그것을 '평화로운' 티셔츠와 감상적인 휴머니즘으로 치장한다.

힐턴의 세계에는 행복하고 밝은 사람들이 생각 없고 무심한 관료적 규제의 손아귀에서 해방된 상태로 살고 있다. 디지털 기술은 이런 자유 개념을 'e-긍정성'의 파도 위에서 한층 더 확장한다. 하지만 그렌펠 타워에서 화재가 난 날 밤의 모습은 이와 거리가 멀었다. 어떤 앱도 희생자들의 목숨을 구하지 못했다. 건물 규제를 태워 없애는 모닥불의 화염은 그들의 문 앞에서 불타올랐고 도움을 구하는 외침은 듣는 이 없는 공허한 하늘로 흩어졌다. 그리고 뒤에 이어진 끔찍한 연옥은, 사회가 대거 쇠락했음을 보여주는 징후였다.

4

인간적인,
너무나 인간적인 직장

2015년에 라스베이거스의 온라인 신발 및 의류 판매 업체 자포스Zappos가 언론에 자주 등장했다. 거의 모든 기사가 이곳의 기업 문화를 보여주기 위해 캐주얼한 옷차림의 직원들이 개인적인 물건들로 안락하게 꾸민 사무실 공간에서 일하고 있는 사진을 크게 실었다. 배트맨 피규어, 비치 볼, 콜라주, 서핑 보드, 테디 베어, 빈 콜라 캔, '네 아버지는 누구?'와 '남자 출입 금지'라고 쓰여 있는 수공예 포스터 등등.

거대 기업이라고 하면 흔히 떠오르는 생기 없는 사무실 풍경과 대조적으로, 분명 자포스는 '다른 방식으로' 일하고 있는 것처럼 보였다. 성장 속도도 빨라서 지난 몇 년 사이 연 매출이 10억 달러를 넘어섰다. 그리고 2014년, 자포스 CEO 토니 셰이는 경영 컨설턴트 프레데릭 라루의 저서 《조직의 재창조Reinventing Organizations》[1]를 읽게 됐고, 기업을 보는 관점이 완전히 바뀌게 됐다.[2]

라루는 이제까지 산업 자본주의를 지배해온 수직적 관료제보다 자기 조직화self-organization 및 수평적 구조가 훨씬 우월하다고 주장했다. 수평적 조직은 상명하복식 의사결정이 아닌 자기 경영self-management 방식을 사용한다. 이 방식에서 조직은 더 민첩해지고 반응성이 높아지며, 노동자들은 업무를 스스로의 책임하에 수행하므로 더 많은 권한을 가질 수 있게 된다. 라루는 이것이 노동이 조직되는 양식의 발달 과정에서 중요한 도약이라고 봤다. 그에 따르면, 이렇게 재창조된 조직은 "우리가 알고 있었던 피라미드형 조직과 다르다. 여기에는 업무 분장도 없고, 성과 목표도 없으며, 예산 할당도 거의 없다.

대신, 영감과 의욕으로 충만한 수많은 새 프로젝트들이 돌아가면서 조직을 굉장히 생산적이고 목적 지향적이 되게 만든다."[3] 그는 이런 놀라운 발견에도 불구하고 거대 관료제 기업 형태가 여전히 일반적이라며, 이는 몹시 불행한 일이라고 주장했다. 더 고차원적이고 인간적인 형태의 사회적 의식을 달성하는 데 발목을 잡고 있기 때문이다.

셰이가《조직의 재창조》를 읽고 크게 감명을 받은 이유는 마침 그때가 자포스의 조직 구조를 개편하던 시기였기 때문이다.[4] 그보다 얼마 전에 셰이는 자포스 직원('자포니안'이라고 불린다) 1500명에게 이제부터 '홀라크라시holacracy'('총체적인'이라는 의미의 그리스어 '홀론holon'과 '통치'를 뜻하는 그리스어 '크라시cracy'를 합한 조어다)[5]라는 조직 구조를 적용하겠다고 발표했었다. 회사는 전통적인 경영 위계 구조 대신 독립적 단위인 '서클'들로 구성될 것이고 이 서클들은 전체적으로는 유기적인 총체를 이루되(여기에서 '홀라크라시'라는 용어가 나왔다) 각자 자신의 업무 흐름을 재량껏 결정하게 될 것이었다. 이제는 상사도 없고, 직급도 없고, 관료제적 행정 절차도 없다. 홀라크라시는 각각의 직원이 결정력과 권한을 갖추고 있으며 유연성과 창조성의 환경에서 번성할 수 있는 성숙한 존재라고 믿음으로써 직원들이 스스로를 경영할 수 있게 한다. 정태적인 '직급' 대신 이제 직원들은 새 업무 과제들에 더 유연하게 부합할 수 있는 '배지' 시스템(다양한 역할과 역량에 따라 각자 여러 개의 배지를 받는다)을 사용할 것이다. 기타 등등. 셰이가 조직 구조 개편 방침을 발표한 뒤, 직원들은 이제까지 하던 일을 계속하기 위해 자신의 업무 역량을 새로이 증명해야 했다. 신입 직원뿐 아니라 오래 일해온 직원도 마찬가지였다.[6]

여기까지 읽으면 무정부사회주의의 괴짜 같은 실험으로 보일지 모르지만, 그것과는 거리가 멀다. 셰이에게 새 경영 접근법은 근본적으로 기업가적인 것이었으며 자본주의 특유의 개인주의와 민간 기업들의 경이로운 성취력에 대한 믿음에서 나온 것이었다. 말하자면, 이것은 **순도 100%짜리 자본주의** 실험이었다. 한 인터뷰에서 셰이는 자포스를 우버의 실시간 수요 공급 매칭 방식에 비유했다. "우버 운전사는 근무 시간이 따로 정해져 있지 않습니다. 그들은 [일이 들어오는 시스템에] 등장할지 말지 [즉 콜을 잡을지 말지] 선택할 수 있습니다. (…) 우리도 걸려오는 전화에 동일한 방식을 적용하고 싶습니다. 홀라크라시, 열린 시장, 배지 붙이기 모두가 이를 위한 중요한 요소입니다."[7]

이렇게 무無구조화의 원칙에 따라 조직된 노동 과정은 극히 비공식적인 문화의 보완이 필요했다. 그렇지 않으면 아무 일도 돌아가지 않을 테니 말이다.[8] 자포스는 이 측면에서 스스로를 자랑스러워했다. 직원들은 아침마다 근무를 시작하기 전에 자신의 개인적인 삶을 지울 필요가 없었다. 자포니안은 사무실에서도 자기 자신으로 존재할 수 있었다. 앞서 언급한 것처럼, 개인 물품이나 재미난 슬로건이 적힌 포스터 등으로 꾸민 사무 공간의 모습이 언론에 등장한 것 또한 이런 맥락에서다. 라루에 따르면, 자기 자신이 될 자유를 가진 노동자가 더 행복하고 더 생산적이다. 자포니안이 된다는 것이 어떤 것인지 느껴보기 위해, 한 기자가 직원회의에 참석해봤다. "회의는 '체크인과 체크아웃'으로 시작됐다. 각 참여자(기자도 포함해서)가 자신의 업무나 개인적인 문제 등에 대해 어떻게 느끼는지, 어떤 어려움이 있는지 등을 이야기하는 자리였다."[9] 이제까지 미국 기업들은 조직에 헌신하는 분위기의 기업 문화를 일구려 시도했지만(이런 시도에서는 노동자가 겉으로 드러내는 순응성에 대해 보상을 받는다), 자포니안들은 순응성을 억지로 꾸밀 필요가 없다고 했다. 이곳에서는 모든 감정이 환영받는다는 것이다. 하지만 이것도 어느 정도 한계까지만 그런 것으로 보였다. 한 자포스 직원은 이렇게 설명했다. "사람들의 독특함과 기이함, 감정적인 상태에 아주 많은 가치를 부여하는 문화, 그리고 겉으로 보이는 친절함, 너그러움, 활기참, 행복함에 아주 많은 가치를 부여하는 문화에 있으면, 내가 미세하게라도 늘상 행복한 상태이지는 않다는 사실이 여기에서는 허용되지 않는다는 느낌이 들곤 합니다."[10] 자포스가 "진정성 있는" 견해, 의견, 가치를 환영한다고 말할 때, 이러한 암묵적인 한계가 언제나 함께 존재했다.

무너진 홀라크라시와 탈출 러시

그리고 곧 문제가 발생했다. 새로 도입된 기업 구조(혹은 무구조)를 모두가 좋아하는 것은 아니었던 것이다. 직원들 사이에서 불평이 나오기 시작했다.[11] 다들 홀라크라시라는 개념이 너무 복잡하고 모호해 잘 이해가 되지 않는 것 같았다. 불평불만이 커지자 2015년 초에 셰이는 직원들에게 "읽는 데 30분은 걸릴 것"이라는 주의 문구와 함께 긴 메시지를 하나 보냈다. 라루의 기치를 따라, 새로운 경영 철학이 하나 더 추가됐다. '틸Teal[청록색] 조직'이라는 새로운 조직 형태였다.

> 틸 조직은 서비스 제공 팀을 최소화하고 그 대신 자기 조직적이며 자기 경영적인, 구체적인 업무에 중심을 둔 더 창조적인 팀들을 만들려 합니다. 2015년 4월 30일 현재부터 경영 위계의 잔재를 없애기 위해 더 이상 우리 회사에 '관리자'는 없을 것입니다.[12]

또 셰이는 모든 자포니안에게 《조직의 재창조》를 읽으라고 권했고 '오퍼'라고 불리는 선택지를 제안함으로써 도박을 걸었다. 자포스는 원래 '오퍼' 제도를 신규 직원을 채용할 때 사용하곤 했었다.[13] 기본적인 수습 기간을 마치고 나면 신입 사원들은 회사를 계속 다니거나 2000달러를 받고 회사에서 나가거나 둘 중에서 선택할 수 있었다. 인사부서는 이것이 밀알과 쭉정이를 가르는 한 가지 방법이 될 수 있다고 여겼다. 진정한 자포니안만 회사에 남기로 선택할 것이기 때문이다. 그런데 직원들 사이에 불평불만이 커지자 셰이는 이 제도를 모든 직원에게 적용하기로 했다. 불만이 많은 사람들에게 회사에서 나갈 기회를 준다는 것이었다. 상사 없는 새로운 직장 문화가 싫다면 3개월치 임금을 받고 회사에서 나갈 수 있었다.[14] 그러자 직원들이 대거 빠져나가기 시작했다. 1500명 중 18%가 회사를 떠날 수 있는 '오퍼'를 받아들였고 11%는 돈도 받지 않고 나갔다.[15] 2016년이 되자 이직률이 30%에 달했다.[16]

2년 전인 2014년에 셰이가 공식적인 직책, 직급, 조직 구조를 없애기로 했을 때 자포스는 비즈니스 잡지 등에서 대대적인 찬사를 받았다. 하지만 2016년에 홀라크라시가 무너지자 자포스는 대대적인 비판의 대상이 됐다. 왜 회사를 떠났는지에 대해 전직 자포스 직원 한 명은 홀라크라시가 "혼란과 불확실성을 만들어낸 사회적 실험"이었다고 말했다.[17] 회사에 남아 있는 직원들도 홀라크라시에 의구심을 제기했다. 가령 '임금' 시스템은 정확하게 작동하려면 불가피하게 체계적인, 심지어는 관료적인 접근을 필요로 한다. 그런데 이것은 홀라크라시의 정신과 상충한다. 임금 책정에 대해 한 경영자는 "현재로서 우리는 그 세계가 어떤 모습이어야 하는지 여전히 알아가는 중이며 이 시스템에서 어떻게 직원들에게 공정한 보상을 할 수 있을지에 대해서도 마찬가지입니다"라고 말했다.[18] 또 다른 직원은 이렇게 불평했다. "자포스에서는 직원들이 해야 할 암묵적인 일들이 매우 많습니다. 그것이 그 문화의 일부니까요."[19] 또 다른 자포니안은 셰이가 직원들 사이에서 나오고 있는 부정적인 반응들에 대해 언급하기로 돼 있었던 한 회의에서 크게 실망했다고 회상했다. "나는 그가 [이 시스템에 대한] 관리자들의 지지와 전통적인 리더십이 급격하게 무너진 것, 그리고 많은 직원들이 연줄과 특혜가 점점 더 많이 퍼지고 있다고 생각하게 된 것 등에 대해 뭐라도 대책을 이야기할 줄 알았는데, 그렇지 않았어요."[20]

'인간적인' 조직의 악몽

규모가 큰 조직을 자포스처럼 탈공식화하려는 시도는 1990년대 이래 경영 이데올로기의 두드러진 특징이었다. 더 인간 친화적인 일터를 만든다는 취지에서 캘리포니아에서 유래한 '해방적 경영' 같은 개념들과 경제적인 자립, 개인적인 인간관계, ('해가면서 되게 한다' 방식으로 굴러가는) '애드호크라시adhocracy'['임시방편적'이라는 의미의 'ad hoc'와 '통치'라는 의미의 'cracy'를 합쳐 만든 말.–옮긴이] 등이 제시됐다.[21] 이런 개념에 따르면, 이를 위해 CEO들은 노동을 조직하는 방식에 대해 매우 새로운 접근을 할 필요가 있었다. 산업 자본주의가 생긴 이래 소유주는 늘 노동자와 전쟁 상태였다. 소유주는 효율성과 이윤을 위해 문자 그대로 노동자에게서 인간성을 벗겨냈다. 그래서 노동자들은 이런 일터 환경을 피할 수만 있다면 피하고 싶어 했다. 어떻게 그들을 비난할 수 있겠는가? 지루하고 생기 없는 관료제의 덫에 빠져 사는 삶은 누구에게도 매력적인 삶일 수 없다. 공장에서와 마찬가지로 경영자는 직원들이 사무실로 출근할 때 각자의 고유성과 개성은 집에 놔두고 올 것으로 기대했다. 단조로운 동일성과 부글 부글 끓는 분노의 결합이 이런 문화의 특징이었다.

이와 달리, 경영학 이론에서 '캘리포니아적 전환'은 개인을 그가 하는 일과 명시적으로 재연결하고자 한다. 사회적 지향을 갖는 방법들을 통해서가 아니라 자본주의적인 개인주의의 원칙을 더 철저하게 사무실에 적용함으로써 말이다.[22] 흥미로운 점은 이런 개인주의가 좌파적 언어로 포장돼 있다는 사실이다. 종종 마르크스에게서 영감을 받은 어휘들, 생기를 앗아가는 관료제를 버리고 노동자들이 [자신의 일을] 스스로 조직할 수 있도록 해야 한다는 요구 등이 그런 사례다.[23] 이제 노조만이 아니라 기업 지배층까지도 '경영의 죽음'을 이야기하고 있었고 직원들은 미니 사업가처럼 자신의 일을 스스로 경영하는 존재가 돼야 했다. 이렇게 좌파 이데올로기의 몇몇 요소를 포착하고 (1968년 5월, '68혁명' 때 파리의 거리에서 볼 수 있었을 법한 언어들을 써가며) 급진적인 휴머니즘으로 재포장함으로써, 시장 개인주의는 회사를 더 인간 친화적으로 만든다는 미명하에 '직업'의 의미를 재규정하는 데 사용할 완벽한 내러티브를 발견했다.[24]

1990년대부터 홀라크라시의 도래에 이르기까지 해방적 경영이 온갖 환호와 찬사를 받았음에도 대부분의 기업은 여전히 노동자를 관리할 경영자와 관리자를 고용하고 있고 관료제적 위계 시스템을 사용하고 있다.[25] 그뿐 아니라, 노동자의 역량을 강화한다는 그 온갖 담론에도 불구하고 자본주의의 신조 중 어느 것도 이 새로운 경영 사조에 의해 도전을 받지 않았다. 사유재산과 노동의 상업화라는 원칙은 그 과정에서 오히려 더 심화됐다. 그런데도 이 시기에 이데올로기의 기조가 달라졌다는 것은, 신자유주의 자본주의가 현재의 맥락에서 사람들에게 어떻게 인식되고 싶어 하는지에 대해 말해주는 바가 있다. 여기에 숨겨진 메시지는 다음과 같다. '이제까지 당신은 당신의 진정한 자아가 임노동이 벌어지는 장소 이외의 곳에 존재한다고 믿었다. 하지만 홀라크라시와 해방적 경영은 당신이 그 둘을 어느 정도 겹쳐서 가질 수 있게 허용할 것이다. 이제 신자유주의 기업에서 당신은 약간의 휴머니즘을 느낄 수 있을 것이다.' 표면적으로는 드디어 기업의 경영자주의가 타협을 해서 노동자 개개인의 니즈에 부응하기 시작한 것처럼, 당신의 진정한 자아를 더 인정해주는 것처럼 보인다. 하지만 사실 '캘리포니아적 전환'은 그와 정반대되는 것을 가속화했다. 개인은 전적으로 자본주의에 포섭됐다.

자포스 직원들의 탈출 러시가 언론에 널리 보도되자 어떤 사람들은 이를 자본주의 비판자들이 결코 듣고 싶어 하지 않는 냉정한 사실을 입증해주는 사례라고 봤다. 노동자들이 실은 위계를 좋아한다는 사실 말이다.[26] 이와 관련해 몇몇 사례 연구도 꽤 오래전부터 나와 있었다.[27] 권위와 위계의 구조를 노동자들이 심리적으로 편안하게 느끼며 그런 구조는 많을수록 좋다는 것이다. 노동자들은 자포스가 없애려 했던 바로 그 관료제적 요소들을 더 좋아한다. 위계 구조가 있어야 경력 계획을 세우는 데 도움이 되기 때문이다. 상사가 있기를 바라는 것은 어쩌면 우리 DNA의 일부일 수도 있다. 스탠퍼드 대학 연구자들에 따르면, 그것은 "유전자가 살아남도록 하기 위한 본능에서 나오는" 진화적 소산일지 모른다. 유전자가 살아남게 하려면 "먼저 구별을 해야 하고, 그중 생존을 위한 싸움에서 승리할 가능성이 가장 커 보이는 사람이나 집단과 연결돼야 하기 때문"이다.[28] 임상 심리학자들과 (논쟁적인) 우파 명사 조던 피터슨은 인간이 가재와 그리 다르지 않다고까지 말한다. 인간과 가재 모두 천성적으로 지위나 위계와 잘 조화되는 성질이 있다는 것이다(세로토닌 분출 때문이라고 한다).[29] 따라서 위계에 대해 (혹은 피터슨의 표현을 빌리면 '서구 가부장제'에 대해) 문제 제기하는 것은 수백만 년간 이뤄져온 진화의 역사에 문제 제기하는 것이나 마찬가지다.

이런 개념들이 널리 알려져 있었던 만큼 자포스가 처한 문제에 이 같은 해석들이 나왔다는 것은 당연한 일일 것이다. 하지만 나는 자포스의 직원들이 지배받고 싶은 열망이 있어서, 혹은 돈 때문에 자포스를 떠났다고 생각하지 않는다. 어쩌면 그 반대일 것이다. 생존의 예측이 불가능하고 다른 이들의 주관적 판단에(가령 당신의 '서클' 리더가 오늘 당신을 마음에 들어할지 아닐지에) 전적으로 달려 있는 환경에서 누가 일하고 싶겠는가? 그리고 자포스에도 여전히 상사가 존재한다. CEO인 토니 셰이는 자신도 팀원 중 한 명이라고 말하지만 그가 사장이고 보스라는 사실은 모든 직원이 알고 있다. 급여, 업무 부담, 승진, 업무 절차 등 기본적인 고용 이슈들에 대해 노동자들이 가장 싫어할 것을 하나만 꼽으라면 바로 '자의성'일 것이다. 위에서 언급한 자포스 직원의 우려대로, 홀라크라시 원칙을 대대적으로 적용하는 조직에서 편파적인 '챙겨줌'과 치사하고 옹졸한 대우가 만연하리라 예상하기는 어렵지 않을 것이다. 관료제의 비인간적인 규칙, 절차, 규정 등이 노동자에게 해가 되는 방향으로도 작용할 수 있다는 것은 물론 사실이다. 불황기에는 더욱 그래서, 이런 때는 인사부서가 막강한 권력을 발휘하곤 한다. 하지만 마찬가지 의미에서, 당신 팀장이 당신을 진급시킬지 고려하기 전에 당신과 친구가 되기를 원한다든가, 당신이 직장 내 괴롭힘을 견디느라 밤잠을 이루지 못하는 상황에 비하면 적법 절차의 객관적인 요소들이 존재하는 쪽이 훨씬 나을 것이다.[30]

잔혹성과 경제적 이성이 만날 때

노동을 더 인간 친화적으로 만들려는 노력이 가장 친기업적인 학자들에 의해 규제 완화의 프레임을 통해 설파되면서 노동이 자의적이고 주관적인 면에 크게 좌우되는 상황에 처하고 있다니 희한한 일이다.

'더 인간적'이라는 것은 정확히 무엇을 의미하는가? 연례 성과 평가를 생각해보자. 많은 조직에서 성과 평가는 진급과 보수에 긴밀하게 관련된다. 스티브 힐턴은 (앞 장에서 언급한, 거대 관료제와 전쟁을 벌이는 책) 《더 인간적인》에서 이런 성과 평가가 너무 냉정하고 비인간적인 제도라며 "이보다 더 인간적인 대안, 즉 비공식적인 모임을 자주 갖는 것이 성과를 높이는 데도 더 좋은 방법"이라고 말했다.[31] 여기에 미심쩍게 생략돼 있는 것은, 많은 경우 성과 평가 회의가 노동자들이 불만과 고충을 이야기하고 그것의 해결을 시도해볼 수 있는 유일한 공식 통로라는 사실이다. 물론 지금 같은 환경에서는 지나치게 간섭하는 중간 관리자들이 노동자를 압박하기 위한 목적으로 성과 평가를 악용하는 경우도 있을 것이다. 하지만 성과 평가는 노동자들에게 **사회적 보호** 기능을 제공하기도 한다. 강력한 노조가 있다면 더욱 그럴 것이다.

힐턴처럼 토니 셰이도 '더 개인화된' 고용 관계를 이야기하며 비공식성을 찬양한다. 셰이는 이방카 트럼프의 경영 서적《트럼프 카드 Trump Card》[32]에 등장해 사업상의 네트워크를 맺는 법에 대해 야망 있는 젊은이들에게 조언을 하기도 했다. 그 본인이 네트워크 일구기의 달인으로서, 셰이는 자신의 경험에서 신중하게 도출한 조언을 제시하고 있는데, 핵심 메시지는 '너 자신이 되라'다.

> 전통적인 기업에서 말하는 개념의 '네트워킹'을 하려고 더 이상 애쓰지 말라는 것이 내 조언이다. 그보다, 우정 그 자체를 보상으로 삼아 친구의 수와 교류의 깊이를 늘리는 데 신경 쓰기 바란다. 우정의 폭이 다양할수록, 나중에 당신은 친구들로부터 개인적인, 또 업무적인 이득을 얻을 수 있을 것이다. 그 이득이 정확히 무엇일지는 미리 알 수 없다. 하지만 당신의 우정이 진정한 것이라면 2, 3년 뒤에 마법처럼 우연히 그 이득을 발견하게 될 것이다.[33]

끔찍하게 도구적인 태도로 들린다. 그뿐 아니라 세이는 강한 권력 관계(가령 후기 자본주의에서와 같은) 속에서 사회생활을 그나마 견딜 만하게 만들어주는 것이 '공식적인 거리'라는 사실을 간과하고 있다. 포스트 산업 사회에서 사회생활을 해본 노동자치고 이것을 모르는 사람은 없을 것이다. 상사가 개인적으로 친밀하게 지내자고 요구해오면, 혹은 그보다도 더 나쁜 방식으로 접근해오면, 당신은 큰 문제에 봉착하게 된다. 이것은 당신이 거부할 수 있는 종류의 요구가 아니다. 그리고 당신이 응한다 해도 그 결과가 당신에게 꼭 좋으리란 법이 없다. 이런 의미에서, 더 인간적인 환경을 추구하는 조직은 일이 지저분하게 돌아갈 때를 대비해 **개인 단위를 넘어서는,** 공식성을 갖는 규칙을 둘 필요가 있다. 절차적 공정성과 분배적 평등이 존재한다는 느낌은 조직 생활에 필수적이다. 그런 것이 없으면 조직 생활은 너무나 쉽게 잔혹한 지옥의 나락으로 떨어지게 될 것이다.

거대 마케팅 회사 앱코Appco의 호주 지사에서 벌어진 일이 이를 잘 보여준다. 이곳은 최근에 호주에서 가장 모멸적인 일터라는 오명을 얻었다.[34] 우선, 가짜 계약이 만연했다. 노동자의 신분은 독립 사업가였고 이들은 최저임금보다 낮은 보수를 받았다. 이에 대해 조사가 벌어졌는데, 믿을 수 없는 수준의 직장 내 괴롭힘이 횡행했다는 사실이 드러났다. 당사자들의 진술에 따르면 노동자들은 판매 목표를 달성하지 못하면 경영진으로부터 모멸적인 의례를 강요받았다. 일례로, 누출된 한 동영상을 보면 실적이 저조한 사람들은 엎드려서 팔을

등 뒤로 한 채 사무실 바닥을 기어가는 '굼벵이 레이스'를 해야 했다. 또 다른 동영상에서는 직원들이 닭이 되어 닭싸움을 하는 모습이 나온다. 한 앱코 노동자의 설명에 따르면 이것은 "금요일 아침마다 있는 일이었고, 직원들은 닭처럼 몸싸움을 해서 상대를 넘어뜨리고 3초 동안 바닥에 찍어 누르고 있어야 했다."[35]

이게 다가 아니다. "목표량을 채우지 못했을 때의 처벌 중에는 담배를 엉덩이 사이에 끼웠다가 꺼내서 피우는 것"도 있었다.[36] 노동자들은 앱코 호주 지사에 대해 가짜 계약을 이유로 8500만 호주 달러 규모의 집단 소송을 제기했다. 한 변호사는 이 사건에 대해 자신이 본 또 다른 동영상을 언급하면서, 고위 경영진이 직원들에게 수치스러운 연극이나 의례를 시키는 경우도 있었다고 언급했다.

> 그 동영상은 한 남성이 다른 남성에게 하는 유사 성적인 연극이었습니다. (…) 어떤 고용 관계 맥락이나 어떤 비즈니스 맥락에서도 설명이 되지 않는 장면이었습니다. 그보다 이것은 아주 옛날의, 호주에서는 이미 오래전에 사라진 해군에서의 통과의례와 비슷했습니다.[37]

분명히 앱코 호주에는 크게 문제가 있었다. 이 조직은 냉정한 시장 개인주의(노동자들은 독립 계약자로 간주됐다)와 너무나 맹렬히 인간적인 비공식 권력 관계의 혼합을 보여준다. 이것은 인간의 잔혹성이 상상 불가의 공포를 추동할 수 있으며, 그것이 계산적인 냉철한 이

성과 양립 불가능한 것이 아님을 처음 설명한 마르키 드 사드의 주장을 상기시킨다. 특히 경제적 이성을 생각해보면 이 점이 더 분명히 드러나는데,[38] 측정하고 계산하고 계약하는 것은 쉽게 사악함과 결합할 수 있고 사악함을 한층 더 보완할 수도 있다. 앱코 호주 지사를 보면 그 이유를 알 수 있을 것이다. 구조적인 경제적 불안정성과 시장의 합리화 과정(혹은 신자유주의 경제학자들이 '탈규제된 노동시장'이라고 부르는 것)은 캘리포니아의 경영 사상가들이 열정적으로 주창한 '개인적인 관계'에서의 제약 없는 자의성과 쉽게 결합한다.

어느 교수의 죽음

위에 인용된 변호사의 언급이 암시하듯이, 여기에서 독려되는 지역주의가 얼핏 보면 모종의 **전통**을 이야기하는 것 같지만 이것이 전혀 사회주의적이거나 가족적이거나 공동체주의적인 종류가 아니라는 사실을 염두에 둘 필요가 있다. 이것은 경제적 자유지상주의의 이야기다. 거의 어떤 일이라도 벌어질 수 있는 금전적 거래에 대한 이야기인 것이다. 그리고 실제로 여기에는 **매우 많은 사회성**이, 대체로는 부정적인 종류의 사회성이 필요하다. 경제적 합리성의 그늘에 심리 작전, 협박과 같은 충격요법식 관리 기법이 스며들어 와 있는 것이다. 명목상으로는 객관성과 데이터로 돌아가는 이 환경에서, '괴롭힘'은 산술적 이성으로부터의 이탈이 아니라 산술적 이성의 미묘한 확장이다. 개인의 가치가 금전으로 측정될 때는 권력자의 주관적인 변덕에 잘 맞춰주느냐도 계산에 포함된다. 따라서 비정통적인 상호 침투가 생겨난다. 비공식적이고 주관적인 영역이 노동자가 순수하게 '양적인' 의미에서 자신의 비용 효과성을 입증하고자 할 때 꼭 견뎌야 할 '단련장'이 되는 것이다.

탈인간적인 경제적 고려와 과도한 잔혹함의 희한한 결합은 기업에서만 일어나는 일이 아니다. 현재 가장 사악한 형태는 대학에서 볼 수 있다. [어느 책의 부제에 나온 표현을 빌리면] "관리 행정이 지배하는 대학All-Administrative University"이 우세해지고 이 시스템이 공공연하게 교수와 연구자에게 공격을 가하면서 더욱 그렇게 됐다. 그리고 이 공격은 교수와 연구자들을 겁먹고 침묵하게 만들었다.[39] 2014년에 임페리얼 칼리지 런던의 독성학 교수였던 스테판 그림이 비극적으로 삶을 마감했다. 이 사건은 "관리 행정이 지배하는 대학"에서, 즉 점점 두터워지는 기술 관료층이 대학을 영리 기관으로, 또 대학 종사자를 처분 가능한 독립 계약자로 취급하는 환경에서 교직원이 겪게 되는 고통을 잘 보여준다. 스테판 그림 교수는 자살했고 자택에서 주검이 발견됐다.

그가 사망하고 한 달 뒤, 그림과 일했던 같은 학과의 교수 모두가 숨진 동료로부터 이메일을 받았다. 자살하기 전에 발송 시점을 지정해 보내둔 것이었다. 제목은 다음과 같았다. "임페리얼 칼리지에서 교수들은 어떤 대우를 받고 있는가." 이 이메일에서 그는 "이것은 더 이상 대학이 아니라 비즈니스 기관"이라고 말했다.[40] 그림은 연구 자금을 더 따와야 한다는 압박에 크게 시달리고 있었다. 펀딩 실적은 정부의 연구 업적 평가Research Assessment Exercise 시스템과 대학의 교직원 성과 평가에서 매우 중요한 항목이었다.[41] 그가 실적에 문제가 있다는 지적을 명시적으로 받았는가? 그림의 유령이 보낸 메일에 따르면, 그는 학과장과 다음과 같은 대화를 나눈 적이 있다.

> 2013년 5월 30일에 학과장님이 PA와 함께 내 연구실에 들러서 내게 어떤 그랜트[연구 지원 자금]들을 땄냐고 물었습니다. 내가 대답을 하자 그는 충분치 않다며 1년 안에 내가 학교를 떠나야 한다고 했습니다. '최대' 1년 안에요. (…) 그리고 학과장님은 더 이상의 설명 없이 자리를 떴습니다. 그가 나갔을 때에서야 나는 그가 그 이야기를 할 때 내 연구실 문을 닫는 예의조차 갖추지 않았다는 사실을 깨달았습니다. 주위를 둘러봤더니 한 학생이 이 대화를 들었는지 공포에 질린 얼굴로 나를 바라보고 있었습니다.[42]

그날 학과장과 나눈 우울한 대화 이후, 그림은 다음과 같은 이메일을 받았다고 한다. "이것이 당신의 성과와 관련해 비공식적인 조치가 시작됐음을 의미한다는 사실을 인지해주시기 바랍니다." 언론에서 그림의 죽음은 일터에서의 괴롭힘과 스트레스 때문이라고 보도됐다(검시관은 그가 '불필요한' 죽음을 맞았다고 표현했다).[43] 하지만 알려진 증거들에 의하면, 그림이 경험한 괴롭힘은 충동적인 종류의 것은 아니었다. 즉 상사가 공식성의 경계를 넘어 비정상적으로 난동을 부린 종류는 아니었다. 그가 받은 대우는 공식적인 시스템에 통합돼 있었다(가령 그는 그랜트를 얼마나 땄냐는 질문을 받았다). 하지만 그것은 탈공식화된 행동을 통해서만 적절하게 수행될 수 있었다. 면전에서 수행되는 '비공식적인 평가 프로세스'가 있어야 했고 그 '프로세스'에서 그는 목표량에 대해 상사로부터 개인적으로 감독을 받았다.[44] 차가운 정량적 실적 자료와 뜨거운 협박이 사실은 같은 동전의 양면이었던 것이다.[45] 이런 혼합은 '기술관료제'가 수행되는 방식에서 벌어진 중요한 전환을 보여준다. 예를 들어, 그림이 학과장에게서 받은 섬찟한 이메일을 보자.

> 나는 당신이 임페리얼 칼리지의 교수직에 요구되는 정량 평가 달성에서 고전하고 있다고 판단하게 되었습니다. 예전에 몇몇 회의 자리에서 당신은 임페리얼 칼리지 이외의 곳에서 잡을 수 있는 기회에 대해 이야기를 한 적이 있습니다. 나는 당신이 다른 곳에서의 기회를 탐색하고 있었다는 것을 알고 있습니다. 그것이 당신이 추구하는 방향이라면 당신이 성공하도록 내가 도울 수 있는 일을 하려고 합니다.[46]

어떤 종류의 이데올로기가 이렇게 무심한 개인주의와 지극히 객관적인 정량 평가, 그리고 극도로 밀접한 접촉에서 겪게 되는 트라우마를 이토록 부정적인 방식으로 결합할 수 있을까? 내가 보기에, 그림의 죽음은 신고전파 경제학(특히 하이에크와 그가 추구한 '급진적으로 탈집합화된 일터'의 모습)이 정말 잘 설명해주는 것 같다. 하이에크가 상정한 세계에서 노동력은 (적어도 이론상으로는) 그들이 노동을 하는 기업의 '외부'에 있으며[그들은 기업에 소속된 직원이 아니라 독립 계약자다], 따라서 기업 입장에서는 **부차적**이다. 기업이 그 노동자들의 일에 얼마나 많이 의존하든지 간에 말이다. 임페리얼 칼리지 총장 앨리스 개스트가 그림의 죽음에 대해 라디오 인터뷰에서 보인 반응에 놀란 사람은 별로 없었을 것이다. 그에 따르면, 오늘날 대학 교수는 "중소기업 사장과 비슷"하다. "[오늘날 대학 교수는] 자기 연구를 가지고 있고 스스로 자금원을 찾으러 다닙니다. (…) 이것은 매우 경쟁적인 세계입니다."[47]

유연 고용 시스템과 무보수 시간 외 노동

앱코와 임페리얼 칼리지에서 두드러지게 볼 수 있는 현상은 노동이 왜곡된 방식으로 개인화돼 있다는 점이다. 노동자들은 독립적인 외부 기업가로 취급된다. 그들이 열린 시장에서, 그리고 도전적인 환경에서 경쟁해야 한다는 이야기다. 이것은 우버화 및 그에 수반되는 **탈조직화** 경향의 핵심이다(적어도 노동에 대해서는 그렇다. 다국적 기업이나 금권 정치에 대해서는 그렇지 않다. 이들은 조직을 매우 효과적으로 사용한다). 앞 장에서 언급했듯이, 이 개념은 1980년대 이래 신고전파 경제학의 핵심 개념이었다. 화법의 초점은 조직에서 네트워크로, 그리고 다시 자기 규율적인 개인으로 이동했다. 조직 경제학자 허버트 사이먼은 [자유지상주의 학자들이 종종 말하는 대로라면] 일터라는 개념 자체가 "창문 없는 상태의 독립적인 라이프니츠의 단자" 개념으로 바뀌고 있다고 농담하기도 했다.[48] [사이먼의 글은 다음과 같다. "인간 개인은 생존을 위해 그를 둘러싸고 있는 환경에 의존한다. 인간 자유지상주의 이론가들이 때때로 불러오곤 하는 이미지인 창문 없는 상태의 독립적인 라이프니츠의 단자가 아니다."-옮긴이]

온디맨드 노동 시스템(제로 아워 계약과 자가 고용, 프리랜서도 포함해서)이 최근 크게 확산되고 있는 것은 이런 경향을 단적으로 보여준다. 고용주 관점에서 이 시스템의 경제적 합리성은 명백하다. 이런 방식의 고용은 세액 공제나 집세 보조 등을 통해 고용 비용의 상당 부분을 국가와 노동자에게 전가할 수 있게 해준다. 자본주의가 자신의 비용과 모순을 '사회화'하는 데 토대를 두는 제도라면, 우버화가 바로 이것을 명백하게 보여준다. 전통적인 관리 감독 모델과 비교해보라. 리프트나 에어태스커 같은 곳의 고객 평점 시스템을 통해 감시와 통제의 기능을 고객에게 떠넘길 수 있는데 관리자를 고용하는 비용을 왜 부담하겠는가?

더욱이 고용주에게는 추가적인 이득이 또 있다. 이런 계약 관계에서는 노동자 한 명을 고용하는 비용은 크게 줄지만 **노동자의 산출량**은 꾸준히 증가한다. 일자리가 고정된 시간 단위로 제공되지 않기 때문이다. 소위 '유연' 고용 시스템은 하루 노동시간을 상당히 늘리는 결과를 낳았다. 노동자가 보수는 구체적인 작업량에 따라 받지만 **늘 대기 상태**에 있기 때문이다. 따라서 고용주가 커다란 파이를 가져간다. 유럽의 일터를 대상으로 진행된 한 유명 연구에 따르면, 일자리가 더 유연해질수록(즉 더 불확실해질수록) 노동자들이 무보수의 '시간 외 노동'을 더 많이 해야 하는 것으로 나타났다.[49]

비용의 상당 부분을 노동자에게 부담시키는 것(일반적으로 그들의 신용카드를 통해)이 정해진 시간 동안 노동의 밀도를 높이는 것보다 산출을 늘리는 데 더 효율적이다. 후자의 경우에는 관리 감독 시스템에 투자해야 하기 때문이다. 물론 여기에서 '경제적 효율성'은 고용주 입장에서 그렇다는 말이다. 이 모든 것이 고용주에게는 좋지만 그 밖의 다른 모든 사람들에게는 매우 **비효율적**이고 비용이 많이 든다.

자유로운 '가짜' 선택

앱과 하이테크 도구들이 관여돼 있기 때문에 대중의 상상 속에서 노동의 우버화는 미래주의적인 '멋진 신세계'를 연상시킨다. 하지만 이런 경향의 기저에 있는 원칙은 그리 새로운 것이 아니다. 마찬가지로, 구조적인 오류에서 발생하는 문제의 책임을 노동자 개개인에게 지우려는 경향 또한 산업 자본주의 초창기부터 있어온 일이다. 일찍이 마르크스도 이 문제를 지적한 바 있다. 《자본론》 6장에서 마르크스는 자본주의가 작동할 수 있으려면(즉 노동을 착취할 수 있으려면) 노동자가 **공식적으로 자유로운 신분**이어야 함을 강조했다. 노동자 본인이 자기 노동력의 유일한 소유자여야 하는 것이다.[50] 직관적으로는 좀 이상한 개념으로 들린다. 마르크스는 위험하고 더러운 공장 환경에 꼼짝없이 매여 일하는 사람들(어린아이들도 포함해서)에 대해 글을 쓰지 않았는가? 그리고 누가 앱코 노동자나 스테판 그림이 자유로웠다고 말할 수 있겠는가?

하지만 마르크스는 매우 중요한 점을 짚고 있다. 노동자가 특정한 고용주에게 자신의 노동 시간을 판매할 수 있는 (혹은 판매하지 않을), 법적으로 자유로운 주체가 돼야만 자본주의는 이윤 창출에 노동자를 효과적으로 활용할 수 있다. **공식적인 의미에서의 예속 관계**는 여기에 존재하지 않는다. 공식적인 의미에서의 예속 관계는 노동자가 스스로를 자유로운 인간에서 노예로, 상품의 소유자에서 상품 자체로 만드는 것을 의미하기 때문이다.[51] 이 차이가 왜 문제가 되는가? 마르크스는 이 개념을 다음과 같이 한층 더 발달시킨다.

> 그것[노동력]의 소유자가 그것을 상품으로 팔 수 있으려면 그는 노동력을 자신의 처분권 안에 가지고 있어야 한다. 그는 자신의 노동능력의 자유로운 소유자여야 한다. 즉 그가 그 자신의 소유자여야

한다. 그와 화폐의 소유자가 시장에서 만나 상품의 소유자로서 동등하게 계약 관계에 들어간다. 유일한 차이는 한쪽은 구매자이고 한쪽은 판매자라는 것이다. 따라서 법의 눈으로 보면 둘은 동등하다.[52]

물론 이것은 순전히 이론적인 자유다. 현실에서 노동자들은 임금 노예나 마찬가지이며, 다른 선택의 여지없이 속수무책으로 한 명의 고용자에게 예속된다. 마르크스가 보여주고자 한 것은 이와 같은 '사실상'의 예속이 작동하도록 하기 위해 자본주의 체제가 필요로 하는 이데올로기적 전제 조건들이었다. 구체적인 상황에서 노동자들의 예속 상태를 확실히 보장할 수 있으려면, 자본주의 체제가 스스로를 사람들에게 어떻게 묘사해야 하는지에 대해서 말이다. 이 주장을 거꾸로 돌려보자. 노동자가 **법적으로 고용주에게 소유**됐다면(노예제) 고용주는 전적으로 그 소유물의 유지 보수에 책임을 져야 한다. 마르크스가 보여줬듯이 기업의 목적에서 볼 때 노예나 그 밖의 예속 인력을 노동력으로 사용하는 것은 관리 비용이 많이 드는 일이다. 이와 달리, **공식적으로 자유로운** 노동자는 자신의 존재를 스스로 책임져야 한다. 여기에 마르크스의 위대한 통찰이 있다. 표면적으로 이것은 개인의 자유가 진전되는 과정에서 커다란 도약인 것처럼 보인다. 어느 면에서는 실제로 그렇기도 하다. 하지만 이것은 매우 제한적인 자유다. 우리가 그 자유를 행사할 때('나는 저 직업이 아니라 이 직업을 가질 것이다'), 우리의 존재를 규정하는 이 경제에서 더 폭넓은 구조적 부자유가 존재한다는 사실이 가려진다(노예와 달리 나는 내 일을 그만둘 자유가 있지만, 또한 일을 못 구한다면 다리 밑에서 자야 하는 자유도 있다). 이런 왜곡된 자유는 실상은 구빈원으로 향하는 길을 조금 견딜 만하게 해주는 연고가 될 뿐이다. 오늘날에도 마찬가지다.

여전히 화석 연료에 극심하게 의존하고 있는 오늘날의 경제를 생각해보자. 이런 화석 연료 의존성은 '인류세Anthropocene'에 전 세계적 자본주의가 대대적인 생태 학살을 저지르는 결과로 이어질지도 모른다. 그런데 안드레아스 말름의 명저 《화석 자본Fossil Capital》에 따르면, 우리 경제가 증기기관과 석탄에 의존하게 된 것은 불가피한 일이 아니었다.[53] 영국의 초창기 산업화 시기에는 사실 **수력**이 증기보다 우월하다고 여겨졌다. 물은 공짜에다 재생 가능한 원료여서 공장 소유자가 석탄을 캐는 데 돈을 들일 필요가 없었다. 그 결과, 당연하게도 수력 발전 시설이 여기저기에 생겨났다. 하지만 한 가지 문제가 있었다. 수력 발전에는 지역적인 한계가 있었던 것이다. 수력 발전은 강 옆, 인구가 많지 않은 곳에 있어야 했다. 그 때문에 산업 자본가들은 노동자들을 모으고 수력 발전소 주위에 그들이 살 군락을 지어야 했다. 이런 집합촌은 노예 플랜테이션과 비슷한 생활 조건을 가지고 있었다. 그리고 이것을 유지하는 데는 비용이 많이 들었다. "수력을 이용하려면 일반적으로 노동력을 그곳에 모여 살게 할 필요가 있었다. 여러 지역에서 노동자들을 모아와 집중시켜야 했던 것이다. (…) 처음에는 발전소 근처에서 구한 인력만으로도 유지할 수 있었지만 사업이 팽창하면서 다른 지역들에서 노동자들을 데려와야 했고 그들이 거주할 촌락을 운영하는 비용을 고용주가 부담해야 했다."[54]

발전소 소유자들은 사실상 마을 하나를 통째로 건설하고 유지해야 했다. 이와 달리 석탄 화력 발전과 증기 엔진은 **이동**이 가능했고 도시 근처에 둘 수 있었다. 또한 '자유로운 노동자'들은 임금을 받아 스스로를 챙길 수 있었고, 계층 간의 사회적 불의로 인한 피해는 근무 시간을 마치고 공장 문을 나설 때 그것을 가지고 나감으로써 노동자들이 흡수했다. 덕분에 도시가 팽창할 수 있었다. 도저히 관리가 불가능할 듯한 온갖 어려움에도 도시가 번성했던 이유가 바로 여기에 있다. 아마도 자포스의 CEO 토니 셰이가 우버 모델을 찬양하면서 도시를 언급한 것은 우연이 아닐 것이다. 그는 "자포스가 상명하복의 관료제적 조직보다는 도시와 더 비슷하게 기능하기를 원한다"고 말했다.[55] 하지만 루 리드 같은 예술가들은 이를 더 정확하게 꿰뚫어봤다. 이 도시는 자포스가 생각한 코즈모폴리턴적인 낙원이 아니라 서커스나 하수구에 더 가깝다고 말이다[루 리드의 노래 가사 중에 "도시는 웃긴 곳이라는 것을 기억하세요. 서커스나 하수구 같은 곳이라는 것을"이라는 대목이 있다.–옮긴이].

시장 개인주의는 '자유로운 선택'과 별로 관련이 없다. 진짜 자유는 이탈의 자유와 결정하지 않을 자유(우리에게 제시된 의사결정의 매트릭스에서 자발적으로 나갈 수 있는 권력)를 포함해야 마땅하다. 그런데 지금 여기에서 이야기되는 자유는 **가짜 선택**이다. 노동자는 자신의 노동력과 시간을 고용주에게 파는 것 외에 선택의 여지가 없다. 하지만 **이론상으로는** 이것도 여전히 그의 선택이라고 여겨진다. 선택이 실제로 일어나든 아니든 상관없이 말이다. 신고전파 경제학자들과 캘리포니아의 경영자들 모두가 개인주의적인 자유를 계속해서 집착적으로 찬양하는 이유가 여기에 있다. 이 개념은 분명히 역설적이다. 물론 나는 KFC에서 일하지 않을 수 있고 학대하듯 나를 괴롭히는 상사를 참아주지 않을 수 있다. 하지만 창밖을 보면 빗속에서 구걸하는 노숙자가 보이고 내 선택의 여지가 얼마나 좁은지 깨닫게 된다. 나는 자유롭지 않을 자유밖에 없다. 그리고 선택의 **역량**도 그만큼이나 자유롭지 못하다. 이토록 얇은 공식성의 베일은 아이러니하게도 [상사의] 막대한 비공식적 재량이 내 업무에서 가장 중요한 것이 되게 만든다. 히틀러 같은 상사가 나에 대해(나의 성격, 태도, 선호 등에 대해) 어떻게 생각하는지가 나의 상황에 직접적으로 관련이 있다는 사실을 갑자기 고통스럽도록 실감하게 된다. 그것만이 나와 창밖에 보이는 빗속의 거지 사이를 가르는 유일한 것이기 때문이다. 결국 나는 KFC에서 치킨을 계속 튀기기로 한다.

앱 파시즘

우버화는 하이테크적이고 현란하며 '멋진 신세계'의 산물로 보인다. 하지만 몇몇 연구자들은 우리가 긱 이코노미를 감싸고 있는 미래주의적 치장을 걷어내야 한다고 주장한다.[56] 물론 놀라운 테크놀로지가 사용되고 있지만 사실 우버식 일자리는 산업 사회 초창기에 만연했던 기업 시스템과 더 잘 부합한다. 왜 그런지를 알려면 오늘날 디지털 플랫폼에 의해 구성되는 일자리와 정규직 일자리를 구별해볼 필요가 있다. 그러면 긱 이코노미의 네 가지 특징이 드러난다. 첫째, '콜'을 기반으로 업무가 돌아간다(노동은 필요할 때 고용되며 정해진 시간은 없다). 둘째, 작업량 단위로 보수를 받는다(구체적인 업무에 따라 돈을 받으며 하루에 얼마라든가 시급 얼마와 같은 식으로 돈을 받지는 않는다). 셋째, 도구와 장비를 노동자가 스스로 조달해야 한다(가령 우버 노동자의 자동차처럼, 노동자는 자신의 자본이 필요하다). 넷째, 명목상 지위가 독립적이다(노동자는 독립 계약자로 분류되며 이들에게는 유급 병가나 고용주가 분담하는 연금 등의 부가 급부를 제공하지 않아도 된다).

이런 특징은 19세기 초에 널리 사용되던 '선대제' 시스템과 매우 비슷하다. 당시에는 상업 자본가가 노동자에게 원자재를 공급하면 노동자는 자기 집에서 자기 장비를 가지고 일했다. 노동 시간은 고정돼 있지 않았고 불규칙했으며 수요가 있느냐 없느냐에 따라 조정됐고 따라서 보수는 작업량 단위로 지급됐다. 그리고 20세기에 정규직이 일반화되기 전까지 자가 고용과 독립 계약 형태가 널리 행해졌다. 테크놀로지 부분을 빼고 보면, 오늘날의 긱 이코노미에 200년 전의 고용 상황이 영감을 줬다고도 볼 수 있을 듯하다. 고용 연구자 짐 스탠퍼드가 언급했듯이 "커뮤니케이션, 작업 할당, 관리 감독, 보수 지급 등에 사용되는 디지털 기법들을 제외하면, 현대의 디지털 플랫폼 비즈니스에서 구현되고 있는 노동 방식과 고용 관계에는 '새롭다'고 할 만한 요소가 전혀 없다."[57]

그런데 고용주에게 그토록 득이 되는 시스템이었다면 과거의 우버화 기법은 20세기에 왜 쇠퇴했을까(그러다가 21세기에 놀랍게도 다시 나타났지만)? 물론 테크놀로지의 표준화와 노동자 숙련도의 증가가 매우 중요한 요인이었을 것이다. 하지만 더 결정적인 요인은 고용주에게 공정한 처우를 요구한 강력한 노동 운동의 존재였다.[58] 일터에서의 비공식성은 가학적인 갱단의 리더가 휘하의 노동력에 대해 독재적인 영지를 구축할 수 있게 만든다. 갱단 리더 밑에서의 삶은 예측 불가능하고 (더욱 무섭게도) 상호 간에 매우 개인적이다.[59] 피해자는 자신이 국가의 보호를 거의 받지 못하는 상태로 가학적인 상사의 장난감이 됐다고 느끼게 된다. 이에 대해 노조가 맞서 싸웠고, 2차 세계 대전 이후 사회 정의에 대한 노조의 요구는 여러 가지 입법화를 통해 정부에서도 받아들여졌다. 하지만 1980년대에 '리스크'와 '불안정성'이 문화적으로 미덕이 되면서, 그리고 일자리가 특권이 되면서, 상황이 역전됐다. 신자유주의하에서 정규직이 쇠퇴하면서, 갱단 리더에게서 볼 수 있는 유형의 정신세계가 일터에 되돌아온 것이다.[60] 이번에는 기술 발전으로 더 많은 노동자가 **앱 파시즘**에 노출됐을 뿐, 그 이외에는 과거와 다를 바가 없다.

앱 파시즘은 현대의 일터에 만연해 있다. 아마존은 물류 창고 노동자들('어소시에이츠'라고 불린다)에게 채울 진동 팔찌에 대해 특허를 받았다. 이 장치는 노동자들을 건물 내에서 상시 추적하게 해줄 뿐 아니라 정확한(가장 효율적인) 방향으로 가도록 '쿡 찔러주어서(넛지 nudge)' 최단 거리 동선을 택하도록 하는 용도로도 사용될 수 있다.[61] '넛지'라는 개념을 포함해 행동 경제학에서 나온 지식들은 이 비즈니스 모델에 심리적 조작이 활용되는 데에 크게 일조했다. 이를테면 우버는 행동 경제학의 통찰('손실 회피 성향' 등)을 운전사들이 길 위에 더 오래 있게 하는 데, 그리고 그들을 더 효과적으로 관리하는 데 사용하고 있다.[62]

미국의 채용 서비스 기업 '크로스오버'는 전자 감시의 활용 수위를 한 차원 더 높였다. 이곳은 원거리에서 일하는 프리랜서를 관리하기 위해 '워크 스마트'라는 프로그램을 이용하는데,[63] 웹캠이 10분마다 사진을 찍어서 노동자가 컴퓨터 앞에 앉아 있는지 확인한다. 그리고 이 데이터는 타자 속도 및 앱 사용 데이터와 연동되며, 그다음에 '집중 점수'와 '밀도 점수'가 산출돼 프리랜서 노동자의 성과를 평가한다. 이런 고강도 감시에 대해 질문을 받자 업계의 한 전문가는 이렇게 설명했다. "당신이 부모인데 10대인 아이가 집에 늦게 들어오고 숙제를 안 한다면 아이가 무엇을 하고 있는지 궁금하실 것입니다. 직원들도 마찬가지입니다."[64]

디지털 중세 암흑시대

요즘의 헬스클럽보다 더 현대적이고 '미래 지향적'으로 생각하는 곳을 찾기는 어려울 것이다. 하지만 최근의 한 연구에 따르면 개인 트레이너들은 '현대적'이라는 수식어를 붙이기에 민망한 형태의 고용 계약에 묶여 있다.[65] 트레이너들은 자가 고용 상태이고 수요 공급의 흐름에 기반한 '저스트 인 타임' 방식으로 고용된다. 이것은 시작일 뿐이다. 그들은 헬스클럽의 공간과 시설을 이용하는 것에 대해 돈을 내야 하며 독립 계약자로 간주되기 때문에 간접 비용은 그들이 져야 한다. 게다가 냉혹한 경제적 합리성은 아이러니하게도 그들로 하여금 전근대 가산제 사회에서와 같은 권력자에 대한 공경을 표시할 것을 기대한다. 미래의 고객을 얻는 것은 경영자 및 현재 고객과의 개인적인 관계에 달려 있다. 기술적으로 말해서 이것은 전前자본주의 경제에서 볼 수 있었던 형태다. 그래서 연구자들은 이런 고용 상황을 **신농노제**라고 부른다. "영국에서 영주와 농노 사이에 존재했던 노동 관계의 특징을 가지고 있기 때문"이다. "그 특징에는 지주/고용주에의 예속, 지주/고용주에게 지대 납부, 소득에 대한 보장 부재(임대료는 소득에 접근할 수 있는 기회만을 보장할 뿐이다), 지주/고용주에게 매우 득이 되는, 눈치껏 무보수로 해야 하는 노동 등이 포함된다."[66]

이 요약은 트레이너들이 처한 상황을 매우 잘 포착하고 있다. 어떤 이들은 자신이 특정한 헬스장에 예속돼 있다고 말한다. 그곳이 그들의 유일한 소득원이기 때문이다. 기회비용 때문에 다른 헬스장으로 이동할 수 있는 가능성은 거의 없다. 게다가 보수는 들쭉날쭉하고 예측 불가능하다. 플랫폼 비즈니스 모델에서 볼 수 있는 것과 마찬가지다. 그 결과, 가장 좋은 시간대에 일하려면 고용주와 특별한 유대를 형성하는 것이 매우 중요해진다. 이렇게 예속의 조건이 만들어지고 나면, 고용주는 트레이너가 일을 하려면 꼭 접근해야만 하는 헬스장의 사용 시간에 대해, 그리고 잠재적인 고객과의 네트워크 구축을 위해 사용해야만 하는 시간에 대해 돈을 물린다. 이런 지대는 1개월에 350~450파운드 정도다. 트레이너가 화장실을 청소하거나 추가적인 교습을 해서 관리 운영상의 일을 도우면 지대를 줄일 수 있다. 물론 이런 '물품 지급' 계약 또한 중세 농노제의 '녹을 받는 관계'에서 두드러졌던 현상이다.[67]

이런 종류의 일, 특히 **눈치껏 무보수로 해야 하는 노동**과 관련해 이 연구는 또 다른 놀라운 측면들도 드러냈다. 예를 들어, 알피Alfie라는 이름의 개인 트레이너는 이렇게 말했다. "고객들과 함께 거기에 있어야 합니다. 맛보기 세션을 해서 그들을 잘 알아야 해요." 그는 주당 60시간을 일하는데 그중 적어도 절반은 "사람들과 이야기하고 그들을 알게 되는 데" 쓴다. "그래야 일을 얻을 수 있기" 때문이다.[68] 불가피하게, 노동은 매우 개인적이 된다. 트레이너들은 헬스장 소유자를 계속해서 행복하게 해야 함은 물론이고 고객들도 계속해서 행복하게 해야 한다. 그들에게 관심을 기울이고 있다는 것을 보여야 한다. 개인의 성격은 매우 중요하다. 그들은 고객이 제품을 사는 것이 아니라 사

람을 사는 것이라고 늘 말한다.[69]

하이에크의 유명한 저서 제목 《노예의 길》[그러나 이 부분에서는 맥락상 '예속의 길'로 읽는 것이 의미상 더욱 정확하다. 'serfdom'은 '농노제'를 지칭한다.–옮긴이]은 자본주의적 개인주의에 대한 찬사이지만, 위의 연구에 비추어보면 새로운 의미로 해석해야 하지 않을까? 고용 조건과 급여의 면에서 볼 때 현재의 노동은 중세 암흑시대로의 대대적인 후퇴를 의미하지 않는가?

인간적인 일터의 끈적끈적한 압력

긴축 위주의 자본주의를 비판하는 사람들은 그것이 우리 대부분을 고통스럽도록 비인간화한다고 말한다. 모든 관계는 벌거벗은 이기심의 관계로만 환원되고 이것이 영국과 미국에서 사회의 직조를 크게 훼손했다는 것이다. 그래서 이제 사람들이 분명하게 알고 있는 것은 모든 것이 온전히 자신의 책임이라는 것뿐이라고 한다. 하지만 위의 사례가 보여주듯이 탈규제와 관료적 절차의 제거는(모두 '더 인간적인' 환경을 만든다는 명목으로 이뤄진 것들이다) 자본주의가 **너무나 인간적**이 되게 하는 결과를 낳았다. 퇴행적인 종류의 방대한 비공식성이 존재하게 됐다는 것은 신자유주의를 비판하는 사람들마저 놓치곤 하는 사실이다. 이를테면 볼프강 스트릭은 《자본주의는 어떻게 종말을 맞이할 것인가How Will Capitalism End?》에서 긴축 시기를 거치면서 유럽에 탈사회적 사회가 형성됐다고 지적하면서 이를 '기름을 쪽 뺀 사회'라고 명명했다.[70] 엄격한 재정 원칙과 예산 삭감을 지지하는 정부는 기본적으로 공동체를 제거하는 방향으로 작동했으며, 따라서 사회를 월터 리프먼이 말한 종류의 스펙터클이나 정신 없는 영화관으로 변모시켰다. 그런 곳에서 개인들은 각자 고립된 채 텅 비어버린 인류의 모습을 수동적으로 바라볼 뿐이다.

이 암울한 진단은 물론 사실이다. 하지만 긴축 재정은 다른 측면에서도 이야기할 수 있다. 사실 우리는 **지방이 가득한** 사회에 살게 되지 않았는가? 사회경제적인 콜레스테롤이 사회적 신체를 가득 메우고 있어서 구석구석 제대로 작동하게 하려면 엄청난 노동이 드는 상태가 되지 않았는가? 오늘날 어느 노동자하고든 그의 일에 대해 이야기를 나누어보면 자신의 업무 자체와 그에 필요한 기술은 사실 자신이 하는 일 중 매우 일부분에 불과하다는 말을 듣게 될 것이다. 그것에 더해, 그는 고객과 친구가 돼야 하고 근무 이후에도 거의 의무적으로 맥주를 마셔야 하며 팀장에게 성의를 보여야 하고 주말의 끔찍한 야외 행사에도 참석해야 한다. 이는 소셜 미디어를 매우 도구적이고 전략적으로 사용해야 하는 상황으로까지 이어진다. 이 끈적끈적한 사회적 압력은 신자유주의 자본주의의 특징이며, 여기에 비하면 포디즘Fordism이야말로 군살 없고 '린lean'하고 효율적인 시스템으로 보일 정도다. 놀라운 성취다.

한편 언론에서는 이런 경향 중 흥밋거리가 될 만한 측면만 강조

되곤 한다. 예를 들면, 한 온라인 뉴스 포럼은 "일터에서 포옹하려는 사람을 피해야 하는 상황에 처해본 적이 있으십니까?"라는 기사를 실었다.[71] 의료와 경찰 분야에서 일한 적이 있는 여성은 이렇게 말했다. "개인적인 인간관계를 유지하는 데 있어서 포옹은 내 일터에서 아주 큰 부분이다." 친밀한 접촉은 "그들과 연결돼 있다는 표시이고 당신이 그들을 믿는다는 표시다". 또 다른 기사는 "업무 이메일에 '보낸이'를 쓸 때 'X'를 같이 붙이는 것이 적절한가?"라는 주제를 다루고 있다[X는 입맞춤하는 소리인 '쪽!'을 의미한다.-옮긴이].[72] 또 다른 기사는 런던의 회사들에서 "금요일 오후면 술 수레가 돌아다니면서" 직원들에게 사무실에서 술 마시는 것을 독려한다고 보도했다.[73] 다 재미있고 즐거운 일이다.

하지만 자포스 사례에서 봤듯이, 또 앱코 직원들과 헬스장의 개인 트레이너들이 진술했듯이, 경제 활동의 개인화 추세에는 어두운 면이 있다. 캘리포니아의 경영 구루들과 신자유주의 학자들은 '더 인간적인' 일터를 만든다는 명목으로 직원들이 직장 내 괴롭힘이나 불공정한 처우에서 자신을 보호할 최후의 방어선을 없애버리곤 한다. 《조직의 재창조》(자포스의 CEO 토니 셰이가 영감을 받은 책)는 수평적 조직이 회사에 영혼을 되불러올 수 있는 방법이라고 주장한다. 그런데 여기에 언급되지 않은 것은 그 영혼에는 사악한 영혼도 있다는 사실이다. 자기중심적이고 가차 없는 경쟁이 추동하는 경제적 잔혹함의 시대에는 더욱 그렇다. 프랑스 철학자 질 들뢰즈가 "기업이 영혼을 갖는다는 개념은 실로 가장 무서운 소식"이라고 했던 농담을 떠올리게 한다.[74] 추잡스러운 사무실 파티가 있은 다음 날 아침을 생각해보면 그가 무엇을 말하는지 대번 이해될 것이다. 술을 입에도 안 대는 부장 앞에서 내가 술을 반병이나 마셨다고 제발 이야기하지 말아줘. 맙소사, 내가 정말 그렇게 말했다고? 가벼운 한잔으로 '영혼'을 북돋우려던 것이 숙취로 가득한 악몽이 된다. 그래서 많은 직원들이 이런 행사를 역병이라도 되는 듯이 피하려 한다.[75]

급진적 관료제를 지향해야 하는 이유

위와 같은 어두운 면은 매우 깊숙이 파고들어 와 있다. 일터에서의 포옹을 생각해보자. 특이하고 다소 가벼운 사례로 들리지만 여기에는 더 사악한 이야기가 담겨 있다. 미국 패스트푸드 여성 노동자들을 대상으로 한 최근의 어느 설문조사에서 40%가 일터에서 원치 않는 성적인 친밀함의 표시를 경험했다고 응답했다.[76] 그런 행위에는 으레 포옹과 접촉이 수반된다. 설문에 응답한 여성은 수천 명인데, 유형별로 분류해보면 다음과 같다.

- 성 혹은 성별 정체성에 대한 품평이나 질문 (9%)
- 데이트를 하자는 압력 (9%)
- 섹스를 하자는 요구 (8%)

- 성적으로 노골적인 사진을 보여주거나 보냄 (6%)
- 보란 듯이 자신의 성기를 만짐 (6%)
- 고객에게 아양을 떨라고 말함 (6%)
- 더 꽉 끼는 옷을 입거나 화장을 하라고 요구하는 등 레스토랑의 공식 유니폼 기준 이상으로 외양을 바꾸라고 말함 (6%)
- 신체의 일부를 보란 듯이 드러냄 (5%)
- 신체의 일부를 보여달라고 요구함 (4%)
- 누드 사진을 보내라고 요구하거나 포즈를 취하라고 요구함 (3%)
- 데이트를 하거나 성적인 요구를 들어주는 조건으로 추가 시간, 진급 등 업무 관련 편의나 특혜를 주겠다고 제안함 (3%)
- 성적으로 폭력을 가하거나 강간을 함 (2%)[77]

이 연구에서 드러난 놀라운 점 하나는 대부분의 여성이 성적 괴롭힘을 상사에게 보고한 적이 없다는 사실이다. 그들은 되도록이면 피하는 전략을 통해 스스로 해결하고자 한다. 누군가를 공개적으로 고발하면 되레 자신이 직업적인 면에서 불이익을 당할 것이라고 생각하기 때문이다. "많은 노동자가 직장에서 원치 않는 성적 접촉을 당했을 때 자신이 혼자라고 느낀다. 따라서 개인적으로 손해를 감수하고 그런 상대를 피하는 편을 택한다."[78]

물론 모든 형태의 비공식성이 이렇게 사악한 것은 아니다. 어떤 것은 이런 환경에서 경제적 무력감을 교정하는 역할을 할 수도 있다.[79] 하지만 내 주장은 단순히 다음과 같다. 신자유주의 자본주의가 경제 전체를 장악하는 패러다임으로 부상함에 따라 금전 거래의 공식주의가 탈규제, 공공 영역의 수축, 민간 개인주의의 헤게모니 확대로 인해 종종 부정적이고 퇴행적인 비공식주의와 결합한다는 것이다. 성적인 괴롭힘, 직장 내 괴롭힘, 과도한 권력 과시 등은 자유시장 자본주의에서 변칙이 아니라 같은 동전의 더러운 이면이다. 나는 이것이 **경제의 사적 영역화**economic privatization가 지닌 진짜 의미라고 생각한다. 한때는 강력한 공공 영역이 존재해서 미니 압제자들과 괴롭힘을 일삼는 상사들을 조직 생활의 어두운 골목에서 몰아냈지만, 이제 자유시장주의자들은 그것을 전적으로 개인이 알아서 극복하라고 말한다. 당신과 당신 상사가 알아서 해결할 일이라는 것이다.

2장에서 언급했듯이 하이에크는 자유시장 개인주의를 정당화하기 위해 지도 비유를 사용했다.[80] 국가는 지도가 정확하게 작성되도록 하는 역할만 담당해야 하며 어느 곳으로 차를 몰아가라고 말해서는 안 된다는 것이다. 어디로 차를 몰지는 당신의 선택이다. 마찬가지로, 모두에게 명확한 최소한의 법적 필요 사항을 제외하면 고용 관계가 어떻게 구성될지는 전적으로 당사자들 사이에서 결정돼야 한다고 말한다. 하지만 하이에크의 지도 비유가 얼마나 불합리한지는 그 비유를 큰 호텔의 화재 대피 계획에 적용해보면 바로 드러난다. 정부는 그 대피 계획이 합당하게 작성되게 하는 역할만 담당하고 그것으로 끝이라고 해보자. 그 대피 계획에는 적합한 출구가 나와 있지만, 어떤 당국도 화재 시 어떻게 행동해야 하는지에 대한 지침을 주지 않는다고 해보자. 그런 지침을 주는 것은 사람들의 개인적 자유를 침해하는 것이 될 터이기 때문이다. 투숙객들은 전적으로 자신의 선택에 따라 행동할 자유가 있다. 창문에서 뛰어내리거나, 그대로 서 있거나, 다들 도망갈 때 이윤을 얻기 위해 레모네이드 매대를 세우거나. 전문가의 도움도 없다. 공적으로 자금을 지원받는 소방관들은 본질적으로 낭비적이고(공공 선택 이론에 따르면) 화재를 통해 비밀스럽게 이익을 얻으면서(화재가 있어야 그들의 일자리가 보장되므로) 그들 자신의 이기심에 의해 추동될 뿐이기 때문이다. 또한 대부분의 복지제도와 마찬가지로 소방대의 존재는 사람들 사이에 '도덕적 해이'를 일으킨다. 사람들이 누군가가 자신을 구해주러 올 것이라고 생각해서 불붙기 쉬운 부엌에서 조심성 없이 일하도록 왜곡된 인센티브를 제공한다는 것이다. 결국 투숙객들은 각자 알아서 해야 한다. 사적으로 전문가를 고용할 수는 있을 것이다. 하지만 그럴지 말지도 그들이 알아서 할 문제다. 납세자의 돈으로 낯선 사람들을 도울 이유가 무엇인가?

무슨 말인지 이해했을 거라고 생각한다.

이 사례는 건강하고 활력 있는 공공 영역이 개인의 이기심(이 경우에는 불이 난 호텔에서 탈출하는 것)과 상충하는 게 아니라 종종 잘 부합한다는 것을 보여준다. 따라서 나는 우리가 관료제를 게으른 전체주의적 괴물로 여겨 기각하려 하기보다 **급진적 관료제**를 지향해야 한다고 생각한다. 급진적 관료제에 기반한 조직들은 공공의 임무를 수행하며 개인의 자유를 가능하게 하고 (가령 레스토랑 여성 노동자와 음탕한 상사 사이의) 사적인 거래가 시민적 감시하에 놓일 수 있게 한다. 일터와 관련해 말하자면, 이것은 아렌트가 고대 그리스까지 거슬러 올라가는 이분법이라고 말한 것을 넘어서는 것을 의미한다.[81] 그 이분법에 따르면 가정(**오이코스**oikos, 경제의 영역. 자기 보존을 위한 생물학적인 욕구가 만족되는 영역을 의미한다)은 사적이고 자유롭지 않다. 일하거나, 아니면 죽는다. 이런 의미에서, 경제적 생존이 보장돼야만 우리는 자유롭게 공적인 생활에 참여해 **폴리스**polis에서 목소리를 낼 수 있다. 물질적인 후생이 보장된다는 것은 자기 생각을 거리낌 없이 말할 수 있도록 촉진하는 조건이 된다. 따라서 오이코스에 탈구를 일으키는 권력 불평등과 불안정성이 존재하는 시대에는 그런 자신감을 가질 수 있는 사람이 매우 적다. 일터에서나 일터 밖에서나 대부분의 사람들은 공개적으로 말을 하지 못한다. 너무나 많은 것이 사적인 영역에 가려져 있으며, 특히 예속적인 사악한 만남 속에 가려져 있다. 우리는 우리의 집합적인 경험을 유의미한 방식으로 공유하는 것을 금지당하고 있다. 그 결과, 공공 영역은 시들어버리고 오이코스는 합법적인 토론의 영역에서 퇴장해 국가의 법이 전혀 파악하지 못하는 영역이 돼버린다.

그렇다면 이제 아렌트의 공식을 허물 때가 되지 않았는가? 공공 담론의 빛으로 노동의 어두운 세계, 졸렬한 행위들이 만연해 있다는 소문이 무성한 세계를 비출 때가 되지 않았는가? 급진적 관료제는 국가 감시의 눈을 현재의 상태(강력한 사람들이 힘없는 사람들을 감시하는 것)에서 돌려 사적인 오이코스를 민주적 책무성과 집합적 책임에 노출시킬 것이다. 이것이야말로 진정으로 더 인간적인 것이 아닐까?

5

그런 친교는 필요 없다

마이크 저지의 1999년 영화 〈오피스 스페이스Office Space〉는 여러모로 끔찍한 영화였다.[1] 플롯은 이리저리 건너뛰었고 극본은 엉성했으며 부정확한 스테레오타입에 의존하고 있었다. 이를 전제로 하되, 어쨌든 나를 포함해 관객 대부분이 제니퍼 애니스턴이 분한 패스트푸드 식당 종업원 조애나가 과도하게 간섭하고 '꼰대질'하는 상사에게 엿이나 먹으라고 말하는 장면을 매우 좋아했다. 그 이유를 알기는 어렵지 않을 것이다.

영화 장면은 이렇다. 모든 것은 몇 주 전에 시작됐다. [패스트푸드점] '초치키' 매장에서 일하는 조애나가 정확히 몇 개의 '플레어'(배지, 핀, 브로치 등)를 유니폼에 달아야 하는가를 두고 언쟁이 벌어졌던 것이 사건의 발단이었다. 회사 정책상 적어도 15개를 달아야 했고 조애나는 규정을 지켰다. 하지만 상사인 스탠은 만족하지 않았다. 그는 조애나에게 한발 더 나아가 '플레어'의 개념을 더욱 적극적으로 받아들여야 한다고 했다. 37개나 달고 늘 '훌륭한 미소'를 짓고 있는 동료 직원 브라이언처럼 말이다. 물론 규정은 15개 이상이지만 뛰어난 직원은 "더 많이 달기로 선택할 것이고 매니저는 직원들이 그러기를 독려한다"는 것이다. 이어 스탠은 핵심을 이야기한다. 조애나가 '자기 자신'을 더 잘 표현해서 고객들이 조애나의 빛나는 개성을 볼 수 있도록 해야 한다고. 조애나는 기계적으로 고개를 끄덕거린다. 그러나 몇 주간의 닦달이 더 이어지고 나서 조애나는 결국 폭발한다.

조애나: 스탠, 저기요, 제가 당신이 총애하는 직원 브라이언처럼 37개를 달기를 원하신다면 왜 애초부터 37개가 최소라고 지정하지 않으셨어요?

스 탠: 음, 내 기억에, 조애나가 스스로를 더 잘 표현하기를 원한다고 말했던 것 같은데?

조애나: 이봐요, 물론 나는 나 자신을 표현하기를 원해요. 좋아요, (스탠에게 가운뎃손가락을 들어 보이고, 스탠은 누가 총이라도 겨눈 것처럼 두 손을 든다) 여기 나 자신을 표현하는 '플레어'나 먹으세요. 그리고, 뭐 나 자신을 표현하라고요? 지금 그러고 있으니 잘 보세요(고객들에게 가운뎃손가락을 들어 보인다. 고객들은 무장 괴한이라도 본 듯이 겁을 집어먹고, 아기들이 울기 시작한다).

이 장면은 후련하다. 이 장면 덕분에, 별 볼일 없었을 영화가 재미있어진다. 언제든 일터를 박차고 나갈 수 있다는 판타지가 **깔끔하게** 실현됐기 때문이다. 박차고 나가버리는 모습은 죽어가는 서구의 경제에서 일하는 것을 견디기 위해 노동자들이 늘 품고 있는 상상에서 매우 근본적인 요소다. 정말 꼭 나가겠다는 의미는 아니다. 실현 가능성이 얼마나 희박하든지 간에, 단지 그럴 수 있으리라는 가능성, 그러니까 상징적인 제스처만으로도 만족을 얻는다.[2]

여기에 깔려 있는 논리는 분명하다. 나는 이 끔찍한 일자리를, 적어도 이론적으로나마 언제든 박차고 나갈 수 있으리라는 생각 덕분에 겨우 견디고 있는 것이다.

아마도 이런 소망은 오늘날 매우 널리 퍼져 있을 것이다. 첫째로 노동자와 일자리 사이에 예전에 존재했던 '충격 흡수 장치'(노조, 노동자 위원회, 단체 협상 등)가 상당히 약화된 데다, 둘째로 현재의 노동 집착적인 문화에서 개인은 전적으로 그가 하는 일을 통해 규정되기 때문이다. 그 결과, 노동은 삶의 모든 면에 스며들었고 우리가 하는 일이 곧 우리 자체가 됐다. 공장 노동자는 일터에서의 역할을 퇴근 시간에 공장에 두고 가지만, 포스트 산업 사회의 프롤레타리아는 24시간 내내 일터에서의 역할과 함께 살아가며 노동이 이들에게 요구하는 사항은 지극히 개인적인 면으로까지 점점 더 깊숙이 확대되고 있다. 영화 〈오피스 스페이스〉가 해학적으로 보여주듯이 고용주는 당신의 노동시간만이 아니라 당신 자신의 영혼과 '플레어'까지 요구한다.

질식할 것 같은 노동 현실(노동은 당신을 끊임없이 덮치고 파고들며 괴롭힌다)이 좌절과 패배 의식을 일으키리라 예상하기 쉬울 것이다. 더 이상 '외부'가 존재하지 않으므로 모든 저항은 무용하다. 하지만 이데올로기적 조건화의 과정은 결코 완벽할 수 없다. 그것은 단단한 하나의 덩어리로서보다는 느슨하고 분절적인 구조를 통해 기능한다. 그리고 우리는 우리가 처한 [예속의] 처지를 매번 고통스럽게 절감하기에 딱 충분할 만큼 '주체적 행위자'로서의 속성 또한 부여받는다(우리는 늘 '선택'을 한다). 그래서 질식할 것 같은 전체주의의 느낌은 우리에게 **최종적인 탈옥**을 꿈꾸게 만든다. 노동이 이판사판의 행동을 통해서만 탈출할 수 있는 영원한 존재론적 감옥이기라도 한 것처럼 말이다.

〈오피스 스페이스〉의 장면은 이 책의 주제인 '공식' 대 '비공식'이라는 이분법의 붕괴를 잘 포착하고 있다. 각 직원의 사적이어야 할 모든 특질이 가차 없는 계량화의 과정을 통해 객관화되고 계산된다. 하지만 역설적으로 여기에는 탈공식화의 과정도 개입된다. 공식 계약을 통해서는 고용주가 노동자에게 특정한 감정을 느끼라고 강제할 수 없다. 그럴 경우 자본주의의 근본 요소인 '선택'이라는 도그마가 사라지게 되기 때문이다. 조애나의 '플레어'는 조애나가 "그것을 더 많이 달기로 자유롭게 선택해야만" 회사에 가치가 있다. 물론 실제로는 선택의 여지 따위는 없다. 조애나는 상사에게 압박을 받는다.

선택의 자유라는 신조의 핵심에서 작동하고 있는 자아와 비자아의 갈등이야말로 신고전파 경제학의 토대다. 한편으로, 이것은 노동자에게 어떤 압력도 느끼지 말고 자신의 자유의지를 드러내라고 요구한다. 그 외의 방법으로는 합법적으로 노동자를 착취할 수 없기 때문이다(공식적으로 강제하려 한다면 그것은 노예제가 될 것이고 노예제는 불법이다). 하지만 다른 한편으로, "노"라고 말할 때 발생할 끔찍한 경제적 결과를 우려하는 노동자들은 "노"라고 말할 수 없다. **선택의 미시적 파시즘**이라고 부를 수 있을 법한 이 상황은 개인의 자유라는 용어로 포장돼 오늘날의 후기 자본주의에 속속들이 스며들어 있다.

신자유주의 신화에 등장하는 이기적인 개인은 조애나가 보여주는 '시달리는 노동자'와 매우 다르지 않은가? 물론 매우 다르다. 그런데 바로 여기에서 ['이기적인 개인'이라는 인물상에] 중요한 변형이 일어났다. '소유주의적 개인주의'에 대한 1962년의 영향력 있는 연구에서 C. B. 맥퍼슨은 이 페르소나가 처음에는 자유주의 철학 전통에 의해, 이어 신고전파 경제학자들과 법학자들에 의해 어떻게 우리에게 부여됐는지를 살펴봤다.

> 그것의 소유주의적 특질은 개인을 본질적으로 사회에 아무것도 빚진 것이 없는, 자신의 특성과 역량의 '소유자'로 보는 개념에서 발견된다. 개인은 도덕적인 총체로도, 더 큰 사회의 일부로도 여겨지지 않으며, 오로지 그 자신의 소유자로만 여겨진다.[3]

이런 인물은 탐욕스러운 **탈취자**다. 우리의 도덕이나 사회적 우주를 지탱하고 있는 영속적인 유대감을 거부하는 사람이다. 이런 관점을 가진 사람들에게 타인은 나의 경제적 상황을 최적화하는 데 유용한 디딤돌이거나 방해가 되는 걸림돌이다. 주류 경제학의 많은 영역이 인간에 대해 이런 이미지를 제시한다. 인적 자본 이론도, 기회비용과 거래비용 분석도, 주인-대리인 이론도, 도덕적 해이 이론도 그렇다. 그리고 런던이나 뉴욕의 은행가에 가보면 이 불멸의 이상향이 실제 세계에서 체현될 때 어떤 모습으로 드러나는지 볼 수 있다.

그럼에도, 이와 관련해 무언가가 달라졌다. **호모 에코노미쿠스**라는 인물상이 지난 몇 세대에 걸쳐 신자유주의 자본주의의 문법으로 구체적으로 번역되면서 그와 다른 유형의 인간이 서서히 현실에서 나타났다. 이를 '가난한 인간의 개인주의"라고 부를 수 있을 법하다. 여전히 소유주의적 개인의 속성을 가지고 있고 이기심으로만 추동되지만, 현실에서 이 인물은 이제 주체가 아니라 대상이다. **그의 위에서, 그를 향해** 강력한 제도들이 작동하는 '대상'이 된 것이다. 반복해 말하지만, 공식적인 화법은 여전히 사람들이 물건과 타인을 소유하고 싶어 한다고 말한다. 하지만 현실에서 대부분의 사람들은 소유가 아니라 **박탈**을 강제당하고 있다. 살기 위해, 일하기 위해, 끝없이 지대를 바쳐야 하는 것이다. 그리고 가차 없는 평가와 판단(고객 평가, 학생 평가 등)에 노출되며 이 모든 과정에서 시스템이 늘 그를 따라다닌다.

폐허에서 깨어난 노동자들

조애나의 행동이 미래의 저항을 보여주는 것일까? 그렇지 않다. 상사에게 가운뎃손가락을 들어 보이며 자리를 박차고 나오는 것은 현재 일터에서 벌어지고 있는 강탈적 우버화도, 우리를 사로잡고 있는 '선택의 미시적 파시즘'도 멈추지 못한다. 이 끔찍한 금전과 친밀성의 혼합에 맞서는 유일한 방법은 집합적인 조직화뿐이다. 보기에는 재미있고 속 시원한 조애나의 저항적인 개인주의와 달리, 급진적인 연대는 지루하고 세세하며 대개 개인의 성격이라는 범주의 **외부**에 있다. 그 때문에 자본주의가 그것을 그토록 두려워하는 것이다. 여기에는 사적인 노이로제가 들어올 여지가 없다.

오늘날 새로운 유형의 연대가 생겨나고 있다. 그리고 거대 기업은 이것을 부수려고 한다. 최근에 두 명의 우버 운전사가 ('독립 노동자 노조'의 도움을 받아서) 영국 고용 법정에 소송을 내 승리했다. 런던에서 일하는 3만 명의 우버 운전사 지위가 잘못 분류돼 있다는 것이 이들의 주장이었고 법원도 이를 인정했다.[4] 우버 영국 지사는 항소했는데, 항소심에서도 패했다.

> 현실에서 운전사들은 교통 서비스를 제공하는 우버의 비즈니스에 포괄돼 있다. 운전사들은 그들이 매번 운행을 할 때마다 승객과 직접적인 계약 관계에 들어가는 식으로 독립적으로 비즈니스를 하는 것과는 거리가 있는 방식의 업무 조율과 업무상 통제를 받는다.[5]

이 판결은 독립 자영업자였던 운전사들의 이전 지위를 공식적으로는 바꾸지는 않았지만 우버가 운전사들에게 적어도 최저임금을 지급하고 휴일을 보장해야 한다고 언급했다. 우버는 즉각 이 결정에 다시 항소했다. 우버는 쉽게 포기하지 않을 것이다.

2013년에 미국에서 우버를 상대로 제기된 집단 소송도 노동자들이 자신의 노동을 탈개인화하려 시도했던 좋은 사례다. 이 집단 소송의 결과는 캘리포니아와 매사추세츠에서 일하는 38만 5000명의 우버 운전사의 처우에 영향을 미칠 수 있다. 소송에서 우버 운전사들은 '개인 계약자' 신분으로 그들을 규정하는 것이 타당하지 않다고 주장했다. 우버는 그들을 그렇게 부르지만 그들은 독립적인 '운전사 파트너'가 아니다. 이들은 직장에 소속된 노동자들에게 적용되는 모든 것의 적용을 받는다. 휴일과 임금 보장만 빼고. 그리고 운전사들은 상당한 강도로 경영 관리를 받는다. 그 관리는 바쁜 시간대에 그들을 착취하기 위해(즉 그 시간대에 운전사들이 도로에 나와 있게 하기 위해) 고안된 앱 알고리즘을 통해 이뤄진다. 이는 사실상 구속력이 있는 고용관계를 형성하며 고용관계법은 이 경우 '노동자성'이 있다고 판단한다. 최근의 한 기사는 "우버가 말하는 연결 및 중개자 역할은 소프트웨어와 인터페이스 디자인을 통해 실제로 발현되고 있는 중대한 고용 구조와 위계를 가리고 있다"고 지적했다.[6]

소송에 질 경우 우버는 상당한 금액의 보상금을 물어야 한다. 그래서 우버는 소송을 끝내기 위해 1억 달러의 합의금을 제안했다.[7] 8400만 달러의 정액 보상에 더해 향후 회사의 소득에 따라 1600만 달러의 추가 보상을 하기로 돼 있었다. 운전사들과 그들의 대표자들은 이 제안을 받아들이고 싶었다. 하지만 2016년 8월에 이 사건을 담당한 에드워드 첸 판사가 매우 불공정한 합의라는 이유에서 그 합의를 기각했다.[8] 금전적, 비금전적 보상을 모두 고려할 때 이 합의안이

"[PAGA(노동법 위반 관련 집단 소송) 클레임과 비PAGA 클레임을 모두 포함해서] 제기된 모든 클레임에 대해 잠재적인 배심원 평결 금액 추산치 총합의 5%도 안 된다"는 것이었다(PAGA 클레임만으로도 잠재적인 피해액이 8억 5400만 달러에 달할 것으로 추산됐다).[9]

우버는 운전사들이 플랫폼 자본주의의 갑옷에서 틈새를 발견했다는 것을 빠르게 깨달았다. 노동자들이 개별적으로 저항하는 것이 아니라 집단으로 모여 법정에서 기업에 저항한 것이다. 이런 추세에 대응하기 위한 임시방편으로 우버는 2015년에 새로운 '운전사 파트너 합의'를 배포했다.[10] 이것은 사실상 다른 이름으로 한 고용 계약이나 다름없다. 하지만 법적으로는 고용 계약이 아니다. 이 문서는 노동자들을 **재개인화**해 집단 소송을 하지 못하게 하려는 의도로 고안됐다. 가장 중요한 것으로, 앞으로 저항을 할 때 운전사들은 '개인적인 고충 처리 절차'를 거쳐야 한다.[11]

> 15.3. **중요:** 본 임의 조정 조항은 당신이 회사, 즉 우버에 대해 어떤 불편 사항이나 고충을 제기하려 할 때도 개인 기반으로 진행해야 함을 의미합니다. 아래에 제시된 것을 제외하면, 이 조항은 당신이 회사, 즉 우버에 대해 (…) 집단 소송, 혹은 대표자를 통한 행동을 하는 것을 배제합니다.
>
> 법이 그렇지 않도록 요구하는 경우가 아닌 한, 임의 조정자가 상황을 고려해 결정한 바에 따라 당신은 모든 조정 비용을 회사와 분담

해야 합니다.[12]

모든 운전사가 일단 여기에 동의한다는 서명을 해야 하는데, 이 임의 조정 조항에서 '나갈opt-out 수 있는' 선택지가 없었더라면 이것은 불법이었을 것이다. 하지만 '진정한 개인화' 스타일에 부합하게 운전사들은 개인적으로 회사에 이메일을 보내서(보낼 곳 주소는 optout@uber.com이다) 자신의 이름을 밝히고 15.3 조항에서 개인적으로 나가겠다는 의사를 밝힐 수 있다.[13] 이렇게 심리적 '넛지' 전략을 살짝 사용하는 것은, 운전사들이 '옳은' 선택을 해서 이메일을 보내지 않게 하는 데에 무척 효과가 있어 보인다. 이 소송에서 운전사 측을 대리한 변호사 섀넌 리스 라이어든은 "우리는 이것이 우버 측의 불법적인 시도이며, 누가 이 집단에 포함되는가를 판단하는 것과 관련해 법원이 해야 할 역할을 찬탈하는 것이라고 생각한다"고 말했다.[14]

플랫폼 자본주의에 균열을 내다

노동자들의 조직화를 무력화하려는 우버의 시도는 탈공식화의 경제적 정신을 완벽하게 포착하고 있다. 우버는 각 운전사와 개인 기반으로 협상하고 싶어 한다. 우버에서 이것은 새로운 일이 아니다. 2017년 2월에 수전 파울러가 우버에서 엔지니어로 일했던 해를 회상하는 글을 블로그에 올렸을 때 우리는 제약 없는 개인주의를 떠받

드는 환경에서 일하는 것이 무엇을 의미하는지 엿볼 수 있었다.

> 출근 첫날, 우리 팀의 매니저는 회사 메신저로 내게 줄줄이 메시지를 보내왔다. 그는 자신이 '열린 연애'를 한다고 했다. 그의 여자친구는 쉽게 새 상대를 찾곤 하는데 자신은 그렇지 못하다며 섹스할 여성을 찾고 있다고 했다. 그가 나한테 섹스하자고 말하고 있는 게 분명했다. 명백히 선을 넘은 짓이었으므로, 나는 즉시 채팅 메시지들을 스크린샷으로 저장해 인사부에 신고했다.[15]

파울러는 곧 다른 팀으로 옮겨갔다. 하지만 그 팀의 문화 역시 사적인 영역을 매우 깊이 침범하는 문화였다. 매니저들은 서로를 공격하며 지배력을 놓고 경쟁하고 있었다. 다른 직원들로부터 힌트를 얻어서 파울러는 분위기가 비교적 덜 적대적인 부서로 전직을 신청했다. 그러자 "나에게 기록되지 않은 업무 성과상의 문제가 있어서 전직 신청이 막혔다"는 말을 들었다.[16] 기록되지 않은 업무 성과상의 문제? 공식적으로 파울러의 업무 성과는 월등했다. 그래서 파울러는 이유를 알려고 계속 질문했다. 결국 한 상사가 이렇게 인정했다. 업무 성과상의 문제가 꼭 일과 관련된 것만은 아니며 때로는 일 외적인 것, 개인적인 생활과 관련된 것일 때도 있다는 것이었다.[17] 불행히도 직장 생활은 더 힘들어졌고 결국 파울러는 퇴사했다.[18]

이 이야기가 폭로되면서 맹렬한 논쟁이 벌어졌다. 어떤 이들은 이 사건이 우버 CEO 트래비스 캘러닉의 사임을 촉발했다고 보기도 한다. 이 회사는 분명히 거의 모든 수준에서 유독했다. 이 사안에 대해 다양한 논의가 오갔지만, 《와이어드》 잡지가 가장 날카로운 질문을 던졌다. "왜 더 많은 노동자들이 우버에 **소송**을 걸지 않는 것일까?"[19] 기자는 직원들을 취재해보고서 그 이유를 알게 됐는데, 고용 계약에 따르면 모든 고충 사항은 법원이 아니라 개별적으로 조정 중개인을 통해 합의해야 하기 때문이었다.

이런 형태의 문제적 조항이 이 업계에 만연해 있고, 서구 경제에서 전반적으로 노조 가입률이 크게 떨어지기도 했지만, 그 와중에서도 대안적인 노조가 생겨나고 있다. 영국에서는 배달 노동자, 독립 계약자 등을 대표하는 '독립 노동자 노조'가 상당한 성장세를 보였다. 미국에서는 '뉴욕 택시 운전사 연맹'이 뉴욕의 4만 5000 우버 운전사를 조직화하고 있다. 이들의 핵심 사안은 최저임금이다. 이곳 대변인은 최저임금 사안이 왜 중요한지에 대해 "기본적으로 우버가 전일제 노동을 파괴하면서 그것을 저임금의 파트타임 노동으로 대체하고 있기 때문"이라고 설명했다.[20]

대안 노조는 노동자를 보호하는 데 얼마나 효과가 있을까?

제이미 우드콕은 딜리버루 노동자들의 처우 개선 투쟁을 조사한 연구에서 대안 노조가 매우 중요하며 여기에서 다양하고 혁신적인 전술이 사용될 수 있음을 발견했다.[21] 2016년에 딜리버루는 배달 기사들에게 시간당 7파운드의 고정 임금에 더해 건당 1파운드를 더

해주던 데서 건당으로만 3.75파운드를 주는 것으로 보수 지급 체계를 변경했다. 이 조치는 노동자들이 더 이상 참지 못하고 저항에 나서게 만든 마지막 지푸라기였다. 딜리버루의 운영 시스템 자체가 배달 기사들의 조직화에 기여한 면도 있었다. 우버의 경우에는 노동자들이 서로를 만날 수 없지만, 딜리버루는 번화가 근처의 정해진 지역에 배달 기사들이 대기하는 장소가 있다. 이곳에서 그들은 서로 만나게 되고 "일이 별로 없는 한가한 시간대에는 콜을 기다리는 동안 이야기를 나누면서 조직화의 기회를 갖게 된다."[22] 이런 비공식적인 대화는 목적의식적인 운동으로 발달했다. 2016년 8월에 이곳 운전사들은 딜리버루 런던 본사 밖에 모여 시위를 했고 앞으로도 집단행동을 할 것이라고 선언했다. 회사는 한발 물러서기로 하고 도입하려던 새 보수 지급 정책을 철회했다.[23]

집합행동(더 유동적인 형태로 의견을 나누고 논의하는 '거리의 생디칼리슴'도 포함해서)은 배달 노동자들에게 공개적으로 저항할 수 있는 힘을 준다. 이것은 매우 중요하다. 공공의 장에서 고충을 이야기할 수 있고 핵심 사안들이 사람들에게 **가시적으로** 알려지게 만들 수 있기 때문이다. 거의 대부분의 시간 동안 노동자들의 목소리는 기업에 닿지 못한다. 외부의 시민에게는 말할 것도 없다. 하지만 이제 그들은 "외부 사람들에게 매우 가시적이 됐고, 집단으로 조직화됐으며, 분노했다."[24] 언론의 관심도 끌 수 있었다. 이는 긱 이코노미의 블랙박스 내부로 빛을 비춰서 정말로 무슨 일이 벌어지고 있는지를 모두가 알게 했다. 이 경제는 플랫폼 자본주의의 본래 정신과 배치되는 방식으로, 그리고 그것의 암묵적이고 비공식적인 경제 관계에 대한 사랑과도 배치되는 방식으로 작동하고 있었다. 노동자들이 본사 건물 밖에 모임으로써, 되도록이면 비공식적인 합의 쪽으로 몰고 가기 위해 고안됐던 조치들이 불명예스럽게 공식적인 공간에 드러나게 됐다.[25]

2017년에 저가 항공사 라이언에어를 상대로 그곳의 '자가 고용' 조종사들이 벌였던 싸움도 대안 노조가 행동할 때 가질 수 있는 힘을 보여준다. 오랫동안 라이언에어는 조종사 노조와의 협상을 적극적으로 거부했다. 노조의 존재 자체를 인정하지 않았다. 불만에 찬 조종사들이 '라이언에어 조종사 그룹'을 결성해 그들의 고충을 알리기 시작했을 때도 꿈쩍하지 않았다. 그러다 이들의 저항이 회사의 사업에 심각하게 손해를 입힐 것이라는 우려가 대두되고 나서야 회사의 입장이 달라졌다. 조종사들이 연간 휴가를 **모두 동시에** 쓰는 바람에(이것이 우연이었을 리는 없다) 성수기에 조종사가 없게 될 상황에 처했던 것이다. CEO 마이클 오리어리는 노동자들로부터 (회사 외부의 노동자들도 포함해) 아주 많은 압력이 있은 뒤에야 마지못해 '라이언에어 조종사 그룹'을 노조로 인정했다.[26]

물론 노동자들이 우버화에 맞서는 데는 결정적인 장애물들이 존재한다. 우선, 그들(가령 영국 '독립 노동자 노조'가 대표하는 사람들)의 이해관계와 플랫폼 자본주의로 위협받는 다른 직종 노동자들의 이해관계 사이에 상당한 괴리가 있다. 예를 들어, 런던에서는 '면허 보유

택시 운전사 협회Licensed Taxi Drivers Association'가 우버 운전사들에게 매우 적대적이다. 두 노조가 공동의 전선을 형성할 기반을 찾는다면 강력한 세력이 될 수 있을 것이다. 둘째, 소비자들 쪽의 문제도 있다. 2017년에 런던 교통국Transport for London이 우버 런던 지사의 운영 면허를 갱신해주지 않기로 하자 40만 명이 넘는 소비자들이 이 결정을 번복하라는 청원에 서명했다. 즉 우버, 리프트, 딜리버루 등의 서비스를 이용하는 고객을 노동자들의 투쟁에 동참시키려는 시도는 매우 달성하기가 어렵다. 핵심적인 세 이해관계자(우버화된 노동자, 위협받는 비非우버 노동자, 우버화된 소비자)가 느슨하게라도 연대할 수 있다면 얼마나 많은 일을 이룰 수 있을까?

로봇은 당신의 일자리를 원하지 않을지도 모른다

신자유주의 조직에서 벌어지고 있는 탈공식화에 저항하기 위해 필요한 첫 번째 조건이 연대를 일구는 것이라면, 그다음은 역량과 지식을 일구는 일일 것이다. 이 부분은 디지털 기술의 진보라는 면과 관련해 생각해볼 때 더욱 중요하다. 디지털화와 자동화로 일자리 없는 미래가 오리라는 우려가 많다. 하지만 놀랍게도 인공 지능, 로봇, 기계 학습이 빠르게 발달하고 있는데도 생각보다 일자리가 많이 사라지지 않았다. 오히려 실업률은 서구 국가 대부분에서 비교적 낮은 수준이다. 여기에는 이유가 있다. 자동화는 기술 자체의 내재적 특성에 의해서가 아니라 사회경제적 요인(가령 권력)이 제시하는 방향을 따라 이뤄지기 때문이다. 가령 어떤 직종들은 자동화를 도입하는 게 무의미하다고 생각하는 회사도 많다. 청소, 택시 운전 등이 그런 사례인데, 인간 노동력이 너무 싸서 그렇다. 우버는 '운전사 파트너'들이 노조로 조직화되고 회사에 위협적인 존재가 된 뒤에야 운전사가 아예 필요 없는 테크놀로지를 고려하기 시작했다.[27] 또 어떤 일은 사람 없이는 불가능하다. 콜센터를 생각해보자. 1980년대에 콜센터 때문에 대부분의 서비스 분야에서 일자리가 사라질 것이라는 예측이 있었다.[28] 하지만 오늘날 수백만 명이 콜센터에 고용돼 일하고 있다. 문제는, 인간 노동력이 심각하게 탈숙련화됐고 보수와 직업 안정성도 낮아졌다는 점이다.

자동화가 꼭 일자리 자체를 없애지는 않는다 해도 노동의 탈공식화를 중대하게 촉진하기는 한다. 이는 세 단계로 이뤄진다.

첫째, 디지털화는 인간 노동자의 필요성을 완전히 없애지는 않지만 인간 노동자를 그 작업을 하는 데 필요한 역량에서 분리시킨다.

둘째, 그에 따라 업무 전문성이 덜 요구되면서 그 일자리는 저임금 일자리가 된다. 누구나 할 수 있는 일이 됐기 때문이다. 비정규 노동력과 온디맨드 방식의 계약 노동력을 쓰는 것도 가능해진다. 고용주들에게 이것은 매우 쉬운 선택지다. 앞에서 봤듯이, 이런 방식은 직업을 탈전문화하고, 상사와 '잘 지내는 것'이 노동자들에게 필요 이상으로 중차대한 문제가 되게 만든다.

셋째, 직업의 특질 중 여전히 인간의 몫으로 남아 있는 부분은 그 속성상 매우 사회적이고 주관적인 것이 된다. 예를 들어, 콜센터의 고위 경영자는 기술적인 면에서 이 업무 자체는 누구라도 할 수 있다는 사실을 잘 알고 있다. 그래서 이제 그들의 관심사는 노동자의 태도, 열정, 사회성과 같은 개인적인 특질 쪽으로 옮아간다. 따라서 이런 평가가 종종 도덕적인 언어로 이야기된다. "이 직원은 이 직무에 '옳은' 사람인가?"와 같이 말이다.[29]

영국의 콜센터 경영을 조사한 놀라운 연구에서 조지 캘러헌과 폴 톰프슨은 이들에 대한 성과 평가가 몇 건의 전화를 처리하느냐 혹은 얼마나 잘 처리하느냐뿐 아니라 이들이 어떤 성격을 나타내는가에 의해서도 이뤄진다는 것을 발견했다. 고객 서비스의 '탁월성'을 평가할 때 성격적인 면이 중요한 요인으로 고려되고 있었다.[30] 이런 추세는 일터 환경이 매우 주관적이고 불확실해지는 결과를 낳는다. '태도'는 객관화하거나 중립적인 방식으로 측정하기가 어렵기 때문이다. 여기에는 개인적인 편향이 개입된다. 한 경영자가 팀원들에게 다음과 같이 말한 것이 이를 잘 보여준다.

> 어떤 이들은 타자 속도가 그리 빠르지 못해서 동료들의 평균적인 처리 속도를 따라잡는 데 어려움을 겪을지 모릅니다. 하지만 해결책이 있습니다. (…) 바로 고객 서비스입니다. 이것은 기술이 아닙니다. 이것은 당신 자신입니다. 즉 고객 서비스에 대한 당신의 태도입

니다. 일에 대한 긍정적인 태도, 그리고 당신이 하는 일을 스스로 얼마나 즐기는가에 대한 것입니다.[31]

비행기 조종사, 변호사 등 다른 직종에서도 동일한 경향이 발견된다. 자동화는 신규 변호사의 일자리를 없애지는 않지만 적극적으로 탈전문화한다. 컴퓨터가 법률 문서를 찾고 확인하고 처리할 수 있다면 아직 남아 있는 인간의 일은 '영구 임시직permatemps' 비정규 노동자 군단에 하청으로 발주할 수 있게 된다. 이들은 임금 수준이 낮고 우버 기사들처럼 일을 할 때 자신의 자원과 시간을 사용하도록 강제된다. 미국의 프리랜서 변호사들에 대한 로버트 브룩스의 연구가 이를 잘 보여준다.[32] 많은 젊은 변호사들의 노동 과정이 (특히 기존 문헌 검토와 같은 반복적인 업무에서) 지난 몇 년 동안 탈숙련화, 반자동화됐다. 한 변호사는 이 업계에 들어오기 위해 기껏 그 오랜 세월을 교육받았는데 지금 자신은 '미화된 데이터 입력자'나 마찬가지라고 말했다.[33] 이 책 전체에서 살펴본 모순 관계가 여기에서도 발견된다. 한편으로 이 일자리는 극히 기계화되고 합리화됐다. 시간당으로 돈을 받는다는 것은 일하는 시간의 모든 면이 계산되고 설명돼야 한다는 의미다. 하지만 다른 한편으로 공식적으로 계산에 들어가는 시간 외에 무보수로 수행하는 노동과 준비 작업이 상당히 많이 필요하다. 그 결과, 장막 뒤에서 정교한 비공식 경제가 펼쳐진다. 사무실에서는 엄격한 권위 구조가 캐주얼한 비공식성과 결합한다. "첫날에는 모두 양복을 입었어요. (…) 하지만 다음에는 더 일상적인 옷을 입었죠."[34] 그다음에는 괴롭힘이 시작된다. 한 비정규직 변호사는 높은 파트너 변호사가 갑자기 사무실에 들어오더니 "이 멍청한 놈들!"이라고 소리를 질렀다고 했다.[35] 사무실에 있던 사람들은 묵묵히 그것을 견딜 수밖에 없었다.

탈숙련화는 해당 업계나 해당 일터에 팽배해 있는 불평등한 권력 관계를 반영하는 것일 뿐이다. 이것은 기술의 혁신이나 진보의 과정에서 불가피하게 발생하는 결과와는 별로 관련이 없다. 따라서 준자동화가 일으키는 탈공식화에 맞서려면 노동자들 사이에서 숙련이 다시금 육성되고 보호돼야 한다. 한 가지 방법은, 고용주 입장에서 노동력이 싸서가 아니라 자동화 도입이 유발할 분쟁 때문에 자동화 도입이 가치를 지니지 못하게 만드는 것이다. 이는 다시 연대라는 주제로 이어진다. 런던 지하철이 좋은 사례다. '철도항만운수노조Rail, Maritime and Transport, RMT'는 파업이 잦은 편이고 그때마다 지하철이 운행하지 않아 도시가 혼란에 빠지곤 한다. 이런 이유로 오랫동안 당국자들은 곧 자동화(열차자동운전장치Automatic Train Operation 등)를 도입하겠다고 약속했다.[36] 하지만 노조가 탄탄하고 강한 협상력을 가지고 있기 때문에 자동화의 장기적인 이득은 자동화 도입이 불러올 동요와 저항을 상쇄하기에 충분치 않다. 적어도 지금으로서는 그렇다.

내 주장은 러다이트가 되자는 말이 전혀 아니다. 기계를 부수자는 게 아니다. 기술은 좋은 것이다. 내가 말하고 싶은 것은 이 논쟁에 노동자의 관점을 부여할 필요가 있다는 것이다. 로봇과 인공 지능이 일자리를 모조리 없앤다면 우리는 여가와 놀이의 유토피아를 요구해야 한다. 하지만 노동이라는 행위가 '제2의 기계 시대'[디지털 시대]에도 사라지지 않고 지속될 것이라면, 특정한 일자리를 자동화하는 것이 **가치가 있느냐 없느냐**라는 질문은 고용주 입장에서만 판단해서는 안 된다. 노동자들도 해당 일자리가 주는 경제적 안정성, 그 일이 이뤄지는 노동 조건, 그 조건이 허용하는 창조적 환경 등과 관련해 그것이 **할 만한 가치가 있는** 일인지 아닌지 결정할 수 있어야 한다. 그렇게 되려면 우리는 시장 개인주의와 화폐의 지배에만 전적으로 토대를 두고 있는 사회를 넘어서야 한다. 보편기본소득 같은 정책이 도움이 될 수 있을 것이다. 또한 우리가 기술을 급진적으로 재소유하는 것도 꼭 필요하다.

괴물이 되는 것에 관하여

이제 정치적 거버넌스와 개인적인 일터의 관점 모두에서 연대와 숙련을 국가, 법, 행정 관료 조직이라는 더 큰 배경에 놓아볼 필요가 있다. '자유시장' 실험이 사회 전체를 재구성하는 데 사용됐을 때, 대체로 그 결과는 사회경제적 재앙이었다. 상세한 내용은 이미 여러 저술에서 다뤄졌으니 여기에서 또 반복하지는 않겠다.[37]

이 책의 주제와 관련해 짚어야 할 것은, 하이에크의 법 형식주의가, 경제에서 사적인 비공식성의 영역이 점점 넓어지는 현상을 가려주는 역할을 한다는 것이다. 밀실의 협상은 일상적인 일이 됐다. 관료적 절차가 존재하지 않고 더 개인적인 관계에 기반하고 있어서 '더 인간적'이라고 여겨진 일자리들은 종종 윌리엄 골딩의 《파리 대왕》에서 튀어나온 것 같은 장면을 연출한다. 이 그림에 권력과 소득의 불평등을 더하면 '더 인간적인' 것과 나치의 만행 같은 비인간적인 것 사이의 구분이 무섭도록 희미해진다. 브라질 소설가 클라리시 리스펙토르가 "때때로 이렇게 자문해보지 않은 사람이 있을까? 내가 괴물인가? 아니면 이것이 인간인가?"라고 물었을 때, 바로 이런 모호성을 이야기한 것이 아니었을까?[38]

나는 이것을 **과도한 인간화**라고 부르고자 한다. 이것은 숫자에 집착하는 조직들(재정적인 압박이 인간 군상을 동물적인 상태로 만드는 경향이 있는 조직들)에서 우리가 너무나 많은 '인간적인' 요인에 압도됐을 때 발생한다. 친親시장적인 정부가 본질적인 국가 서비스를 기업의 한 사업부처럼 생각하거나 기업에 아웃소싱할 때 바로 이런 모습을 볼 수 있다. 여기에서 기대되는 바는, 하이에크가 말한 대로 탈인간적인 '금전에 기반한 결합'이 익명화의 효과를 가져오리라는 것이다. 효율성과 적법 절차가 가장 중요시되는 환경에서라면 이런 익명화는 매우 중요하다. 가령, 현금은 감정적으로 거리를 두도록 유도하므로, 공공사업을 수행할 때 공평무사의 원칙이 발휘될 수 있게 해준다. 하지만 이것은 현실에서 실제로 벌어지는 일이 아니다. (양적인 책무성만이 아니라) 질적인 책무성을 강제하는 규제 당국의 감시가 사라지고 나면(이제는 민간 비즈니스와 비슷하니까 그런 감시가 사라진다), 비공식 영역은 가차 없이 확장되고 그 안에서는 무슨 일이든 일어날 수 있게 된다.

런던 개트윅 공항 활주로 바로 옆에 있는 '브룩 하우스' 이민자 추방 센터에서 일어난 일이 이를 잘 보여준다.[39] 이곳의 업무는 다국적 기업 G4S로 아웃소싱됐고 이 기업은 이곳을 영리 기업처럼 운영했다. 2017년 8월에 이곳의 실태에 경악한 한 직원이 몰래 동영상을 촬영해서 꽉 닫힌 장막 뒤에서 무슨 일이 있었는지가 언론에 폭로됐다. 여기에 담긴 것은 단순히 시스템상의 혼란과 무능만이 아니었다. 이민자 센터 직원들이 "구금된 사람들을 조롱하고 학대하고 폭행을 휘두르기까지" 했다.[40] 이 문제는 하이에크나 스티브 힐턴이 말한 것처럼 관료적 절차와 규제에 따른 사전 점검이 과도해서 생긴 것이 아니다. 오히려 그런 절차와 규제가 **너무 적은 것**이 문제였다. 우리는 법적 형식주의(법적인 도구, 위임 입법, 규제 법률 등)를 되찾아야 하고 그것을 수행할 조직 형태를 갖춰야 한다. 즉 우리에게는, 그렇게나 조롱받았던 관료제가 필요하며 고용 분야에서는 더욱 그렇다.

이와 관련해 두 가지 중요한 질문을 해볼 필요가 있다.

첫째, 현 상황에서 **새로운** 입법이 이뤄져 고용주 쪽으로 막대하게 치우친 현 권력 관계의 균형을 다시 잡고 노동 대중의 이해를 확장할 수 있을 것인가? 성문화된 법률을 새로 만든다 함은, 현 상태에 도전하는 것을 정치적 기득권에게 의존해야 한다는 말이 된다. 정당 민주주의, 대의제 민주주의가 해방적으로 기능할 가능성에 대해서도 비슷한 문제 제기를 할 수 있다. 이런 일의 전망에 대해, 혹은 이와 관련된 사법 행동주의 같은 방식의 전망에 대해 회의적인 견해를 가진 사람도 있을 것이다.

둘째, **기존의** 법률(그리고 판례와 보통법)이 긱 이코노미 등에서 횡행하는 착취를 막는 데 사용될 수 있을 것인가? 캘리포니아에서 이뤄진 우버 소송은 약간의 희망을 준다. 노동자들은 먼저 집단적으로 뭉쳤고, 과도한 개인화를 촉진해온 동일한 법적 장치를 이용해 저항했다. 궁극적으로 이 집단 소송은 플랫폼 경제 전체에 충격파를 주고 더 계몽된 고용 관행을 촉진할 수 있을지 모른다.

노동자를 배신한 사법 체제

그런데 여기에 문제가 있다. 이 문제는 현행의 국가 제도, 국가의 준자율적인 법적 기구들, 그리고 해방적 변화의 잠재력 사이의 관계와 관련이 있다. 왜 이들 사이의 관계가 중요한 문제를 제기하는지 알아보려면 다음의 질문을 던져볼 필요가 있다. 지난 40년간 전적으로 신자유주의화돼버린 법 체제(사법과 입법 모두 포함해서)를 우리가 과연 신뢰할 수 있을까?

앞서 우리는 시카고학파 법학자들이 법리와 법철학을 거대 기업에 유리하게 막무가내로 휘두를 수 있는 도구로 바꾸는 데 크게 기여했음을 살펴봤다. 가령, '작은 정부주의자' 리처드 엡스타인 같은 보수 법학자들은 불법 행위에 의한 피해 보상법, 조세법, 재산권법 등을 부유한 사람들에게 유리하도록 지속적으로 바꿔왔고 그 과정에서 법리와 법철학을 재구성했다. 우리가 다뤄야 하는 상황이 어떤 것인지 감을 잡기 위해 다음을 생각해보자. 엡스타인은 자신이 **자본주의**라는 단어 자체를 믿지 않는다고 말했다. 카를 마르크스가 만든 용어이기 때문이다.[41] 또 엡스타인은 토마 피케티의 유명한 불평등 연구와 그가 제시한 설득력 있는 증거를 비판하면서 이렇게 말했다. "내 목적에서, (그 자료가) 진실인지 아닌지는 중요하지 않다."[42] 이렇게 생각하는 사람이 세계에서 가장 영향력 있는 법학자다.

자유지상주의자들이 법학을 도용하면서 OECD 국가 전역에서 고용 관련 법이 크게 후퇴했고, 사람들은 노동계의 이익을 증진시키는 데 법정 싸움이 가장 유용한 수단이라는 생각에 의문을 품게 됐다. 캘리포니아의 우버 소송처럼 긍정적인 전망을 보여준 몇 가지 성공 사례도 있지만, 현재로서는 그런 전망이 우스개로 끝나버릴 가능성 또한 적지 않아 보인다. 첸 판사가 원고 측에 유리하게 판결해주긴 했지만 곧 상대방인 우버 측으로부터 새로운 법적 싸움이 제기됐다. 임의 조정 조항에서 '나가기로' 선택하지 않았던 운전사들의 경우에는 이 집단 소송이 무효라는 주장이 제기된 것이다. 2016년에 제9항소법원이 내린 판결에 따르면 (임의 조정을 벗어나 집단 소송이 사용됐을 경우) 첸 판사는 의무적인 임의 조정의 합의 사항에 대해 집행 불가 결정을 내릴 권한이 없다. 그렇다면 그의 판결은 강제력이 없게 되고 예전의 임의 조정 합의에 서명을 했거나 개정된 임의 조정 조항에서 '나가기로' 결정하지 않았던 운전사들은 집단 소송에 참여하는 것이 불가능해진다. 그들은 개별적으로 임의 조정 과정을 통해 홀로 싸워야 한다.[43] 그러면 집단 소송 참가자가 수만 명에서 300명 정도로 크게 줄어들 수도 있다. [이 글을 쓰는 현재] 이에 대해서는 아직 2심 법원의 결정이 나오지 않았고 언제 나올지도 알 수 없다. 그리고 집단 소송이 성공해 운전사들이 과거 비용은 보상받는다 해도 이 합의에는 노동자들이 앞으로도 계속 자가 고용으로 분류돼야 한다는 조항이 담길 것이 거의 틀림없다.

캘리포니아에서 리프트 운전사로 일하는 패트릭 코터의 사례를 보자. 그는 2013년에 샌프란시스코에 본사를 둔 리프트에 대해 전국적인 집단 소송을 제기했다. 그러나 이 소송은 캘리포니아주 운전사 9만 5000명만 포함하는 것으로 규모가 줄었다. 그는 소송에서 리프트 운전사의 '독립 계약자' 지위가 오도의 소지가 있으며 회사 측이 가솔린 및 유지 비용을 지출할 책임이 있다고 주장했다. 리프트는 1200만 달러의 합의금을 제안했는데 1심 법원의 빈스 차브리아 판사뿐 아니라 '우버, 리프트, 팀스터 차량 공유 노조 연맹'도 이 합의안에 반대했다. 잠재적인 총피해액보다 훨씬 낮은 금액이었기 때문이다.[44] 2017년 4월, 이들은 2700만 달러에 합의했다. 그러나 그 합의하에서 운전사들은 여전히 자가 고용으로 분류됐고 따라서 독립 노동자 지위가 야기하는 모든 문제는 여전히 미해결로 남게 됐다.[45] 한 논평가는 이 결과를 다음과 같이 간단하게 평했다. "리프트가 꽤 가볍게 넘어간 것으로 보인다."[46]

2017년 11월에 런던의 딜리버루 노동자들이 제기한 소송도 결국 후퇴했다.[47] '독립 노동자 노조'는 딜리버루 배달 기사들이 직원 처우를 받아야 한다고 주장했다. 하지만 판사는 배달 노동자의 역할이 '대체 가능'하므로 독립 고용인이 맞다고 판결했다. 그들이 회사의 유니폼을 입어야 하고, 딜리버루 외에 다른 회사의 일은 하지 못하는 것 등은 고려하지 않고 말이다. 물론 이 판결을 두고 논란이 일었다. 한 노조 인사는 이 판결이 "배달 기사가 자기 대신 배달해줄 사람을 구할 수 있다는 이유만으로 딜리버루의 저임금 노동자들이 기본적인 보호를 받을 권리가 없다"고 가정하고 있다고 비판했다.[48]

사법 체제가 노동자를 배신한 사례는 그 밖에도 많다. 시애틀 시는 조례를 통해 우버와 리프트 노동자들이 노조를 결성할 수 있게 허용했지만 미국의 연방거래위원회FTC와 미 법무부에 의해 제지됐다. 물론 뒤에는 우버가 있었다. 이들은 가격 고정 담합을 금지하는 반독점법 조항을 이용해 반대 논리를 폈는데, 운전사들이 독립 사업자이기 때문에 이들이 노조를 결성하면 독점적 담합에 해당한다는 것이었다.[49] 1890년의 셔먼법과 1914년의 클레이턴법 등에서 보듯 미국의 반독점법은 원래부터 노동자들을 반독점법 적용 대상이 아니라고

봤고 여기에는 충분히 그럴 만한 이유가 있었다.[50]

노동자들에게는 반독점법이 적용되지 않는다는 개념은 헨리 시몬스, 프리츠 매클럽 등이 노조도 반독점법의 적용을 받아야 한다고 주장하면서 이르게는 1940년대부터 극우 사상가들에 의해 희석되기 시작했다.[51] 시카고학파의 초창기 경제학자 프랭크 나이트는 이렇게까지 주장했다. "현재까지 최악의 독점적 제약은 조직된 임노동자들이 일으킨 것들이다."[52] 하지만 그 시절에도 이런 주장은 좀 이상한 것으로 여겨졌다. 반독점법은 노동자와 소비자와 소규모 기업 소유자를 거대 기업의 횡포로부터 보호하려는 것이지 거대 기업을 지원하기 위한 것은 아니었기 때문이다. 그러나 불행히도 프랭크 나이트의 관점이 (하이에크 등을 거쳐) 이제는 법적 논변의 전면으로 부상했다. 이는 오늘날 긱 이코노미 노동자들이 처한 상황이 얼마나 안 좋은지를 단적으로 보여준다.

서구 법철학의 첫 번째 원칙 중 하나는 **죄형 법정주의**다. 법이 없으면 처벌도 없다는 것이다. 하지만 이 원칙은 거의 모든 지배 권력에 의해 남용돼왔다. 어떻게 그럴 수 있었을까? 이 원칙은 본질적으로 '시점'과 관련이 있다. 한때는 합법적이었다고 여겨진, 아니면 아예 합법이냐 불법이냐가 고려되지 않았던 행위를 범죄화하기 위해 과거로 소급해 입법이 이뤄져서는 안 된다. 오늘날 기준으로는 얼마나 악한 행위로 보이든 상관없이, 과거에 법이 고려하지 않았던 비非의도적인 활동들에 관여한 사람들은 보호받아야 한다는 것이다. 하지만 미래에 대해서는 어떤가? 미래는 '법을 초월해 존재하는 사냥터'가 된다. 법과 규율이 없는 상태로 기업 포식자가 어슬렁거리는 세계, 알고도 저지르는 의도적 행위가 지배하는 세계 말이다. (기업들은 아직 그 행위를 규율하는 법이 없다는 것을 잘 알고서, 이를 악용해 여러 문제적인 행위를 저지른다.) 많은 면에서 우버 같은 기업은 실로 탈법정주의의 혁신가라 할 만하다. 그리고 다른 모든 기업도 이들의 혁신을 따라하려 한다.

그리고 국가는 이것을 허용한다. 많은 국가가 기본적으로 **자본주의적 국가**이기 때문이다.[53] 국가는 스스로를 무장 해제함으로써 기업의 기득권을 거의 자동적으로 보호하고 촉진한다. 처음에는 법적인 승리로 보였던 것이 알고 보면 원래의 문제들을 계속해서 유지시키는 조건들을 포함하는 경우도 왕왕 있다(자가 고용이라는 범주도 그런 사례다). 때로는 상황을 악화시키는 조건들을 포함하기도 한다.

일례로, 2016년에 프랑스가 온라인으로 계속해서 이런저런 요구 사항을 쏟아내는 고용주들과 이메일의 압제로부터 노동자들을 해방시켜줄 새 법을 입안했다는 내용이 널리 보도됐다. 〈오후 6시부터 오전 7시까지는 업무 이메일 발송 금지〉와 같은 제목과 함께 많은 기사가 나왔다.[54] 하지만 이 조치에 담긴 더 암울한 현실은 보도되지 않았다. 이 법은 단지 노동자들이 이메일 사용을 고용주와 **협상하도록** 허용했을 뿐이었고, 따라서 탈공식화 과정을 연장한 것에 불과했다. 그리고 동일한 개혁에 고용주가 노동자를 더 쉽게 해고할 수 있게 하는 내용이 있었는데, 이 부분은 언론의 주목을 별로 받지 못했다. 이메일에 대해서는 "프랑스, 기업의 이메일 사용을 금지하다"라고 대대적으로 보도했으면서 말이다. 노동자가 '퇴근 후에는 온라인으로 회사 업무와 연결되지 않을 권리'에 대해 각자 개별적으로 기업과 협상하게 됐을 때, 홀로 임하는 노동자가 무심한 상관과 마주하고 앉아서 어떤 협상을 할지는 불을 보듯 뻔한 일이다. 특히 프랑스처럼 실업률이 10%에 달해 있는 상황에서는 더욱 그럴 것이다.

미묘하게 X 먹이는 기술

국가와 법철학에 대한 추상적인 논의에서 시작해 아래로 내려가기보다 '공공 영역'에 대한 논의에서부터 위로 올라가는 게 더 유용할 것 같다. 이제 우리는 시장 개인주의가 사회적 영향을 개인화하고 **일반적인** 공공 행위자를 오늘은 당신을 좋아하지만 내일은 싫어할지 모르는 **특정한** 상사로 대체하기 위해 트로이의 목마처럼 작동한다는 것을 알고 있다. 이것의 주된 매개는 화폐지만, 모든 수준에서 사회적인 무언가가 '추가로' 작동한다. 미시적 수준에서도(괴롭힘, 희롱 등), 개인의 수준에서도(스트레스, 걱정 등), 신체의 수준에서도(고혈압 등) 그렇다. 우리가 오늘날 반드시 목표로 삼아야 할 임무는 공공 영역을 근본적으로 탈개인화, 탈사적영역화de-privatize하는 것이다. 그러려면 먼저 투명성을 담지할 수 있는 구조가 확립되어야 한다. 개인이 실제로 처해 있는 구체적인 환경이 '합당한 환경은 어떤 것이어야 하는가'에 대한 '일반화 가능한 규범'들과 연결될 수 있어야 하는 것이다. 그런데 신자유주의에서 이 연결은 침투적인 '오지랖 국가'가 가로채 개인의 권리를 박탈하는 방향으로 사용했다.[55] 이제 '일반 지성'(다른 이들과 연대하는 것, 특히 다른 이들이 고용 환경에서 처한 운명과 연대하는 것이 나의 공통된 이해관계이기도 하다는 인식)은 단기적이다. 지나가고 나면 나는 다시 혼자다. 다른 이들도 다 그렇다. 모두가 '집합적인 고립의 상태'에 있는 셈이다.

앞에서 언급한 저항 전략의 측면에서, **급진적 관료제**는 '권리의 분자적 유대' 같은 것을 형성할 수 있는 틀을 제공함으로써 개인의 이해관계를 (우리를 억압하는 방식으로가 아니라) 우리의 역량을 강화해주는 방식으로 공공의 이해관계와 다시 연결해줄 수 있을 것이다. 영국에서는 '공공재'라고 하면 대번 부서진 전화 부스가 떠오르는데(런던에는 부서진 전화 부스가 아주 많다) 이 이미지는 '공유지의 비극' 유의 메시지를 실어 나른다. 어떤 자산이나 서비스가 사적 소유하에 있지 않으면 아무도 그것을 신경 써서 관리하지 않으리라는 것이 '공유지의 비극'이 말하는 메시지다. 하지만 이런 식의 사고는 모든 것에 대해, 심지어 우리의 자아에 대해서까지 우리 마음속에 '사유 재산'이라는 황금 공리를 심어놓기 위해 오랫동안 벌어져온 이데올로기적 운동의 결과다. 급진적 관료제, 혹은 민중의 관료제는 이를 역전시키고자 하며, 이 목적에 부합하는 다섯 가지 특징을 갖는다.

첫째, 관료는 냉정한 기업 경영자처럼 행동하지 **않는** 것에 대해 보상을 받을 것이다. 이는 현재 벌어지고 있는 상황과 반대다. 누진세 정책과 함께, 급진적 관료 기관들은 없어서는 안 될 본질적인 제도와 인프라에 대해 민중 기반의 소유권을 가능하게 할 모든 방법을 강구하는 것을 임무로 삼게 될 것이다. 규모가 커서 관료제가 나쁘다는 개념은 겉으로만 그럴싸해 보인다. 명백히 시민 지향적인 공공 조직들에 자금이 잘 지원된다면 오늘날 사회의 모든 부분을 장악하고 있는 지루한 거대 기업이나 활력 잃은 국가 기관보다 **훨씬 더** 필요에 잘 반응하고 혁신적이며 민첩한 기관이 될 수 있다. 급진적 관료 조직은 강력한 사회적 목적을 가질 것이고(3장에서 화재 방지 규제에 대해 논의한 부분을 참고하라) 이것은 법에 반영될 것이다. 하이에크에 따르면 이것은 위험한 일이다. '여론'이 개입되면 당국자들이 당파적, 편향적이 될 수밖에 없기 때문이라는 논리다.[56] 한마디로 그의 우려는 경제가 정치화될지 모른다는 것이다. 하지만 이 주장은 삶을 관리하는 것과 그러한 관리의 민주적 형태에서 공공 영역이 **이미 분리돼 있다고** 가정하고 있다. 그리고 앞에서 살펴봤듯이 이런 분리 자체가 정치의 개인화로 귀결돼 경제가 우리를 밀착적으로 괴롭히도록 방치한다. 또한 하이에크는 몇몇 사회적 어젠다는 정부의 행동이 임의적이고 자의적이 되게 만든다고 우려했는데, 이것이야말로 바로 지금 1%만의 이익을 위해 일어나고 있는 일이 아닌가?

둘째, 급진적 관료제에 기반한 공공 기관은 내재적으로 민주적이고 책무성을 가질 것이다. 우리는 공공 기관에 대한 신뢰를 훼손하기 위해 오래도록 벌어져온 더러운 전쟁을 물리쳐야 한다. 물론 당국자들이 드러낼지 모를 바람직하지 않은 종류의 경향에 대해 예의 주시할 필요는 있다. 그렇지 않으면 일찍이 막스 베버가 이야기한 것처럼 피통치자들에게만 관료제의 평준화 효과가 발생하고 "관료적 수완이 있는 지배층은 과두 귀족 같은 위치를 차지하게 될지 모른다."[57] 하지만 이런 일은 있을 수 있는 일이긴 해도 불가피한 일은 아니다. 앞에서 언급했듯이, 우리가 무엇을 어떻게 하든 관료제는 늘 독재적이 된다는 몹시도 보수적인 견해를 피력한 사람은 사실 [베버가 아니라] 베버의 제자 로베르트 미헬스다.[58] 그리고 이 메시지를 공공 선택 이론 같은 것으로 한 번 더 거르고 나면, 신자유주의는 국가를 축소하고 자본주의적 개인주의를 촉진해야 한다는 주장을 정당화하는 논리를 갖게 된다.[59] 하지만 공직자에 대한 이런 견해(그들이 오로지 자기 이익을 위해 권력을 잡고자 투쟁하는 사람들이라는 견해)는 지나치게 냉소적이지 않은가? 경제학자 아마르티아 센은 다음과 같은 가상의 시나리오로 제임스 뷰캐넌 등 신고전파 경제학자들이 세계를 보는 관점을 비판했다.[60] [그들이 말하는 세계에서는] 낯선 사람이 새 도시에 방문해서 현지인에게 기차역에 가는 길을 물어보면 현지인은 "물론이죠"라고 대답하고 기차역 반대 방향인 우체국 쪽을 가르쳐주면서 "가시는 길에 이 편지 좀 부쳐주시겠어요?"라고 부탁할 것이다. 그러면 낯선 사람은 "물론이죠"라고 대답하면서, 속으로는 '골목을 돌아가면

편지 봉투 안에 뭐 훔칠 게 있나 봐야지'라고 생각할 것이다.

셋째, 우리는 공공 조직이 구식이고 기술적으로 적절하지 않으며 문화적으로 밋밋하거나 창조적이지 않다는 신화를 전적으로 거부해야 한다. 그런 공공 조직도 있겠지만, 대개는 자유시장주의 정치인들 때문에 예산이 대거 삭감돼서 그렇게 된 것이다. 그런 정치인들은 공공 기관의 집합적인 임무를 질식시켰다(가령 미국 환경보호청은 "사기가 떨어졌고 걱정이 많아졌고 과학은 질식됐고 많은 업무가 마비됐다").[61] 그리고 더 자세히 보면 그 신화는 사실과 맞지 않는다. 가장 혁신적이고 창의적인 발명은 '기업가적 국가'에서, 즉 공공 투자의 동학에서 생겨났다.[62] 사실 혁신이 멈추는 곳이 어디인지 알고 싶다면 기업 분야에서 더 좋은 사례를 찾을 수 있을 것이다. 페이스북이나 아이폰의 겉보기 현란함에 속아서는 안 된다. 1960년대와 1970년대에는 모든 이들이 2018년은 로봇의 발달로 인류가 고된 노동과 비참함에서 해방된, 미래주의적인 꿈의 세계일 것이라고 예상했다. 하지만 [이 글을 쓰고 있는] 2018년인 지금 우리가 가지고 있는 것은 '댄디 던전 Dandy Dungeon' 비디오 게임이지 날아다니는 자동차나 민주화된 의료가 아니다. 데이비드 그레이버가 한탄했듯이 현실은 과학 소설의 베타 버전이 됐다.[63] 주로는 기업 복합체가 투자에 미쳐온 영향 때문이고 돈에 쪼들리는 국가가 시장의 힘에 고개를 숙이고 있기 때문이다.

네 번째 특징은, 민중의 관료 기구에 어떻게 자금을 지원할 것인가와 관련이 있다. 그 돈은 어디에서 마련하는가? 이와 관련해 재정

긴축주의자들이 만들어놓은 거대한 오해가 있다. 바로 국가 재정이 가계 예산과 비슷하다는 오해다. 하지만 이 둘은 다르다.[64] (자본주의적 긴축 정책의 신조대로) 흑자 재정을 펴기로 결정하는 정부는 정부가 공동체에 제공하는 것보다 공동체에서 더 많은 것을 뽑아가겠다고 말하는 격이나 다름없다. 다른 말로, 정부의 재정 흑자는 일반적으로 민간 부채를 일으킨다. 이 대목에서 당신의 신용카드가 등장한다. 그뿐 아니라, 정부는 돈을 창출하거나 채권을 발행하거나 중앙은행의 메커니즘(양적 완화)을 이용할 수 있지만 당신과 나는 집에서 그렇게 할 수 없다.[65] 정부로서는 무제한의 추상인 것[화폐]이 우리에게는 매우 한정적인 자원이다. 그리고 그 추상은 바로 그렇게 하라고 고안된 것이다. 그 때문에 돈은 신화를 창출하는 막대한 원천이기도 한데, 가령 '확장적 긴축 재정expansionary fiscal contraction'[어떤 상황에서는 정부 지출을 대폭 줄이는 것이 향후의 조세와 정부 지출에 대한 민간 행위자들의 예상에 영향을 미쳐서 민간 소비를 증가시켜 결국 전체적으로 경기가 확장되는 효과를 가져올 수 있다는 이론.–옮긴이] 같은 수상쩍고 실패한 이론과 결합할 때 그렇다. 어떻든 간에, 공공 지출은 미래에 대한 투자이지 자원을 낭비하는 것이 아니다. 이런 투자는 혁신을 가능하게 하고 생산성의 기초가 되는 혁신의 조건들을 만들어낸다. 일단 우리가 '균형 재정'의 신화를 벗어버리면 보편기본소득 같은 정책이 가능해지고 이것은 징벌적인 복지보다 돈이 덜 들 수 있다. '급진적 관료제'의 원칙을 따르는 기관들에 사회적 재화를 창출하고 더 많은 사람을 포괄할 수 있는 방식으로 재정을 지원하는 것은 그리 어려운 일이 아니다.

마지막으로, 급진적 관료제 혹은 민중의 관료제 기관에서의 일자리와 고용은 지금과 매우 달라야 한다. 이들의 노동은 준공공적 성격을 원칙으로 규율돼야 한다. 우리의 존재 전체를 개인화해 사적 영역에 내맡겨버리는 '선택의 미시적 파시즘'은 사라져야 한다. 이런 면에서 공공 영역의 사적 영역화는 우리에게 **인간의 자유**(그리고 아마도 **인간 자체**)가 무엇을 의미하는지에 대해 진지하게 다시 생각하게 해준다. 신고전파 경제학의 도그마로부터 물고문을 너무 오래 받은 나머지 우리는 자유가 전적으로 사적이고 개인적인 문제라고 믿게 됐다.[66] 관료제가 (그리고 대처가 허황되게 말한 바에 따르면 심지어 사회 자체가) 개인의 선택, 자유 의지, 다양성을 질식시킨다고 말이다. 다음 장인 결론에서 나는 이와 다르게 생각할 수 있는 길이 있음을 보여주고자 한다.

결론

덜 인간적인 경제를 향하여

모든 이가 집을 에어비앤비에 내놓고, 노동자 대다수가 제로 아워 계약으로 병가나 유급 휴일 없이 24시간 대기 상태로 일하며, 모든 자동차 소유자가 우버 운전사여서 끊임없이 서로에게 평가받는 사회를 상상해보자. 개인적인 연출만이 당신의 구직을 보장할 수 있고, 와인스틴 같은 상사, 즉 당신이 '무언가'를 반대급부로 줘야만 당신을 도와줄까 말까 한 상사들이 도처에 가득한 사회를 상상해보자. 사적인 개인주의가 2단계, 3단계, n단계로까지 심화돼서 공공 영역이 존재하지 않는 사회를 상상해보자. 정부의 보호가 없는 사회를 상상해보자. 규제적인 기준도, 민주적인 책무성도 거의 없는 사회를 상상해보자.

이것이 우리의 미래인가?

명백히 현재의 사회경제 질서는 안 좋은 방식으로 구성돼 있다. 그런데 더욱 우려스러운 사실은 이 책에서 묘사한 경향들이 아직 다 펼쳐진 게 아니라는 점이다. 그것을 바로잡을 조치들이 취해지지 않는다면 상황은 한층 더 악화될 것이다.

한 가지 이유는 신고전파 경제학의 토대와 관련이 있다. 하이에크와 프리드먼은 본질적으로 유토피아적 사상가다. 그들은 글로는 완벽해 보이지만 현실에서는 실현 불가능한 추상적이고 이론적인 세계를 구축하고 있다.[1] 유토피아 사상이 대체로 그렇듯이, 황금의 꿈(이 경우에는 자유시장 개인주의의 이상향)을 달성하는 데 실패해도 신념은 꺾이지 않는다. 실패에 직면하면 진정한 신도들은 그저 더 열심히 노력한다. 계속 또 계속. 우려스러운 부분은, 하이에크의 유토피아에는 **현실 속의 실제 인간**이 거의 등장하지 않는다는 점이다. 유토피아의 어원 그대로, 정말 '어디에도 없는 곳'인 것이다. 시카고학파에서 쏟아져 나온 수식과 공리들을 보면 현실에서 숨 쉬고 살아가는 인간은 거추장스러운 존재로 보일 정도다.

그렇다면, **사람을 빼놓은** 원리가 현실의 구체적인 일터에서 펼쳐지면 어떻게 될까? 유토피아는 금세 섬찟한 무언가로 바뀐다. 유럽의 거대 투자은행 UBS가 최근 내놓은 구조 개편 계획에서 익명성, 자유로운 행위자, 사적 개인주의를 강조하는 하이에크적 비전이 현실에서 어떤 모습으로 나타날지 약간의 힌트를 얻을 수 있다.[2] UBS의 구조 개편을 보도한 《뉴욕타임스》의 기사 제목은 "노트북도, 전화도, 책상도 없다"였다. 대개의 사무실에서는 시간이 지남에 따라 책상과 주변 공간이 그 자리를 사용하는 노동자 개개인에게 '소유'되지만(가령, 가족사진, 젓가락, 아이 그림 등이 붙어 있다) UBS의 고위 경영진은 무언가 다른 것을 시도해보기로 했다. 새 환경은 전적으로 거래적이고 이동성이 있도록 디자인될 것이었다. '사람들이 날마다 한데 모여 일하는 공간'이라는 것을 생각할 때 으레 떠올려지는 사회적 투자도 존재하지 않을 것이었다. 직원들은 정해진 책상을 갖지 않을 것이었다. 그들은 전화기가 아니라 헤드셋을 끼고 일할 것이었다. 어디서든지 회사 시스템에 로그인할 수 있으므로 특정한 사무실 공간에 물리적으로 묶여 있지 않아도 될 터였다. 어떤 것도 고정돼 있거나 반복적인 루틴으로 설정돼 있지 않을 것이었다. 이것은 정태적인 집단 규범을 피하려 하는 개인주의적 정신을 구현하는 것이다. 사람들은 프로젝트별로 여전히 '함께' 일하겠지만 이런 공동 작업은 독립 계약자들의 일처럼 지속적으로 임시적이고 불규칙적인 방식으로 이루어질 것이었다. 이 회사의 이사는 새로운 정책을 이렇게 설명했다. "늘 하나의 환경에서 책상에 묶여 있는 것은 노동자를 제약합니다."[3] 또 다른 임원은 새 시스템의 장점을 이렇게 설명했다.

> 함께 일하고, 서로와 이야기를 나누고, 더 민첩한 방식으로 일을 할 수 있게 됩니다. 사람들은 더 이상 일하는 환경에 얽매이지 않게 될 것입니다.[4]

분명히 하이에크도 동의했을 것이다. 이것은 경제가 어떻게 작동해야 하는가에 대해 그가 그린 극단적인 그림을 보완해준다. 여기에서 사람들은 사회적으로 화석화되거나 범주화 가능한 '집합'으로 속해 들어가지 않고, 자율적인 (그러면서도 상호 작용을 하는) 노마드로서 다음번의 시장 기회가 있는 곳으로 움직인다. 이들은 완벽하게 거래적이며 다른 것에 대해서는 거의 관심을 보이지 않는다. 하이에크의 저서 《노예의 길》에서 볼 수 있듯이, 상업의 영역에서는 가정 같은 확실성이나 공동체의 유대감 등이 존재할 수 없다.[5] 인간적인 유대는 비효율적이며 곧 전체주의로 이어지기 마련이다.

하지만 여기에 문제가 있다. 하이에크가 그린 완벽한 금전 익명성의 비현실적인 유토피아는 현실에서 매우 인간적인 결과를 낳는다. 물론 그의 주장은 노동자들을 각각 고립시켜 규제적 국가의 시야에 보이지 않게 하는 데 일조했다. 하지만 그 결과로 고용주와 직원이 서로에게 보이지 않게 됐는가? 그렇지 않다. 오히려 그 반대다. 이것은 몇몇 신자유주의 비판자들이 말하는 탈사회화의 문제가 아니다. 그보다 이것은 '사회적인 것'이 의미하는 바가 대대적으로 달라진 것의 문제다. 시스템의 안 좋은 점은 스스로 알아서 해결하도록 개인에게 전가되고(빚, 스트레스, 우울증, 이혼 등등), 개인들의 좋은 점은 그 동일한 심장 없는 시스템이 빠르게 흡수한다. 그 결과 개인들은 메마르고 공허해지며 비인간이 된다. UBS에 대한 기사를 처음 읽었을 때 내게 떠오른 광경은, 인간은 없이 텅 비어 있는 상태로 비존재의 겉껍질만 유령처럼 배회하는 커다란 사무실의 모습이었다.

신고전파 경제학에서 노동자가 '이론상으로' **사라진** 것은 현실에서 '구체적으로' 그들을 제거하는 것으로 나타난다. 바로 이런 측면에서 '제로 아워' 계약은 사악한 함의를 가진다. 돈 레인의 비극적인 사례를 보자. 그는 자가 고용 형식으로 계약된 배달 노동자로 거대 배달업체 DPD에서 일했다.[6] 당뇨 진단을 받았지만 제대로 치료를 받을 수가 없었다. 그가 대체 인력을 찾지 못하면 회사가 매일 150파운드의 벌금을 부과했기 때문이다. 배달 중에 몇 번이나 쓰러지고 나서 그의 상태는 꾸준히 악화됐다. 그리고 2018년 1월, DPD에서 19년이나 근속한 뒤에 사망했다. 이 회사의 잔혹한 고용 시스템은 매우 금융화, 탈인간화돼 있으며 운전사들은 차가운 스프레드시트 위의 숫자에 불과하다. DPD 입장에서는 일종의 노동자 없는 유토피아인 셈이다. 하지만 돈 레인은 이 동일한 시스템을 '살아가면서' 지극히 개인적이고 디스토피아적인 트라우마로서 그것을 겪었다. '린 경영'이라는 더 폭넓은 문화적 코드는 궁극적으로 레인의 신체에서 수행됐고 그의 신체는 곧 굴복해 스러지고 말았다.

체념의 논리

한편에서 발생하는 탈인간적이고 계산적인 상업주의, 다른 한편에서 동시에 발생하는 개인화된 비공식성의 중요성, 이 둘 사이의 균열로 생겨난 사회적 공간 안에서, '무엇이 우리를 인간으로 만드는가'에 대한 논의가 한창 벌어지고 있다. 자본주의 옹호자들과 2세대 신자유주의자들은 현금의 우주에 인간의 얼굴을 씌우고자 하면서 돈과 자아가 공생하는 체계, 주권자적 개인주의와 비즈니스적 영리 추구가 공생하는 체계를 [인간의 본성에 부합하는 것으로] 이야기한다. 스티브 힐턴의 저서 《더 인간적인》이 이를 전형적으로 보여준다.[7] 힐턴은 이렇게 주장한다. 무의미한 관료적 절차를 없애고 국가의 규모를 대폭 줄이자. 그래야만 일자리, 교육 등에 대해 우리 각자가 내면의 기업가적 특질을 드러낼 수 있는 더 인간적인 접근 방식이 열릴 수 있다.

힐턴이 주장하는 바의 핵심에는 '자립적인 개인'이라는 개념이 있다. 이들은 프랑스 남부 지역에서 스스로 빵을 굽고, 실리콘 밸리에서 스스로 스타트업을 창업한다. 비즈니스는 이들의 DNA다. "세상에 현재 존재하는 것들보다 내가 더 잘할 수 있다는 믿음, 내가 만든 것을 다른 이들이 사도록 설득할 수 있다는 믿음, 내 돈을 들여 창업이라는 모험을 할 가치가 있다는 믿음은 고유하게 인간적인 것이다."[8] 이런 식으로 힐턴은 르네상스부터 에라스무스, 또 괴테의 풍성한 사상까지 비옥하고 복잡한 서구 휴머니즘의 역사를 모조리 세일즈 피치로 단순화한다.

이와 비슷한 논지를 대니얼 핑크의 풍미 없는 베스트셀러 《파는 것이 인간이다To Sell Is Human》에서도 볼 수 있다.[9] 핑크에 따르면 좋든 싫든 우리는 모두 세일즈맨이다. 사람은 늘 다른 이에게 영향을 미치려 하고 다른 이가 나를 위해 무언가를 하게끔 유도하려 한다. 우리의 사회성(그에게 이것은 인간 본연의 내재적 특질이다) 자체가 자신의 이익을 위해 다른 이들이 이런저런 행동을 하게끔 설득하는 것 위주로 이루어져 있다. 내 페이스북에 '좋아요'를 눌러주세요, 내 임금을 올려주세요, 내게 은행 대출을 해주세요, 나와 데이트해주세요, 내 빨래를 해주세요. 이런 영속적인 세일즈 활동은 돈으로가 아니라 시간, 관심, 노력으로 가치가 매겨지며, 따라서 삶 자체의 뗄 수 없는 일부다.

이 논리는 엉망이다. 그런데 정확히 어떤 면에서 그런가? 우선,

여기에는 인간 본성의 핵심에 자본주의가 있다는 주장을 도출하려는 우스운 시도가 담겨 있다. 핑크의 공식은 다음과 같다. **인간적이 된다 =사회적이 된다=다른 이들이 당신이 원하는 것을 하도록 설득한다= 이것은 세일즈다.** 간단히 말해서, 우리 모두 타고난 자본가다. 이어서 그는 자신의 주장을 이렇게 요약한다.

> 내가 알게 된 바는 이렇다. 판다는 것은 우리가 흔히 생각하는 것보다 더 중요하고 더 긴급하며, 그것이 가진 달콤한 방식으로, 더 아름답다. 누군가가 자신이 가진 것을 우리가 가진 것과 바꾸도록 설득할 수 있는 능력은 우리의 생존과 행복에 필수적이다. 그것은 우리 종이 진화하는 데 도움을 주었고 우리의 생활 수준을 높여주었으며 우리 일상의 수준을 향상시켜주었다. 판매의 능력은 상업의 무자비한 세계에 부자연스럽게 적응하는 행동이 아니라 자연스러운 우리 본연의 모습이다. (…) 판다는 것은 근본적으로 인간적이다.[10]

하지만 이 논리에 따르면 **모든** 인간 활동(아동 학대나 인종 학살까지도)이 우리 모두가 공통적으로 가지고 있는 존재론적인 특질과 결합된다. 미안하지만 나는 기업가도 세일즈맨도 아니다. 인간에 대한 그의 개념을 잠시 뒤집어서, 진정으로 자본주의를 자신의 본능적인 소명이라고 생각하는 사람들을 보자. 2007년과 2008년의 은행 붕괴를 생각해보면, 그들을 인간 본성의 사례로 삼는 것은 좀 너무하지 않은가?

인간적인, '거의' 인간적인

이 대목에서 눈에 띄는 문제가 하나 나타난다. 유행하고 있는 위와 같은 주장들 어디에도 **비인간적인** 면들에 대한 이론이 존재하지 않는다는 것이다. 부당한 경제적 처우, 직장 내 괴롭힘, 신참을 못살게 구는 의례, 성추행 등은 어디 있는가? 2세대 신자유주의가 주창하는 감상적인 인간주의는 인간 본성의 사악한 측면을 간과한다. 흥미롭게도, 핑크는 왜 몇몇 독자들이 그의 주장을 싫어하는지에 대해 논하면서 그런 문제적인 특질들을 인정하는 데 꽤 가까이 가긴 했다. "그들은 세일즈가 추잡하고 더럽고 끈적끈적하고 저열하며 사기이거나 한탕주의와 관련 있는 것이라고 생각한다."[11] 이어 그는 그렇지 않다고 주장한다.

하지만 핑크는 자신도 모르게 정확히 맞는 말을 하지 않았는가?

이 자유지상주의 버전의 새로운 휴머니즘을 해체하려면 홉스적 상태를 이야기하는 것만으로는 부족하다. 즉 사람들은 타고난 본성이 폭력적인 늑대이며 그들을 길들이기 위해 국가가 필요하다는 논리만으로는 부족하다. 질 들뢰즈가 지적했듯이 국가는 그런 식으로 작동하지 않고 인간의 욕망도 그런 식으로 작동하지 않는다. 들뢰즈는 흔히 낙관적인 포스트모더니즘과 유쾌한 스피노자적 윤리를 전개한 것으로 여겨진다. 하지만 사실 그의 인간론은 상당히 염세적이다.[12] 그에 따르면, 어떤 종류의 비인간적인 본성은 결코 사라지지 않는다. 그런데도 우리는 그것을 [본성이 아니라] 윤리적인 역기능이나 특이한 사례라고 계속해서 잘못 이해한다. 하지만 사악함은 주체적 행위자의 행위를 통해서만 실현된다. '주체적 행위자'라 함은 그렇게 하지 않기로 선택할 수 있는 역량을 의미하기도 한다. 그리고 '주체적 행위자'라는 특질은 인간 본성의 일부다. 그래서 고양이, 돌고래, 코끼리는 이 그림에 들어오지 않는다. 그에 따르면, 진정으로 사악할 수 있는 것은 인간뿐이기 때문이다.[13]

그런데 들뢰즈는 이보다도 상황은 더 나쁘다고 말한다. 들뢰즈가 인간에 대해 낙관하지 못하는 이유는 단지 사람들이 다른 이들을 혐오스러울 만큼 사악하게 대한다는 점 때문만이 아니다. 그가 발견한 한층 더 해로운 인간 본성은, 우리가 **형편없는 취급을 받고 있을 때** 가장 인간적인[인간만이 가진] 감정을 느끼게 된다는 점이다.[14] 대개 인간 이외 동물들에게서는 모욕과 고통이 그 외의 감각을 느끼는 것을 방해하지만 인간에게서는 그렇지 않다. 우리에게는 수치와 고통이 우리 스스로를 다시금 '총체적 존재'로 느끼게 해준다. 총체적으로 부정을 당하는 것은 완전하고 최종적인 무언가를 일깨운다. 이것은 많은 면에서 놀라운 통찰인데, 어느 면을 봐도 인류에 대해 그리 확신을 갖게 해주지는 않기 때문이다. 가장 일상적인 종류의 상호 작용을 봐도 그렇다. "사람들과의 만남은 늘 재앙적이다."[15]

한편 긍정적인 어조 쪽을 찾아보자면, 좌파가 주장하는 급진적이고 종종 매우 복잡한 인본주의가 있다. 예를 들어, 노엄 촘스키는 우리가 자생적인 협동, 자유로운 생산, 창조적인 공유를 향한 자연적인 본성을 가지고 있다고 오랫동안 주장해왔다. 그러므로 우리는 현재의 자본주의 문화가 하듯이 우리의 본성을 짓누르는 것이 아니라 우리의 본성을 보완하고 완성시켜주는 더 나은 제도(무정부주의적 생디칼리슴)들을 일궈야 한다.[16] 그리고 촘스키에 따르면 서구 사회에서 이런 방향으로 커다란 진보가 이뤄져왔다.[17]

더 최근에 데이비드 하비는 **비종교적인 혁명적 휴머니즘**을 주창했다. 그에 따르면 이것은 노동자 계급 사이에서 널리 믿어져온 해방 신학의 가르침과 잘 들어맞는다. 그가 말하는 해방 신학은 주로 가톨릭과 개신교의 해방 신학을 말하며, 충분히 그럴 만한 이유에서 와하브파나 살라피스트 계열 같은 이슬람의 급진 분파는 포함하고 있지 않다.[18] 적어도 서구의 패러다임에서, 하비는 자신이 이야기하는 혁명적 휴머니즘이 "부르주아 휴머니즘과는 매우 다르며, 인간이란 무엇인가와 관련해 미리 주어진 불변의 '본질'이라는 것이 있다는 개념을 거부한다"고 설명한다. 따라서 이 개념은 "우리가 어떻게 새로운 종류의 인간이 될 것인가에 대해 진지하게 숙고해야 함을 의미한다."[19]

하비의 반자본주의적 열정은 존경할 만하다. 이와 일맥상통하는 다른 주장들, 가령 [티머시 모턴의] '어두운 생태학dark ecology'과 같은 주장들도 그렇다.[20] 하지만 나는 '인간적이 된다는 것이 무엇을 의미하는가'에 초점을 두는 것이 정작 문제에서 우리의 관심을 흩뜨리는 것이라고 생각한다. 이 책의 주제와 관련해 말하자면, 그 접근법은 실제로는 사회적, 정치적인 문제인 것들을 물신화하고 [사회적, 정치적 맥락에서] 탈맥락화할 위험이 있다. 그보다는, 스펙트럼의 다른 쪽 끝, 즉 [인간이란 무엇인가가 아니라] '공공 조직의 형태가 어떠해야 하는가'에서부터 논의를 시작해보는 것이 어떨까? 그 논의가 도덕적으로 '정확한' 사람이 무엇인가를 알려주리라는 기대는 하지 말고 말이다.

민중의 관료제가 온다

급진적으로 재활성화된 공공 영역은, 우리가 살고 있는 후기 근대 사회를 견딜 수 없는 수렁으로 만든 하이에크적 디스토피아를 향한 추세에서 방향을 돌릴 수 있는 유일한 방법일 것이다. 신고전파 경제학의 합당치 못한 자손인 탈공식화 흐름과 관련해서는 더욱 그렇다.

민중을 위한 관료제의 기본 원칙들을 요약하기 전에, 중요한 점 하나를 먼저 짚을 필요가 있다. 오늘날 기득권이 비판을 무력화하기 위해 쓰는 한 가지 전술은 다음과 같은 간단한 질문을 던지는 것이다. "그래서 너의 대안은 무엇이냐?" 마치 우리에게 새로운 사회의 모든 것이 상세하게 다 그려져 있는 커다란 청사진을 내놓아야 한다는 듯이 말이다. 그런데 여기 함정이 있다. 그런 청사진이 있어서 그것을 제시한다면, 우리는 즉각 거대 지향증에 빠진 스탈린주의자나 비현실적인 공상가라는 비판을 받게 될 것이다. 청사진이 없으면, 현 상태를 대신할 더 좋은 대안이 없다고 일축당할 것이다. 즉 그 질문은 덫을 치기 위한 질문이다. 이 이중의 공격을 피하려면 그 주장을 뒤집어서 설명의 책임을 정치적, 경제적 지배층에게 지워야 한다. 최근 미국에서 경찰의 인종 폭력에 맞서는 '흑인의 생명도 소중하다Black Lives Matter' 운동이 취하고 있는 방식이 이를 잘 보여준다. 이들의 운동에 등장한 한 플래카드에는 다음과 같이 쓰여 있었다. "대안은 무엇인가? 우리에게 총 쏘는 것을 멈추라." 간단한 요구다. 그리고 매우 현실성 있는 요구다. 마찬가지로, 새로운 사회에 대해 구체적인 청사진을 내놓으라는 지배층의 요구에 휘둘리지 말고(나는 그런 청사진을 가지고 있지 않다) 우리가 먼저 이렇게 요구해야 한다. '현재 민중이 계속해서 겪고 있는 경제적 야만성은 멈춰져야 한다. 지금 당장.' 이것은 매우 현실성 있고 달성 가능한 요구다.

실업자들, 노동 빈곤층, 그리고 (점점 숫자가 많아지고 있는) 쓸모없는 노동과 빚에 허덕이는 중산층이 집합적으로 자기 보호를 획득하고 나면, 매우 민주적이고 진보적인 개입 방식들이 많이 제안될 수 있을 것이다. 이 책에서는, 신자유주의가 불러온 위기의 기저에 있는 탈공식화 경향을 꺾는 것과 관련해 네 가지 아이디어를 제시해보고자 한다.

첫째, 경제적 빈곤을 없애자

사람들이 현재 신자유주의적 자본주의의 그림자에서 작동하고 있는 어두운(비공식적인, 자의적인 등등) 내부 경제의 변덕을 참고 견디는 이유는 **그럴 수밖에 없기 때문**이다. 그들은 선택의 여지가 거의 없다. 상사에게 감사의 표시로 자기 자신을 제공하지 못하면, 순응하거나 희롱을 참지 않으면, 비참한 빈곤의 나락으로 떨어질 수 있기 때문이다. **두려움**은 신자유주의적 탈공식화의 흐름에서 주된 감정적 화폐다. 그 결과, 강력한 쪽은 아랫사람들의 삶에 와인스틴 부류의 '친밀한' 만남까지 포함해 온갖 침투를 하고도 아무 문제를 겪지 않는다.

깊숙이 자리 잡은 불안정성을 없앨 수 있다면(가령 보편기본소득 같은 것을 통해서) 사람들은 해로운 고용 조건을 덜 참으려 하게 될 것이다. 또 실업과 관련된 인프라가 더 이상 필요하지 않을 것이므로 공공 자금도 절약될 것이다. 사람들에게 제공되는 간접적인 보조(세금 우대, 푸드 스탬프, 주거 보조 등)가 고용주들이 노동자에게 적절한 보상을 하지 않아도 되게 하는 방향으로 사용되는 일도 없어질 것이다. 만병통치약은 아니어도 보편기본소득은 훨씬 더 문명화되고 인간의 속성에 잘 부합하는 경제 시스템을 일구는 데 중요한 일부가 될 것이다.[21]

둘째, 사기적인 자가 고용과 제로 아워 계약을 불법화하자

노동의 개인화와 **호모 콘트랙투스**의 급격한 확산은 자유의 길이라고 우리에게 설파됐다. 소위 '유연' 노동 시스템에서 우리는 스스로 상황을 지휘하고 어떻게 일할지도 스스로 선택하게 될 것이라고 들었다. 하지만 이 약속은 나쁜 농담이었던 것으로 판명됐다. 정확히 그 반대 상황이 벌어지고 있으니 말이다. 대부분의 기업은 노동의 비용을 '직원'에게 전가하고 이들을 경제라는 장기판의 말처럼 쓰기 위해 자가 고용 계약을 취한다. 이런 **유연 착취** 시스템에서는 자연히 통제력의 전권이 고용주에게 넘어가고 노동자들의 삶에는 스트레스가 불필요하게 많아진다. 이런 추세에 맞설 법안의 입법화를 통해 권력관계의 균형을 바로잡아야 한다. 이는 온디맨드 고용과 제로 아워 계약에서 먼저 시작돼야 할 것이다.[22] 진정한 의미에서의 자가 고용이 존재하지 말아야 한다는 말이 아니다. 진정한 자가 고용은 여러 상황에서 존재할 수 있고 대도시가 아닌 곳에서는 더욱 그렇다. 하지만 이 원칙이 사실상으로는 직원이나 마찬가지인 사람들을 형식상으로 독립 계약자로 취급해 그들의 권리와 권한을 없애는 데 악용돼서는 안 된다. 정부가 나서서 이를 되돌리는 조치를 취하지 않는다면, 최근의 여러 시위와 저항 움직임이 보여줬듯이 노동자들은 직접 행동에 나설 것이다.[23]

셋째, 공공 영역을 탈민간화/탈개인화하자

우리는 특히 노동 기준, 소비자 안전, 세법과 관련해 경제활동을 감독하고 안정을 제공할 수 있는 공공 영역을 되살려야 한다. 급진적 관료 조직들은 현대적인 행정 방식의 좋은 점들을 유지하고, 그것을 시민을 소외시키는 것이 아니라 시민적 역량을 강화하는 사회적 임무와 결합할 수 있을 것이다. 이에 더해, 세법과 고용 계약에 대한 법적 토대는 완전히 탈개인화돼 집합적 목소리와 경제적 평등이 가능해져야 한다. 노동과 고용도 이런 식으로 쉽게 탈개인화할 수 있다. 적법 절차와 공적인 투명성을 보장하고, 고용주가 스스로를 규제한다고 말할 때 저지르기 쉬운 '사적인 압제'를 없애는 것이다. 또한 관료제에서는 으레 '과두제의 강철 법칙'이 발생하기 마련이라는 어두운 전망과 달리, 민중을 위한 관료제는 현재의 피라미드적인 거대 조직, 즉 평범한 시민이 닿을 수 없는 거대 조직으로 귀결되지 않고 수평적인 (혹은 분자적인) 지향을 가질 수 있을 것이다. 노동자의 연맹체들이 분업을 더 평등한 방식으로 재조정해 공식적인 정의formal justice가 공적인 감시하에서 투명하게 실현되도록 할 수 있을 것이다. 그때야 우리는 우리 각자의 개인성이 두려움으로 위축되는 것이 아니라 환히 빛나도록 할 수 있을 것이다.

넷째, 노동 제도를 탈중심화하자

긱 이코노미의 도래, 우버화, 그리고 노동력을 고립된 개인으로 전환하려 한 대대적인 흐름 속에서, 노동은 고도로 탈공식화됐다. 이에 더해 극심한 사회경제적 불평등이 이런 경향을 한층 더 악화시켜 노동과 자본의 관계를 많은 면에서 지하로 밀어 넣었다. 이와 같은 노동의 세계에는 명백히 잘못된 점이 세 가지 있다.

첫째, 일자리를 갖는다는 것이 경제적 불안정성에서 벗어나는 길이 아니라 종종 경제적 불안정성 속으로 들어가는 길이다.[24] 따라서 일자리는 이보다 더 안정적이어야 하고 덜 지옥 같아야 하며 모욕적이지 않은 조건으로 협상돼야 한다. 보편기본소득, 제로 아워 계약 금지, 시민적 지향을 갖는 급진적 관료제 등이 여기에 도움이 될 수 있을 것이다.

둘째, 신자유주의 이념가들이 주창한 자유시장 개인주의와 해방적 경영에 대한 그 온갖 이야기에도 불구하고 대부분의 일터는 매우 비민주적이고 권위주의적인 위계에 의해 지배되고 있다. 아이러니하게도, 여러 연구에 의하면 소위 '유연' 고용 시스템이 지배적인 곳은 그렇지 않은 곳에 비해 상층이 더 무거운 경영 구조를 갖는 경향이 있는 것으로 나타났다.[25] 이렇게 상층에서 경영관리주의가 폭증한 결과, 이들이 점점 더 스스로를 사회의 나머지 사람들과 분리하면서 임금 불평등이 심각하게 도착적인 수준으로 치솟았다. 미국의 경우 CEO와 노동자가 받는 보수 사이의 비율이 1965년에는 20대 1이었지만 2014년에는 299대 1이 됐다.[26] 스톡옵션을 더하면 이보다 더 벌어질 것이다. CEO의 보수에는 제한이 주어져야 하고(아니면 적어도 '참여적인 예산 결정' 방식을 통해 노동자들이 결정에 참여할 수 있게 해야 한다) 노동자 위원회가 기업 전략과 운영상의 의사결정에 직접적으로 참여할 수 있어야 한다. 노동자가 경영하는 협동조합이나 파트너십이 이와 관련해 중요한 역할을 할 수 있을 것이다.[27]

셋째, 현재는 더 적은 사람이 더 오랜 시간 일하고 있다. 일자리는 더 널리 분배돼야 하고 각각의 노동자가 하는 일의 양은 줄어야 한다. 주3일 근무를 진지하게 고려해볼 만하다. 주3일로 갔을 때 생산성이 낮아지지 않고 높아질 것임을 시사하는 실증 연구들이 많이 나와 있다.[28]

책을 마무리하면서 짚고 싶은 점이 두 가지 더 있다. 유형을 막론하고 모든 탈공식화 움직임은 매우 잘못된 이데올로기의 산물이었다. 바로 현재 주류를 이루고 있는 신고전파 경제학이다. 하이에크와 프리드먼 식으로 자유시장 개인주의와 규제 없는 자본주의를 신성화한 결과 악몽 같은 현실이 초래됐다. 많은 이들이 절박해지고 고용주에게 전적으로 의존하는 상태가 되었으며 종종 삶이 완전히 무너졌다. 서론에서 봤듯이, 하이에크의 경제적 자유주의와 하비 와인스틴이 젊은 여성들을 추행하는 더러운 세계는 서로 연결돼 있다. 권력을 가진 자에게 원하는 것은 무엇이든 할 수 있는 면허를 주는 것이 규제 완화가 현실에서 의미하는 바이기 때문이다. 미국의 극보수주의 법학자 리처드 엡스타인은 고용 관계를 **족쇄에서 풀어야 한다**고 주장했다.[29] 말 그대로라면 나도 동의한다. 하지만 그가 말하는 의미로 고용 관계를 족쇄에서 푼다는 것은, 고용 영역을 국가와 법의 보호에서 벗어나게 해 임금이 당사자의 사적인 협상과 시장의 힘에 의해 결정되게 내맡긴다는 뜻이다. 임의 계약(상사가 그렇게 결정하면 노동자가 언제라도 정당한 사유 없이 해고될 수 있는 고용 방식)에 대한 그의 옹호는 이런 논리의 귀결이 어디로 향하게 될지를 가리켜준다. 그것은 규제가 존재하지 않았던, 19세기 서부개척시대에서와 같은 유형의 자본주의다.[30] 내가 생각하는 의미로 고용 관계를 족쇄에서 푼다는 말은 이와 정반대를 의미한다. **공적인 권력을 통해** 고용 관계가 지저분한 속박에서 벗어나게 하는 것이다. 오늘날의 파트타임 노동자들은 맘대로 노동자의 엉덩이를 만져도 된다고 생각하는 상사에게 모든 게 달려 있는 예속 관계의 덫에 빠져 있고 그 안에서 그는 혼자다. 이 책에 등장한 수많은 사례가 암시하듯이 이런 속박이 자본주의적 자유지상주의가 궁극적으로 향해가는 길이다. 그러므로 지금 우리는 이와 같은 종류의 경제학을 역사의 쓰레받기에 버리고 덜 추잡한 이론과 모델을 발달시켜야 한다.

끝으로, '개인의 자유'에 대한 현재의 개념, 즉 시카고학파 경제학자들이 체계화한 이후 대부분의 제도와 조직에 확산된 그 개념을 재사고해야 한다. 하이에크와 프리드먼이 영예롭게 미화한 소위 '선택의 자유'는 현실에서 펼쳐질 때 매우 지저분한 무언가로 변모했다. 그들의 주장이 노동자들이 오랜 세월 투쟁으로 쟁취한 집합적 조직 형태(노조)와 규범(노동법과 노동 기준)을 없애려는 시도의 정당화 논리였던 면이 더 크기 때문일 것이다. 그래서 이제 노동자들의 길항 권력은 약화됐고 노동자들은 점점 더 혼자가 됐다. 여기에서 우리가 얻을 수 있는 교훈은 명백하다. 우리에게 주어지는 선택지들이 무엇일지를 결정할 사회적, 정치적 배경에 대해 논쟁하고 그것에 영향을 미칠 자유가 없다면 개인의 자유도 존재할 수 없다. 개인의 자유는 집합적인 연대가 있어야만, 그리고 억압적인 사회적 상황에 처했을 때 박차고 나올 수 있는 자유가 있어야만 가능한 것이다. 이것은 **유연 안정성**flexicurity이라고도 불린다.

신고전파 경제학자들은 개인을 사회 및 사회의 조직들과 대척점에 놓으려 하며 공동체를 우리가 원하는 자유에 방해가 되는 것으로 여긴다. 그들은 우리가 서로에게서 더 분리될수록 더 자유로워질 것이라고 말한다. 여러모로 터무니없는 개념임에도, 이 개념은 오늘날 우리 세계를 구성하고 있는 조직적, 제도적 논리를 근본적인 수준에서 단단히 사로잡고 있다. 그로 인한 대대적인 실패와 광범위한 경제적 고통을 겪고 있으면서도 그렇다. 하지만 이제 우리는 이 어두운 판타지의 결말에 거의 도달한 것 같다. 이데올로기의 주술은 깨졌다. 외로운 늑대가 돼서는 우리 개개인의 개인성과 자유를 표현할 수 없다. 당신이 독자적으로 아주 부유한 사람이라면 혹 그럴 수 있을지도 모르겠지만 말이다. 물론 그런 경우라면 당신에게는 내가 이 책에서 말한 것들이 중요하지 않을 것이다. 아직까지는.

주

서문 추잡한 자본주의의 비용

1 J. Kantor and M. Twohey (2017). 'Harvey Weinstein Paid Off Sexual Harassment Accusers for Decades'. *The New York Times*. https://www.nytimes.com/2017/10/05/us/harvey-weinstein-harassment-allegations.html.
2 S. Levin (2017). 'Ex-Weinstein Staffer Says Assistants Were Manipulated: "We Weren't Safe Either"'. *The Guardian*. https://www.theguardian.com/film/2017/oct/17/ex-weinstein-staffer-says-assistants-were-manipulated-we-werent-safe-either.
3 A. Quart (2017). 'What's the Common Denominator among Sexual Harassers? Too Often, It's Money'. *The Guardian*. https://www.theguardian.com/us-news/2017/nov/09/sexual-harassment-economic-inequality-harvey-weinstein.
4 G. Hinsliff (2017). 'How Harvey Weinstein's Accusers Gave Women Worldwide a Voice'. *The Guardian*. https://www.theguardian.com/society/2017/oct/21/harvey-weinstein-accusers-women-voice-sexual-abuse.
5 E. Nyran (2017). 'Harvey Weinstein Intern Alleges He Harassed Her in 1980'. *Variety*. http://variety.com/2017/film/news/harvey-weinstein-intern-sexual-harassment-1980-1202590582; Levin, 'Ex-Weinstein staffer says assistants were manipulated'.
6 *The New Yorker* (2017). 'Statement from Members of the Weinstein Company Staff'. https://www.newyorker.com/news/news-desk/statement-from-members-of-the-weinstein-company-staff.
7 R. Farrow (2017). 'Harvey Weinstein's Army of Spies'. *The New Yorker*. https://www.newyorker.com/news/news-desk/harvey-weinsteins-army-of-spies.
8 B. Marling (2017). 'Harvey Weinstein and the Economics of Consent'. *The Atlantic*. https://www.theatlantic.com/amp/article/543618.
9 H. Stewart and P. Walker (2017). 'Theresa May to Crack Down as Sex Harassment Allegations Grow'. *The Guardian*. https://www.theguardian.com/politics/2017/oct/29/theresa-may-to-crack-down-as-sex-harassment-allegations-grow.
10 C. Farand (2017). 'Tory Minister "Admits Making Aide Buy Sex Toys Amid Westminster Harassment Scandal"'. *The Independent*. www.independent.co.uk/news/uk/politics/stephen-crabb-mark-garnier-westminster-harassment-

claims-sex-toy-text-messages-a8025351.html.

11 Stewart and Walker, 'Theresa May to Crack Down as Sex Harassment Allegations Grow'.

12 하이에크는 익명적이고 자생적인 질서로 돌아가는 자본주의 유토피아를 '위대한 사회'라고 불렀다. F. A. Hayek (1973). *Law, Legislation and Liberty: A New Statement of the Liberal Principles of Justice and Political Economy*. London: Routledge and Kegan Paul, p. 6.

13 예를 들어, 다음을 참고하라. R. Solnit (2010). *A Paradise Built in Hell: The Extraordinary Communities That Arise in Disaster*. New York: Penguin. 다음도 참고하라. P. Clastres (1989). *Society Against the State: Essays in Political Anthropology*. New York: Zone Books; J. C. Scott (2014). *Two Cheers for Anarchism: Six Easy Pieces on Autonomy, Dignity, and Meaningful Work and Play*. Princeton University Press.

14 F. A. Hayek (1944). *The Road to Serfdom*. London: Routledge. 하이에크는 이 주장을 그의 학문적 스승 루트비히 폰 미제스에게서 빌려온 것으로 보인다. 미제스는 "화폐가 압제적인 정부의 침투로부터 시민적 자유를 보호하기 위한 수단으로서 고안됐음을 깨닫지 못한다면 건전한 화폐의 개념이 무엇인지 파악하는 것은 불가능하다"며 "이데올로기적으로 화폐는 헌법이나 권리장전과 같은 반열"이라고 말했다. L. von Mises (1912/ 1953). *The Theory of Money and Credit*. New Haven: Yale University Press, p. 414.

15 Hayek, *The Road to Serfdom*; F. A. Hayek (1960). *The Constitution of Liberty*. University of Chicago Press.

16 D. Sperber and H. Mercier (2017). *The Enigma of Reason: A New Theory of Human Understanding*. London: Allen Lane.

17 다음을 참고하라. S. Mullainathan and E. Sharif (2013). *Scarcity: Why Having too Little Means So Much*. New York: Henry Holt & Company.

18 R. Tweedy (2017). 'A Mad World: Capitalism and the Rise of Mental Illness'. *Red Pepper*. https://www.redpepper.org.uk/a-mad-world-capitalism-and-the-rise-of-mental-illness.

19 F. Berardi (2011). *After the Future*. Oakland, CA: AK Press, p. 90.

20 다음을 참고하라. S. Hill (2017). *Raw Deal: How the 'Uber Economy' and Runaway Capitalism Are Screwing American Workers*. New York: St Martin's Press.

21 이는 최근에 포퓰리즘이 득세하는 현상이 신자유주의에 대한 거부를 나타내는 것이 아니라 신자유주의의 한 변종이라는 해석과도 일맥상통한다. 이 해석에 따르면, 점점 더 많은 사람들이 권리와 권한을 상실하고 이제까지 자본주의의 신화를 꺾는 데 쓰일 수 있었던 진보주의적인 '보편' 개념이 사라지면서, [배타적인] 국가주의자들이 대대적인 시장화에 이어 또 하나의 비옥한 토양을 발견했다. 트럼프와 브렉시트의 시대에

도 여전히 화폐가 보편적인 동기 부여 기제다. 다만 그것의 폐해가 '자본주의'를 흔드는 것이 아니라 이민자나 인종적 소수자를 향하고 있을 뿐이다. 이것이 파시즘과 신고전파 경제학이 밀접하게 공존할 수 있는 이유다.

22 예를 들어, 하이에크는 '독립' 노동자 위주의 시스템을 강하게 옹호하면서 다음과 같이 독립 노동자를 정규 노동자와 비교해 설명했다. 그에 따르면, "독립 노동자들에게는 사생활과 비즈니스 사이에 명확한 구분이 없으며" 이는 "자기 시간의 일부를 분리해서 정해진 액수의 소득을 위해 판매하는 정규 노동자들과 다르다". 다음을 참고하라. Hayek, *The Constitution of Liberty*, p. 188.

23 우버의 전 CEO 트래비스 캘러닉은 이렇게 설명했다. "우버는 샌프란시스코에서 100명의 친구에게 블랙카 서비스를 한 데서, 즉 각각의 개인 기사가 돼준 데서 출발했다. 오늘날에는 68개국 400개 도시에서 버튼 한 번 누르는 것으로 사람은 물론 음식과 소포도 배달하는 교통 네트워크가 되었다." 다음을 참고하라. T. Kalanick (2016). 'Celebrating Cities: A New Look and Feel for Uber'. https://www.uber.com/newsroom/celebrating-cities-a-new-look-and-feel-for-uber-7.

24 예를 들어, 1995년 이래 OECD 국가에서 새로 생긴 일자리 중 50%는 이러한 유형의 비표준적이고 불안정한 일자리였다. OECD (2015). *In It Together: Why Less Inequality Benefits All*. Paris: OECD Publishing, p. 29. 영국에서는 제로 아워 계약으로 고용된 사람이 2015년 12월에 80만 4000명이었던 데서 2017년 5월에는 140만 명으로 증가했다. Office for National Statistics (2018). 'Contracts That Do Not Guarantee a Minimum Number of Hours: September 2017'. https://www.ons.gov.uk/employmentandlabourmarket/peopleinwork/earningsandworkinghours/articles/contractsthatdonotguaranteeaminimumnumberofhours/september2017. 게다가 고용 통계와 실업 통계는 노동시장의 실제 구조를 잘못 인식하게 만들 수 있다. 대부분의 나라가 '적극적으로 구직 활동 중인' 사람만 실업자 수에 넣기 때문이다. 이렇게 계산하면 2017년 12월 현재 영국에는 3200만 명의 취업자와 140만 명의 실업자가 있는데, 여기에는 경제활동 중이 아닌 인구[비경제활동 인구]가 빠져 있다. 은퇴자를 제외하고 16~64세 중 여기에 해당하는 사람은 870만 명으로, 사실상의 노동력 중 4분의 1이나 된다. 이는 경제의 커다란 '블랙홀'을 나타낸다. 이들은 어떻게 생계를 이어가고 있을까? 이들 중에 '유령 일자리' 종사자가 많으리라고 추측한다면 아마 틀리지 않을 것이다. Office for National Statistics (2018). 'UK Labour Market: February 2018'. https://www.ons.gov.uk/employmentandlabourmarket/peopleinwork/employmentandemployeetypes/bulletins/uklabourmarket/latest#summary-of-latest-labour-market-statistics.

25 B. Balaram and F. Wallace-Stephens (2018). 'Are British Workers Thriving, Striving, or Just about Surviving?' *Royal Society of Arts*. https://www.thersa.org/discover/publications-and-articles/reports/seven-portraits-of-economic-

security-and-modern-work-in-the-uk.

26 로렌트 드로버트가 뛰어난 논문에서 신고전파의 노동 공급 모델에 이런 요소가 있음을 짚어냈다. 특히 드로버트는 필립 윅스티드와 라이어널 로빈스(로빈스는 1931년에 하이에크를 런던정경대학 교수로 불러온 사람이다)의 모델에서 그런 요소를 두드러지게 발견했다. 신자유주의 경제학의 아버지 윌리엄 스탠리 제번스만 하더라도 노동을 '노동 대 소득'의 상충적 교환관계에서 핵심이라고 할 수 있는 '비효용disutility'의 한 형태로 봤지만(사람들은 노동으로 얻게 될 추가적인 소득이 노동의 괴로움을 감수하게 할 가치를 주는 정도까지만 노동의 괴로움을 참는다), 후대의 학자들이 노동 공급량을 '여가 대 소득'의 상충적 교환관계(사람들은 노동으로 얻게 될 추가적인 소득이 여가를 희생하게 할 가치를 주는 정도까지만 여가를 희생한다)로 보면서 커다란 전환이 발생했다. 드로버트는 이에 대해 다음과 같이 설명했다. "[후대의 새로운 견해에] 노동은 존재하지 않는다 (…) 이 모델에서 노동은 유령이나 마찬가지다. 여가, 소득, 임금 등 온갖 개념이 제시돼 있지만 노동만은 등장하지 않는다. 임금조차 노동의 가격으로서가 아니라 여가의 기회비용으로서 제시된다." L. Derobert, (2001). 'On the Genesis of the Canonical Labor Supply Model'. *Journal of the History of Economic Thought*, 23(2): 197–215, p. 199.

27 제임스 K. 갤브레이스가 미국의 주류 경제학을 비판하며 지적했듯이, 전 세계 모든 대학에서 기초 개념으로 가르치는 수요 공급 개념만 보더라도 경제학 모델들이 현실에 실제로 존재하는 노동자들을 반영하지 않는다는 사실을 알 수 있다. 무언가에 대한 공급 곡선이 누군가가 그것을 (수요와의 관련하에서) 특정한 가격에서 판매할 의사(혹은 판매할 의사가 없음)를 드러내는 것으로 정의된다면, 노동시장에서는 공급 곡선이 존재할 수 없다. 먹는 것, 가족을 부양하는 것, 주택 대출 이자를 갚는 것 같은 문제가 노동을 하기로 '선택'하느냐, 하지 않기로 '선택'하느냐의 문제보다 당연히 더 우선시될 것이기 때문이다. J. K. Galbraith (2008). *The Predator State: How Conservatives Abandoned the Free Market and Why Liberals Should Too.* New York: Free Press, p. 154.

28 I. Gershon (2017). *Down and Out in the New Economy: How People Find (or Don't Find) Work Today*. University of Chicago Press.

29 M. Friedman and R. Friedman (1980). *Free to Choose: A Personal Statement*. San Diego: Harcourt.

30 A. Smith (2017). 'Deliveroo installs "dark kitchens" for customers ordering restaurant food'. *Metro*. http://metro.co.uk/2017/10/29/deliveroo-installs-dark-kitchens-for-customers-ordering-restaurant-food-7036495.

31 P. Vigna and M. Casey (2016). *Cryptocurrency: How Bitcoin and Digital Money are Challenging the Global Economic Order*. New York: Vintage.

32 1985년에 하이에크는 한 TV 인터뷰에서 이렇게 주장했다. "나는 어떤 정부도 순조

로운 경제 발전을 위해 필요한 정확한 화폐량이 얼마인지를 입증할 수 없다고 확신합니다. 정치적으로도 학문적으로도 그것은 불가능합니다. 나는 정부로부터 독점적 발권력을 없애고 상호 경쟁하는 기관들이 화폐를 발권할 수 있게 허용하지 않는 한 우리 경제가 건전한 통화를 결코 가질 수 없을 것이라고 생각합니다. 상호 경쟁하는 다양한 화폐들이 생겨나야 하고 (…) 어떤 화폐를 사용할지 사람들이 선택할 수 있어야 합니다." F. A. Hayek (1985). 'Hayek on Milton Friedman and Monetary Policy'. 다음에서 볼 수 있다. https://www.youtube.com/watch?v=fXqc-yyoVKg&t=4s. 2017~2018년의 비트코인 투기 붐이 일었을 때 비트코인과 실제 화폐 사이에는 상당한 차이가 있다는 사실이 드러났다는 점도 짚어둘 필요가 있다. 대안 화폐는 자기 자신 외에는 어느 것과도 태환되지 않기 때문에 다른 것과의 '관계에서' 비례적인 가치를 가질 수 없다. 클라이너가 매우 홍미로운 글에서 지적했듯이, 엄밀히 말하면 비트코인은 화폐 가치가 없다. 그것의 '공정 가격'은 0원이다. 다음을 참고하라. D. Kleiner (2018). 'Bitcoin: Proof of Work and the Labour Theory of Value'. *P2P Foundation*. https://blog.p2pfoundation.net/face-value-bitcoin-proof-work-labourvalue/2018/02/01.

33 다음을 참고하라. P. Toynbee and D. Walker (2017). *Dismembered: How the Conservative Attack on the State Harms Us All*. London: Faber.

34 다음을 참고하라. M. Blyth (2013). *Austerity: The History of a Dangerous Idea*. New York: Oxford University Press.

35 예를 들어 다음을 참고하라. J. Taplin (2017). *Move Fast and Break Things: How Facebook, Google, and Amazon Cornered Culture and Undermined Democracy*. Boston, MA: Little, Brown and Company.

36 D. Graeber (2015). *The Utopia of Rules: On Technology, Stupidity and the Secret Joys of Bureaucracy*. Brooklyn: Melville House.

37 이 문제와 관련해 하이에크의 사상이 어떻게 변천해갔는지를 보면 매우 흥미롭다. 나중의 이론은 오늘날 서구 경제를 지배하는 약탈 국가의 이데올로기적 전조라 할 만하다. 초기작인 《노예의 길》에서는 거의 전적으로 국가를 기각했지만 1960년대에 출간된 《자유헌정론》에서는 어조가 약간 달라져서 "중요한 것은 정부 활동의 양이 아니라 속성"이라고 주장하고 있다(p. 222). 아마도 시장 질서의 소위 '자생성'이 유지되려면 어느 정도 중앙집권적인 실체가 필요하다는 것을 인정할 수밖에 없어서였을 것이다.

38 다음을 참고하라. A. Azmanova (2010). 'Capitalism Reorganized: Social Justice after Neo-liberalism'. *Constellations*, 17(2): 390–406.

39 L. Truss (2018). 'The Conservative Case for Disruption'. *CAPX*. https://capx.co/the-conservative-case-for-disruption.

40 플랫폼 경제의 기업들은 종종 '자립'의 내러티브를 '자선'이라는 요소를 덧붙여서 완화시키려고 한다. 예를 들어, 에어비앤비는 자신이 사회경제적 지위가 낮은 사람들이

어려운 시기에 처했을 때 '사회적 안전망'을 제공하는 '경제적 구명줄'이라고 말한다. 다음을 참고하라. C. Hendrickson (2018). 'The Gig Economy's Great Delusion'. *The Boston Review*. http://bostonreview.net/class-inequality/clara-hendrickson-gig-economys-great-delusion.

41 이런 개인주의적인 '자유' 개념은 신자유주의 경제 프로젝트의 핵심으로 자리 잡게 된다. 신자유주의 경제 프로젝트는 그 속성상 철저하게 반反공공적이며 개인 간의 금전 거래를 중심으로 하는 시스템을 지향한다. 예를 들어, 하이에크는 이렇게 주장했다. "그러므로 자유는 개인이 모종의 확실한 사적 영역을 가지고 있다는 것을 전제한다"(《자유헌정론》, p. 61). 또 시카고학파의 초창기 경제학자인 프랭크 나이트는 그 자유에 대해 "단순히 개개인이 어느 누구하고나 '거래와 협상'을 할 수 있고, 자신에게 제시된 것 중에서 자신의 판단으로 가장 좋은 조건을 선택할 수 있는 자유"를 의미한다고 설명했다. F. Knight (1941). 'The Meaning of Freedom'. *Ethics*, 52(1): 86-109, 102.

1장 유령 노동자의 막다른 길

1 P. Noor (2017). 'Sex for Rent? It's the Logical Extension of Leaving Housing to the Market.' *The Guardian*. https://www.theguardian.com/commentisfree/2017/apr/19/sex-rent-logical-extension-leaving-housing-to-market.

2 S. Rea (2017). 'The Londoners Who Offer Free Rent for Sexual Favours'. *Londonist*. http://londonist.com/2016/09/the-londoners-who-offer-free-rent-for-sexual-favours.

3 다음을 참고하라. M. Desmond (2017). *Evicted: Poverty and Profit in the American City*. Penguin: New York; A. Minton (2017). *Big Capital: Who is London For?* London: Penguin.

4 다음을 참고하라. A. Verity and N. Stylianou (2018). 'Firms on Caribbean Island Chain Own 23,000 UK Properties'. *BBC News*. www.bbc.co.uk/news/business-42666274.

5 R. Obordo (2016). '"I'm At the Mercy of my Landlord": Life as a Young Renter'. *The Guardian*. https://www.theguardian.com/commentisfree/2016/jun/16/im-at-the-mercy-of-my-landlord-life-as-a-young-renter.

6 예를 들어, 다음을 참고하라. C. Taylor (2014). 'Plantation Neoliberalism'. *New Inquiry*. https://thenewinquiry.com/plantation-neoliberalism.

7 R. Best (2009). 'Time to Regulate'. *The Future of the Private Rented Sector*, p. 68. 다음에 인용됨. A. Minton (2009). *Ground Control: Fear and Happiness in the Twentieth-Century City*. London: Penguin, p. 111.

8 다음을 참고하라. R. Neuwirth (2011). *Stealth of Nations: The Global Rise of the Informal Economy*. New York: Anchor Books; N. Gilman, J. Goldhammer and S. Weber (2011). *Deviant Globalization: Black Market Economy in the 21st Century*. New York: Continuum.

9 C. C. Williams (2014). 'Out of the Shadows: A Classification of Economies by the Size and Character of their Informal Sector'. *Work, Employment and Society*, 28(5): 735–53.

10 N. Srnicek (2016). *Platform Capitalism*. Cambridge: Polity.

11 다음을 참고하라. F. A. Hayek (1944). *The Road to Serfdom*. London: Routledge; F. A. Hayek (1945). 'The Use of Knowledge in Society'. *American Economic Review*, 35(4): 519–30.

12 A. Amin (2012). *Land of Strangers*. Cambridge: Polity.

13 J. Kantor and D. Streitfeld (2015). 'Inside Amazon: Wrestling Big Ideas in a Bruising Workplace'. *The New York Times*. www.nytimes.com/2015/08/16/technology/inside-amazon-wrestling-big-ideas-in-a-bruising-workplace.html?_r=0.

14 같은 글.

15 R. W. Jones (2016). 'Ex-Hermes Courier Says She Suffered the "Life from Hell" while Working for the Firm'. *The Mirror*. www.mirror.co.uk/news/uk-news/ex-hermes-courier-says-suffered-8660714.

16 같은 글.

17 다음을 참고하라. H. Hester and N. Srnicek (2018). *After Work: The Fight for Free Time*. London: Verso.

18 M. Weber (1946). *From Max Weber: Essays in Sociology*. New York: Oxford University Press.

19 다음을 참고하라. Hayek. *The Road to Serfdom*.

20 다음을 참고하라. P. Fleming (2009). *Authenticity and the Cultural Politics of Work*. Oxford University Press.

21 다음을 참고하라. P. Ranis (2016). *Cooperatives Confront Capitalism: Challenging the Neoliberal Economy*. London: Zed Books.

22 J. K. Galbraith (2008). *The Predatory State*. New York: Free Press, p. 19.

23 예를 들어, 다음을 참고하라. M. Friedman and R. Friedman (1980). *Free to Choose: A Personal Statement*. San Diego: Harcourt.

24 프랭크 나이트는 자유시장 자본주의가 국가의 통제보다 윤리적으로 우월하다고 봤다. 자유시장 자본주의가 "개개인이 어느 누구하고나 '거래와 협상'을 할 수 있고, 자신에게 제시된 것 중에서 자신의 판단으로 가장 좋은 조건을 선택할 수 있는 자유"

를 향하기 때문이라는 것이다. F. Knight (1941). 'The Meaning of Freedom'. *Ethics*, 52(1): 86–109, p. 102.

25 데 자세이는 공공 선택 이론(3장에서 상세히 다룬다) 및 이 이론이 드러내는 국가와 공공 관료에 대한 냉소주의에 상당한 영향을 미쳤다. "내가 규정하는 바에 의하면 자본주의 국가에는 일방적인 무장 해제와 비슷한 것이 필요하다. 시민들의 재산, 그리고 그들이 서로 계약 조건을 협상할 수 있는 자유와 관련해 국가가 자기 부인적인 조치를 취해야 하기 때문이다." A. de Jasay (1985). *The State*. Indianapolis: The Liberty Fund, p. 32.

26 Galbraith, *The Predatory State*.

27 M. Lazzarato (2012). *The Making of Indebted Man: Essay on the Neoliberal Condition*. Los Angeles: Semiotexte.

28 Anonymous (2016a). 'No Phones, Low Pay, Sent Home for Purple Hair–Life on a Zero-hours Contract'. *The Guardian*. https://www.theguardian.com/commentisfree/2016/jul/19/no-phones-low-pay-sent-home-purple-hair-life-zero-hours-contract.

29 이렇게나 탈공식화된 상황에서조차 법학계에서 계약론 분야를 여전히 주류 법철학이 지배하고 있다는 것은 불행한 일이다. 정신분석학 등 다른 학문에서 오히려 더 유익한 탐구를 발견할 수 있다. 예를 들면, 마조히즘에 대한 질 들뢰즈의 뛰어난 연구에서 계약과 합의에 대해 매우 큰 통찰을 얻을 수 있다. 들뢰즈에 따르면, 어떤 권력 관계에서도 법은 계약에 명시된 바를 영구적으로 넘어선다. 계약의 구조 자체가 문서로 쓰인 것을 넘어서는 복종을 요구하기 때문이다. 문서는 늘 이런 의미의 전술적 추가분을 포함한다. 사실상 그 전술적 추가분은 계약이 문서로 작성될 때 그것을 둘러싸고 있던 사회적 환경이라고 볼 수 있다. 이러한 소위 '동의'의 방식이 긱 이코노미 같은 데서 널리 쓰이는 이유가 이와 무관하지 않을 것이다. 계약적인 것과 의무적인 것 둘 다를 잡을 수 있기 때문이다. 이것은 고통스러울 정도로 무한하며 '눈짓과 고갯짓'의 의미를 눈치껏 알아차리는 데 크게 의존한다. 다음을 참고하라. G. Deleuze (2006). *Coldness and Cruelty*. New York: Zone Books, p. 92.

30 R. Epstein (2015). 'Richard Epstein Enriches Us with His Ideas on Inequality, Taxes, Politics, and Health Care'. *The Hoover Institution*. https://www.youtube.com/watch?v=7sJPZeSl-5M.

31 R. Epstein (2001). 'Employment and Labor Law Reform in New Zealand Lecture'. *Journal of International Law* 33: 370.

32 Oxfam (2018). 'Reward Work, Not Wealth'. https://policy-practice.oxfam.org.uk/publications/reward-work-not-wealth-to-end-the-inequality-crisis-we-must-build-an-economy-fo-620396.

33 UBS/PwC (2017). 'UBS/PwC Billionaires Report: New Value Creators Gain

Momentum'. https://www.ubs.com/microsites/billionaires-report/en/new-value.html.

34 R. Neat (2017). 'World's Witnessing a New Gilded Age as Billionaires' Wealth Swells to $6tn'. *The Guardian*. https://www.theguardian.com/business/2017/oct/26/worlds-witnessing-a-new-gilded-age-as-billionaires-wealth-swells-to-6tn.

35 UBS/PwC. 'UBS/PwC Billionaires Report'.

36 N. Hopkins (2017). 'Tax Haven Lobby Boasted of "Superb Penetration" at Top of UK Government'. *The Guardian*. https://www.theguardian.com/news/2017/nov/07/tax-haven-lobby-superb-penetration-uk-government-paradise-papers.

37 M. Nippert (2017). 'Citizen Thiel'. *New Zealand Herald*. www.nzherald.co.nz/indepth/national/how-peter-thiel-got-new-zealand-citizenship.

38 M. O'Connell (2018). 'Why Silicon Valley Billionaires Are Prepping for the Apocalypse in New Zealand'. *The Guardian*. https://www.theguardian.com/news/2018/feb/15/why-silicon-valley-billionaires-are-prepping-for-the-apocalypse-in-new-zealand.

39 Nippert. 'Citizen Thiel'.

40 B. Milanović (2016). *Global Inequality: A New Approach for the Age of Globalization*. Princeton University Press.

41 같은 책, p. 215.

42 예를 들어, 하이에크는 이렇게 언급했다. "[우리는 평등 자체에 반대하지는 않는다. 다만, 대개 평등에 대한 요구가 어떤 미리 상정된 분배의 패턴을 사회에 강요하려는 욕망에서 나오고 있다는 점을 지적하려는 것이다. 이에 우리는 평등이든 불평등이든 의도적으로 선택된 분배 패턴을 사회에 부과하려는 모든 시도에 반대한다.] 뒤에서 보겠지만, 실제로 평등의 확대를 요구하는 많은 사람들이 사실은 평등이 아니라 개인의 능력이라는 인간적인 개념에 더 부합하는 분배를 요구하는 것이다. 하지만 그들이 원하는 것 역시 더 엄밀하게 평등주의적인 요구만큼이나 자유와 부합하지 않는다." Hayek (1960). *The Constitution of Liberty*. Chicago University Press, p. 150. 밀턴 프리드먼도 이와 같은 논지로 불평등을 정당화하며, 한 발 더 나아갔다. 프리드먼은 부모에게 부를 물려받은 사람이나 선천적으로 노래를 잘하는 사람이나 마찬가지라고 봤으며, 어느 쪽이든 '평등'의 이름으로 개입하는 것은 윤리적으로 옳지 못하다고 주장했다. Friedman and Friedman. *Free to Choose*, p. 136. 유럽 사상가 중에서는 앤서니 드 자세이가 건전하고 합당한 국가 기구는 "사회적 선을 촉진하는 일에 나서지 않는 것이 마땅하다"며 "더 부유하고 운이 좋은 사람들이 자신들의 행운과 재산을 그렇지 못한 사람들과 나누게 강제하지도 말아야 한다"고 주장했다. 그는 이것이 "국가 기구가 공감과 동정을 결여해서가 아니라, 국가 스스로 영예롭고 무언가에 대해 찬사받을 만하다고 느끼게 되면

그런 느낌에 탐닉하기 위해 국민에게 무언가를 강제해도 되는 권한이 자신에게 있다고 생각하게 되기 때문"이라고 설명했다. De Jasay, *The State*, p. 35.
43 예를 들어, 미국의 신보수주의 법학자 리처드 엡스타인의 주장을 참고하라. Epstein, 'Richard Epstein Enriches Us with His Ideas on Inequality, Taxes, Politics, and Health Care'.
44 Milanović, *Global Inequality*.
45 S. Goldberg (2013). 'College "Sugar Babies" Date for Cash'. *CNN*. http://edition.cnn.com/2013/02/26/living/students-sugar-daddy-relationships/index.html.

2장 당신의 가격은 얼마?

1 B. Wade (2014). 'Dating Website Founder Says Love Doesn't Exist'. *CNN*. http://edition.cnn.com/2014/09/25/opinion/seeking-arrangement-ceo-on-love.
2 J. Diaz and A. Valiente (2014). 'What It's Like to Go Out with Someone Who Bought Your Date Online'. *ABC News*. http://abcnews.go.com/Lifestyle/bought-date-online/story?id=26839200; K. Trammel (2014). 'Student Shares Experiences as a Sugar Baby: Not All Gifts, Glamour'. *The Red and Black*. www.redandblack.com/uganews/student-shares-experiences-as-a-sugar-baby-not-all-gifts/article_d862db14-28c1-11e4-97a8-001a4bcf6878.html.
3 J. Bauer-Wolf (2017). 'Students with Sugar Daddies'. *Inside Higher Ed*. https://www.insidehighered.com/news/2017/04/17/students-and-sugar-daddies-age-student-debt.
4 J. Edwards (2014). 'This MIT Nerd Built A "Sugar Baby" Dating Empire that Some Say Is Simply Prostitution'. *Business Insider*. www.businessinsider.com/brandon-wade-of-seekingarrangment-biography-2014-3?op=1&IR=T/#-mit-in-the-1990s-i-was-very-much-a-nerd-he-told-business-insider-2.
5 같은 글.
6 Wade, 'Dating Website Founder Says Love Doesn't Exist'.
7 같은 글.
8 R. Normandin (2011). 'The Dark Side of an MIT Brain'. *The Tech*. http://tech.mit.edu/V131/N34/normandin.html.
9 J. Giuffo (2012). 'MissTravel.com: Dating Site or Travel Ho Dating Site?' *Forbes*. https://www.forbes.com/sites/johngiuffo/2012/04/27/misstravel-com-dating-site-or-travel-ho-dating-site/#306d6e8a5696.
10 S. Goldberg (2013). 'College "Sugar Babies" Date for Cash'. *CNN*. http://edition.

cnn.com/2013/02/26/living/students-sugar-daddy-relationships/index.html.

11 같은 글.

12 P. Judy (2013). 'True Story: We Were WhatsYourPrice Sugarbabies'. *Virginity Movies*. https://www.virginitymovie.com/blog/2013/07/true-story-we-were-whatsyourprice-com-sugarbabies.

13 같은 글.

14 같은 글.

15 J. Bullen (2017). '"Men Think You're Their Pet": "Sugar Baby" Reveals Hidden Dangers Behind Earning £1,000-a-month for Sex and Dating'. *Daily Mirror*. www.mirror.co.uk/news/uk-news/men-think-youre-pet-sugar-9919714.

16 A. Sundararajan (2016). *The Sharing Economy: The End of Employment and the Rise of Crowd-Based Capitalism*. Cambridge, MA: MIT Press.

17 F. A. Hayek (1944). *The Road to Serfdom*. London: Routledge.

18 자연법 및 법실증주의 개념에서와 달리, 하이에크는 "법치란 모든 법에 부과되는 제약이라는 사실로부터, 법치 자체는 입법가들이 의회에서 만드는 여타의 법들과 같은 의미에서의 법일 수 없다는 결론이 도출된다"고 주장했다. F. A. Hayek (1960). *The Constitution of Liberty*. University of Chicago Press, p. 310.

19 Hayek, *The Road to Serfdom*, p. 44.

20 같은 책, p. 68.

21 같은 책, p. 72.

22 G. Becker (1974). 'A Theory of Marriage'. 다음에 수록됨. T. Schultz (ed.), *Economics of the Family: Marriage, Children, and Human Capital*. Cambridge, MA: NBER Books, pp. 299-351.

23 J. Greenwood, N. Guner, G. Kocharkov and C. Santos (2014). 'Marry Your Like: Assortative Mating and Income Inequality'. *American Economic Review*, 104(5): 348-53.

24 Goldberg, 'College "Sugar Babies" Date for Cash'.

25 D. McDonald (2017). 'Harvard Business School and the Propagation of Immoral Profit Strategies'. *News Week*. www.newsweek.com/2017/04/14/harvard-business-school-financial-crisis-economics-578378.html.

26 Hayek, *The Road to Serfdom*, p. 56

27 같은 책, p. 72. 또한 하이에크는 조직에 소속돼 있다는 이유로 집합적으로 정해진 보수를 받는 게 아니라 개인별로 정확히 자신이 한 일에 대해 보수를 받는 독립 노동자 형태가 더 바람직하다고 봤다. 다음을 참고하라. Hayek, *The Constitution of Liberty*, p. 188.

28 Bullen, '"Men Think You're Their Pet"'.

29 Anonymous (2016). 'No Phones, Low Pay, Sent Home for Purple Hair – Life on a Zero-Hours Contract'. *The Guardian*. https://www.theguardian.com/commentisfree/2016/jul/19/no-phones-low-pay-sent-home-purple-hair-life-zero-hours-contract.
30 Hayek, *The Road to Serfdom*, p. 71.
31 다음을 참고하라. A. Ross (2014). *Creditocracy and the Case for Debt Refusal*. New York: Or Books.
32 Financial Stability Board (2017). 'Global Shadow Banking Monitoring Report 2016'. www.fsb.org/2017/05/global-shadow-banking-monitoring-report-2016.
33 예를 들어, 다음을 참고하라. G. Zucman (2017). 'The Desperate Inequality Behind Global Tax Dodging'. *The Guardian*. https://www.theguardian.com/commentisfree/2017/nov/08/tax-havens-dodging-theft-multinationals-avoiding-tax; 다음도 참고하라. R. Murphy (2017). *Dirty Secrets: How Tax Havens Destroy the Economy*. London: Verso.
34 Financial Global Integrity (2016). 'Trade Misinvoicing'. www.gfintegrity.org/issue/trade-misinvoicing.
35 J. Bartlett (2014). *The Dark Net: Inside the Digital Underworld*. New York: Melville House.
36 같은 책, p. 3.
37 K. Marx (1988). *Economic and Philosophic Manuscripts of 1844*. New York: Prometheus Books, p. 138.
38 M. Friedman (1962). *Capitalism and Freedom*. University of Chicago Press.
39 Hayek, *The Road to Serfdom*, pp. 95–6.
40 M. Friedman (1980). *Free to Choose*, 8회: 'Who Protects the Worker?' https://www.youtube.com/watch?v=Gb6aqitTgOM.
41 같은 자료.
42 같은 자료.
43 J. McMartin (2011). *Collision Course: Ronald Reagan, the Air Traffic Controllers, and the Strike that Changed America*. New York: Oxford University Press.
44 다음을 참고하라. M. Friedman (1994). 'Milton Friedman on Hayek's "Road to Serfdom" 1994 Interview'. https://www.youtube.com/watch?v=15idnfuyqXs&t=715s.
45 다음을 참고하라. P. Fleming (2017). 'What is Human Capital?' *Aeon*. https://aeon.co/essays/how-the-cold-war-led-the-cia-to-promote-human-capital-theory.
46 M. Friedman (2010). 'Uncommon Knowledge: Milton Friedman on Libertarianism'. https://www.youtube.com/watch?v=JSumJxQ5oy4&t=1093s.
47 R. Epstein (1978). 'Medical Malpractice: Its Cause and Cure'. 다음에 수록됨.

S. Rottenberg (ed.), *The Economics of Medical Malpractice*. Washington, DC: The American Enterprise Institute, p. 225.

48 E. Saner (2016). 'War on Wheels: An Uber Driver and a Black-Cab Driver Debate London's Taxi Trade'. *The Guardian*. https://www.theguardian.com/technology/2016/feb/12/war-on-wheels-uber-driver-black-cab-driver-debate-london-taxi-trade.

49 A. Bish and A. Davidson (2016). 'Paedophile Hunters: Should Police Be Working with Vigilantes?' *BBC News*. www.bbc.co.uk/news/magazine-37708233.

50 B. Malkin and G. Cleland (2007). 'Police Recruit 16-year-old Support Officers'. *The Telegraph*. www.telegraph.co.uk/news/uknews/1560166/Police-recruit-16-year-old-support-officers.html.

51 M. Gove (2010). 'Oral Answers to Questions: Education'. House of Commons. https://publications.parliament.uk/pa/cm201011/cmhansrd/cm101115/debtext/101115-0001.htm.

52 M. Steel (2013). 'Of Course You Don't Need Qualified Teachers in Free Schools. Or Qualified Brain Surgeons, for that Matter'. *The Independent*. www.independent.co.uk/voices/comment/of-course-you-don-t-need-qualified-teachers-in-free-schools-or-qualified-brain-surgeons-for-that-8916236.html.

53 H. Mance (2016). 'Britain Has Had Enough of Experts, Says Gove'. *Financial Times*. https://www.ft.com/content/3be49734-29cb-11e6-83e4-abc22d5d108c.

54 D. Carrington (2017). 'Green Movement "Greatest Threat to Freedom", Says Trump Adviser'. *The Guardian*. https://www.theguardian.com/environment/2017/jan/30/green-movement-greatest-threat-freedom-says-trump-adviser-myron-ebell.

55 다음을 참고하라. T. Nichols (2017). *The Death of Expertise: The Campaign Against Established Knowledge and Why it Matters*. New York: Oxford University Press.

3장 위키 봉건주의

1 L. Dearden (2017). 'Grenfell Tower Fire: Six-month-old Baby Found Dead in Mother's Arms in Stairwell, Inquest Hears'. *The Independent*. www.independent.co.uk/news/uk/home-news/grenfell-tower-fire-baby-leena-belkadi-found-dead-mother-arms-stairwell-inquest-north-kensington-a7813901.html.

2 나중에 밝혀진 바에 따르면 이 카운슬(보수당이 지배하고 있었다)은 사실 2014년에 2억 7400만 파운드의 예산 흑자를 낸 것으로 나타났다. K. Forster (2017). 'Grenfell Tower's Fireproof Cladding was "Downgraded to Save £293,000", Show Leaked

Documents'. *The Independent*. https://www.independent.co.uk/news/uk/home-news/grenfell-tower-cladding-fireproof-downgrade-save-money-cut-cost-293000-leak-documents-north-a7815971.html.

3 S. Knapton and H. Dixon (2017). 'Eight Failures that Left People of Grenfell Tower at Mercy of the Inferno'. *The Telegraph*. www.telegraph.co.uk/news/2017/06/15/eight-failures-left-people-grenfell-tower-mercy-inferno.

4 M. Bulman (2017). 'Grenfell Tower Fire: Cladding Used on Block "Was Banned in US"'. *The Independent*. www.independent.co.uk/news/uk/home-news/grenfell-tower-fire-latest-london-cladding-banned-us-flammable-a7792711.html.

5 Knapton and Dixon, 'Eight Failures'.

6 A. Hosken (2017). 'Fire Brigade Raised Fears about Cladding with Councils'. *BBC News*. www.bbc.co.uk/news/uk-40422922.

7 C. York (2017). 'Grenfell Tower Refurbishment: Residents Warned Landlord KCTMO Building Was a Fire Risk'. *Huffington Post*. www.huffingtonpost.co.uk/entry/grenfell-tower-fire_uk_5940d081e4b0d3185485cf62.

8 L. Pasha-Robinson (2017). 'Sadiq Khan Says '"Questions to be Answered" after Grenfell Tower Residents Told to Stay in Flats'. *The Independent*. www.independent.co.uk/news/uk/home-news/london-fire-sadiq-khan-grenfell-tower-residents-mayor-stay-in-flats-dead-fatalities-north-kensington-a7788911.html.

9 Knapton and Dixon, 'Eight Failures'.

10 N. McIntyre (2017). 'England's Fire Services Suffer 39% Cut to Safety Officers Numbers'. *The Guardian*. https://www.theguardian.com/uk-news/2017/aug/29/englands-fire-services-suffer-39-cut-to-safety-officers-numbers.

11 같은 글.

12 Parliament.uk (2014). '6 Feb 2014: '"Brandon Lewis: Parliamentary Business"'. https://publications.parliament.uk/pa/cm201314/cmhansrd/cm140206/halltext/140206h0002.htm.

13 T. Clark (2017). 'London Building Act "Would Have Averted Grenfell Disaster"'. *Construction News*. www.constructionnews.co.uk/best-practice/health-and-safety/london-building-act-would-have-averted-grenfell-disaster/10020920.article.

14 같은 글.

15 G. Monbiot (2017). 'With Grenfell Tower, We've Seen What "Ripping Up Red Tape" Really looks Like'. *The Guardian*. https://www.theguardian.com/commentisfree/2017/jun/15/grenfell-tower-red-tape-safety-deregulation.

16 National Archives (2014). 'Red Tape Challenge: Prime Minister Announces Government Exceeds its Target to Identify 3,000 Regulations to be Amended or Scrapped'. http://webarchive.nationalarchives.gov.uk/20150319091615/ http://www.redtapechallenge.cabinetoffice.gov.uk/themehome/pm-speech-2; 다음도 참고하라. Gov.uk (2013). 'Red Tape Challenge is Removing Unnecessary Housing, Construction and Planning Regulations'. https://www.gov.uk/government/news/red-tape-challenge-is-removing-unnecessary-housing-construction-and-planning-regulations.

17 같은 글.

18 W. Wainwright (2014). 'What Cameron's Bonfire of the Building Regulations Will Do to Our Homes'. *The Guardian*. https://www.theguardian.com/artanddesign/architecture-design-blog/2014/jan/27/david-cameron-bonfire-of-building-regulations-future-homes.

19 S. Poole (2017). '"Deadlier than Terrorism": the Right's Fatal Obsession with Red Tape'. *The Guardian*. https://www.theguardian.com/politics/2017/jun/20/deadlier-than-terrorism-right-fatal-obsession-red-tape-deregulation-grenfell-tower.

20 Gov.uk (2011). 'PM's Speech on Big Society'. https://www.gov.uk/government/speeches/pms-speech-on-big-society.

21 G. Wilkes (2015). 'Steve Hilton: the Tory Guru Out of Step with Political Realities'. *Financial Times*. https://www.ft.com/content/94ba1a62-ffcb-11e4-bc30-00144feabdc0.

22 G. Parker and J. Pickard (2011). 'Hilton Wants to Abolish Maternity Leave'. *Financial Times*. https://www.ft.com/content/11cc97ae-b85f-11e0-b62b-00144feabdc0.

23 같은 글.

24 S. Hilton (2015). *More Human: Designing a World Where People Come First*. New York: W. H. Allen.

25 S. Teles (2010). *The Rise of the Conservative Legal Movement: The Battle for Control of the Law*. Princeton University Press. 다음도 참고하라. J. Stiglitz (2017). 'America Has a Monopoly Problem – and It's Huge'. *The Nation*. https://www.thenation.com/article/america-has-a-monopoly-problem-and-its-huge.

26 시카고학파의 창시자라고 할 수 있는 프랭크 나이트는 이렇게 주장했다. "실제 경제에서 독점이 미치는 영향이 사람들의 마음속에서는 막대하게 과장된다는 것, 그리고 독점의 실제 영향 중 상당 부분, 그리고 가장 안 좋은 부분이 정부 활동 때문이라는 것을 짚어둘 필요가 있다." F. Knight (1941). 'The Meaning of Freedom.' *Ethics* 52(1):

86–109, p. 103. 뒤에 나이트는 이 주장을 다음과 같이 되풀이했다. "공공 대중은 독점이 미치는 영향의 범위가 매우 나쁘며 개선이 불가능하다는 매우 과장된 개념을 가지고 있다. 독점의 '폐지'를 말하는 것은 대개 무지하거나 무책임한 것이다. 합당하고 필요한 이윤과 문제 있는 행위에서 나온 독점적 이득 사이에 명백하고 분명하게 선을 그을 수는 없다." F. Knight (1953). 'Conflict of Values: Freedom and Justice'. 다음에 수록됨. Alfred Dudley Ward (ed.), *Goals of Economic Life*. New York: Harper and Brothers, pp. 224–5.

27 다음을 참고하라. J. Weissmann (2018). 'Why Is It So Hard for Americans to Get a Decent Raise?' *Slate*. https://slate.com/business/2018/01/a-new-theory-for-why-americans-cant-get-a-raise.html; D. H. Autor, D. Dorn, L. F. Katz, C. Patterson and J. Van Reenen (2017). 'Concentrating on the Fall of the Labor Share'. CESifo Working Paper Series No. 6336. SSRN: https://ssrn.com/abstract=2932777.

28 Hilton, *More Human*, p. 39.

29 같은 책, p. 47.

30 같은 책, p. 163.

31 *BBC News* (2010). 'Cameron Aide Steve Hilton Arrested at Station in 2008'. http://news.bbc.co.uk/1/hi/uk_politics/8447239.stm.

32 Parker and Pickard, 'Hilton Wants to Abolish Maternity Leave'.

33 P. L. Winter, R. B. Cialdini, R. J. Bator, K. Rhoads and B. J. Sagarin (1998). 'An Analysis of Normative Messages in Signs at Recreation Settings'. *Journal of Interpretation Research*, 3(1): 39–47.

34 Hilton, *More Human*, p. 122.

35 같은 책, pp. 102–3.

36 같은 책, pp. xxiv–xxv.

37 다음을 참고하라. S. Harney (2009). 'Extreme Neo-liberalism: An Introduction'. *Ephemera*, 9(4): 318–29.

38 N. Gilman, J. Goldhammer and S. Weber (2011). *Deviant Globalization: Black Market Economy in the 21st Century*. New York: Continuum.

39 A. Chandler (1977). *The Visible Hand: The Managerial Revolution in American Business*. Cambridge, MA: Harvard University Press.

40 M. Weber (1946). *From Max Weber: Essays in Sociology*. New York: Oxford University Press.

41 A. Gouldner (1954). *Patterns of Industrial Bureaucracy*. New York: Free Press; C. Wright Mills (1951). *White Collar: The American Middle Classes*. New York: Oxford University Press.

42 H. Marcuse (1964). *One-Dimensional Man: Studies in the Ideology of Advanced Industrial Society*. New York: Beacon Press.

43 같은 책, p. 1.

44 I. Illich (1971). *Deschooling Society*. New York: Harper & Row.

45 I. Illich (1973). *Tools for Conviviality*. London: Calder Boyars, p. xii.

46 F. A. Hayek (1944). *The Road to Serfdom*. London: Routledge, p. 67.

47 F. A. Hayek (1945). 'The Use of Knowledge in Society'. *American Economic Review*, 35(4): 519–30, p. 526.

48 다음을 참고하라. J. Buchanan (1975). *Limits of Liberty: Between Anarchy and Leviathan*. University of Chicago Press; J. Buchanan and G. Tullock (1962/1990). *The Calculus of Consent: Logical Foundations of Constitutional Democracy*. Ann Arbor: University of Michigan; W. Niskanen (1996). *Bureaucracy and Public Economics*. Cheltenham: Edward Elgar Publishing Ltd.

49 *Frontier Centre* (1986). 'Conversations with Professor James M. Buchanan, Nobel Prize Laureate in Economics.' 다음에서 볼 수 있다. www.iedm.org/files/011025buchananinterview.pdf.

50 R. Michels (1915/ 1962). *Political Parties: A Sociological Study of the Oligarchical Tendencies of Modern Democracy*. New York: Free Press.

51 다음을 참고하라. P. Toynbee and D. Walker (2017). *Dismembered: How the Conservative Attack on the State Harms Us All*. London: Faber.

52 P. Butler (2017). 'Council Spending on "Neighbourhood" Services Falls by £3bn since 2011'. *The Guardian*. https://www.theguardian.com/society/2017/apr/25/spending-on-council-services-in-england-fell-3bn-in-past-five-years-study-bin-collections-local-government.

53 T. Crewe (2016). 'The Strange Death of Municipal England'. *London Review of Books*. https://www.lrb.co.uk/v38/n24/tom-crewe/the-strange-death-of-municipal-england.

54 McIntyre, 'England's Fire Services Suffer 39% Cut to Safety Officers Numbers'.

55 R. Evans (2016). '"Health Risk" Warning over Fall in Food Safety Checks'. *BBC News*. www.bbc.co.uk/news/uk-36171891. 다음도 참고하라. Toynbee and Walker, *Dismembered*.

56 Evans, '"Health Risk" Warning over Fall in Food Safety Checks'.

57 Centre for Crime and Justice Studies (2016). 'Social Murder Kills Thousands Each Year'. https://www.crimeandjustice.org.uk/news/social-murder-kills-thousands-each-year.

58 J. Doward (2016). 'Unchecked Pollution and Bad Food "Killing Thousands in

UK"'. *The Guardian*. https://www.theguardian.com/environment/2016/apr/30/pollution-food-poisoning-health-safety-deaths-thinktank.

59 A. Wasley (2018). '"Dirty Meat": Shocking Hygiene Failings Discovered in US Pig and Chicken Plants'. *The Guardian*. https://www.theguardian.com/animals-farmed/2018/feb/21/dirty-meat-shocking-hygiene-failings-discovered-in-us-pig-and-chicken-plants.

60 Centers for Disease Control and Prevention (2017). 'Foodborne Illnesses and Germs'. https://www.cdc.gov/food-safety/foodborne-germs.html.

61 A. Hill (2017). 'Home Office Makes Thousands in Profit on Some Visa Applications'. *The Guardian*. https://www.theguardian.com/uk-news/2017/sep/01/home-office-makes-800-profit-on-some-visa-applications.

62 같은 글.

63 같은 글.

64 M. Reynolds (2016). 'Morale of UK Border Force Workers at "Rock Bottom" with One in Five Wanting to QUIT'. *Express*. https://www.express.co.uk/news/uk/735193/UK-Border-Force-workers-morale-low-leaked-survey.

65 P. S. Adler and B. Borys (1996). 'Two Types of Bureaucracy: Enabling and Coercive'. *Administrative Science Quarterly*, 41: 61–89.

66 다음을 참고하라. C. B. Tansel (2016). *States of Discipline: Authoritarian Neoliberalism and the Contested Reproduction of Capitalist Order*. London: Rowman & Littlefield; P. Bloom (2016). *Authoritarian Capitalism in the Age of Globalization*. London: Edward Elgar.

67 Weber, *From Max Weber*; 다음도 참고하라. C. Perrow (2002). *Organizing America: Wealth, Power and the Origins of American Capitalism*. Princeton University Press.

68 Weber, *From Max Weber*, p. 224.

69 같은 책.

70 R. Edwards (1979). *Contested Terrain: The Transformation of the Workplace in the Twentieth Century*. New York: Basic Books.

71 같은 책, p. 162.

72 예를 들어, 다음을 참고하라. B. Watson (1971). 'Counter-planning on the Shopfloor'. *Radical America*, 5: 77–85.

4장 인간적인, 너무나 인간적인 직장

1 F. Laloux (2014). *Reinventing Organizations: A Guide to Creating Organizations Inspired by the Next Stage in Human Consciousness*. Brussels: Nelson Parker.

2 R. Hodge (2015). 'First, Let's Get Rid of All the Bosses'. *New Republic*. https://newrepublic.com/article/122965/can-billion-dollar-corporation-zappos-be-self-organized.
3 F. Laloux (2017). 'It's Time to Reinvent Organizations'. www.reinventingorganizations.com.
4 Hodge, 'First, Let's Get Rid of All the Bosses'.
5 B. Robertson (2016). *Holacracy: The Revolutionary Management System that Abolishes Hierarchy*. New York: Portfolio Penguin.
6 A. Groth (2015). 'Holacracy at Zappos: It's Either the Future of Management or a Social Experiment Gone Awry'. *Quartz*. https://qz.com/317918/holacracy-at-zappos-its-either-the-future-of-management-or-a-social-experiment-gone-awry.
7 같은 글.
8 Robertson, *Holacracy*.
9 J. Reingold (2016). 'How a Radical Shift Left Zappos Reeling'. *Fortune*. http://fortune.com/zappos-tony-hsieh-holacracy.
10 Groth, 'Holacracy at Zappos'.
11 B. Lam (2016). 'Why Are So Many Zappos Employees Leaving?' *The Atlantic*. https://www.theatlantic.com/business/archive/2016/01/zappos-holacracy-hierarchy/424173.
12 A. Groth (2015). 'Internal Memo: Zappos is Offering Severance to Employees Who Aren't All In with Holacracy'. *Quartz*. https://qz.com/370616/internal-memo-zappos-is-offering-severance-to-employees-who-arent-all-in-with-holacracy.
13 B. Taylor (2008). 'Why Zappos Pays New Employees to Quit – And You Should Too'. *Harvard Business Review*. https://hbr.org/2008/05/why-zappos-pays-new-employees.
14 B. Synder (2015). '14% of Zappos' Staff Left after Being Offered Exit Pay'. *Fortune*. http://fortune.com/2015/05/08/zappos-quit-employees.
15 Reingold, 'How a Radical Shift Left Zappos Reeling'.
16 Lam, 'Why Are So Many Zappos Employees Leaving?'
17 Reingold, 'How a Radical Shift Left Zappos Reeling'.
18 Groth, 'Holacracy at Zappos'.
19 같은 글.
20 Reingold, 'How a Radical Shift Left Zappos Reeling'.
21 다음을 참고하라. T. Peters (1992). *Liberation Management: Necessary*

Disorganization for the Nanosecond Nineties. New York: Alfred A. Knopf; S. Hsieh (2010); *Delivering Happiness: A Path to Profits, Passion and Purpose*. New York: Business Plus.

22 Peters, *Liberation Management*.

23 다음을 참고하라. L. Boltanski and E. Chiapello (2006). *The New Spirit of Capitalism*. London: Verso.

24 S. Hilton (2015). *More Human: Designing a World Where People Come First*. New York: W. H. Allen.

25 다음을 참고하라. P. Fleming (2015). *The Mythology of Work: How Capitalism Persists Despite Itself*. London: Pluto Press.

26 다음을 참고하라. L. French (2016). 'Zappos' Weird Management Style Is Costing It More Employees'. *Time*. http://time.com/4180791/zappos-holacracy-buyouts.

27 예를 들어, 다음을 참고하라. C. DesMarais (2012). 'Your Employees Like Hierarchy (No, Really)' Inc. https://www.inc.com/christina-desmarais/your-employees-like-hierarchy-no-really.html.

28 E. Zimmerman (2014). 'Jeffrey Pfeffer: Do Workplace Hierarchies Still Matter?' Insights from Stanford Business. https://www.gsb.stanford.edu/insights/jeffrey-pfeffer-do-workplace-hierarchies-still-matter.

29 J. Peterson (2018). 'Jordan Peterson Talks Lobster on Channel 4 16th January 2018'. https://www.youtube.com/watch?v=bZnygvRRmPE.

30 다음을 참고하라. M. Pick (2017). 'Cut the Bullshit: Organizations with No Hierarchy Don't Exist'. *Medium*. https://medium.com/ouishare-connecting-the-collaborative-economy/cut-the-bullshit-organizations-with-no-hierarchy-dont-exist-f0a845e73a80.

31 Hilton, *More Human*, p. 208.

32 I. Trump (2010). *Trump Card: Playing to Win in Life and Work*. New York: Touchstone Books.

33 같은 책, p. 100.

34 Australian Broadcasting Corporation (2016). 'The Bullying and Hazing Inside Australia's Most Humiliating Workplace'. www.news.com.au/finance/work/at-work/the-bullying-and-hazing-inside-australias-most-humiliating-workplace/news-story/012886ca98839ecc6cb8a11eca370e02.

35 같은 글.

36 L. Knowles and E. Worthington (2016). 'Appco: Workers Allegedly Forced to "Shove Cigarettes Up Bottoms" After Missing Sales Targets'. ABC. www.abc.net.au/news/2016-11-05/fresh-allegations-of-bizarre-rituals-at-marketing-giant-

appco/7996710.

37 L. Knowles (2017). 'Appco Class Action: Video Emerges Showing Sales Team Being Forced to Simulate Sex Acts with Colleagues'. ABC. www.abc.net.au/news/2017-02-14/video-shows-appco-workers-forced-simulate-sex-acts-class-action/8268848.

38 다음을 참고하라. T. W. Adorno and M. Horkheimer (1947/2002). *The Dialectic of the Enlightenment*. Stanford University Press. 아도르노와 호르크하이머의 이 저술에 따르면, 드 사드는 자본주의적 계몽 운동이 직면하지 못하는 자신의 문제 하나를 명백하게 보여줬다. "인간이 숨을 쉬는 찰나까지도 얼마나 합리화될 수 있는지"(p. 69), 그래서 "경제적인 증오가 얼마나 쉽게 실천 이성의 영역에 들어올 수 있게 되는지"(p. 87)에 제대로 직면하지 못한다는 것이다.

39 B. Ginsberg (2011). *The Fall of the Faculty: The Rise of the All-Administrative University and Why It Matters*. New York: Oxford University Press.

40 *Times Higher Education* (2014). 'Imperial College London to "Review Procedures" after Death of Academic'. https://www.timeshighereducation.com/news/imperial-college-london-to-review-procedures-after-death-of-academic/2017188.article.

41 D. Colquhoun (2014). 'Publish and Perish at Imperial College London: the Death of Stefan Grimm'. DC's Impossible Science Blog. www.dcscience.net/2014/12/01/publish-and-perish-at-imperial-college-london-the-death-of-stefan-grimm.

42 같은 글.

43 J. Grove (2015). 'Stefan Grimm Inquest: New Policies May Not Have Prevented Suicide'. *Times Higher Education*. https://www.timeshighereducation.com/news/stefan-grimm-inquest-new-policies-may-not-have-prevented-suicide/2019563.article.

44 사석에서 영국 학계의 연구자들은 부끄럽지만 실제로 이런 "게임을 한다"고 인정한다. 특히 경력상의 진전을 이루고자 한다면 정량적 평가와 비공식적 협박의 이 희한한 결합 사이를 잘 헤쳐나가기 위해 매우 애를 써야 한다. 알랭 드노는 명저 《중간에 위치한 사람들에 의한 통치Mediocracy》에서 이런 '게임'이 (TV드라마 〈와이어The Wire〉에 나오는 것 같은) 범죄 조직에서 벌어지는 것과 비슷하다고 주장했다. "여기에서 '게임'은 매우 구조화돼 있지 않고 그것을 늘상 행하는 사람들 사이에서도 입 밖에 내어 말할 수 없는, 또 다른 유형의 정치 질서를 의미하는 미사여구다. 그것은 임의적이고 예측 불가능하며 당연하게도 완전히 비민주적이다. (…) 공식적인 규칙, 법, 규제, 절차 등이 계속 존재는 할 수 있겠지만 깨지거나 도구화된다." 이런 면에서, 나는 하이에크나 프리드먼이 '법치rule of law'(그들이 생각하는 최소한의 법적 질서)를 종종 '게임의 규칙rules of the game'이라고 언급한 것이 우연이 아니라고 생각한다: A. Deneault (2018).

Mediocracy: The Politics of the Extreme Centre. Toronto: Between The Lines, p. 34.
45 론 스리글리는 '관리 행정이 지배하는 대학'에 대해 논하면서 매우 통찰력 있는 주장을 개진했다. 대학 내 권력 구조에서 커다란 역전이 벌어졌다. 과거에는, 교수들은 책무성을 갖지 않는 존재로 여겨진 반면 고위 행정관들은 전적으로 책무성을 가지고 있었다. 그런데 이제는 반대가 되었다. 스리글리는 "이 새로운 대학에서 통치 권한을 가진 곳은 정확히 어디인가?"라는 통렬한 질문을 던진다. 그에 따르면 "행정가들이다. 행정가들은 대학을 자신의 지배 권한이 촉진되는 한 그들이 적합하다고 생각하는 대로 지배할 자유가 있다. 이를 위해 험한 일이 필요하다면 그렇게 한다. 가령 그들은 자신의 지배를 드러내기 위해 집합적인 합의 사항을 연달아 깨뜨리면서 새로운 선례를 만들 수 있다." 스리글리는 이런 환경에서 정량 평가와 괴롭힘이 나란히 존재한다고 설명했다. 그의 책에는 지인인 한 교수가 학교 측이 제안한 성과 평가 시스템에 대한 우려를 동료들에게 이메일로 제기했다가 겪게 된 에피소드가 나온다. 새 시스템은 부총장이 미는 정책이었기 때문에 거의 아무런 반대 없이 통과됐다. 다들 "자기 자리를 잃을까 봐 두려워하고 있었기 때문"이다. 얼마 후에 부총장이 이메일로 문제를 제기한 교수에게 연락해 만나자고 했다. 그리고 (스리글리의 책에 묘사된 바에 따르면) "그에게 대학 이메일 계정을 경영진이 투명하게 들여다볼 수 없을 것으로 생각했다니 너무 순진했다고 말했다. 아무런 논의나 배경 설명도 없었고 공식적인 견책도 없었다. 단지, 조심하지 않으면 학계의 '이스트강' 바닥에 떨어지게 되리라는 거의 노골적인 위협이 있었을 뿐이다. 나중에 그 교수는 자신의 이메일 계정 보안에는 전혀 문제가 없었다는 사실을 알게 됐다. 부총장이 그의 이메일에 대해 알게 된 것은 [경영진이 이메일 시스템을 들여다볼 수 있어서가 아니라] 한 방문 교수가 고자질을 했기 때문이었다. 즉 총장은 자신이 알게 된 정보를 가지고 그를 위협하면서 재미삼아 좀 골려봤을 뿐이었다." (R. Srigley (2018). 'Whose University is it Anyway?' *Los Angeles Review of Books*. https://lareviewofbooks.org/article/whose-university-is-it-anyway/#_edn1).
46 C. Parr (20). 'Imperial College Professor Stefan Grimm "Was Given Grant Income Target"'. *Times Higher Education*. https://www.timeshighereducation.com/news/imperial-college-professor-stefan-grimm-was-given-grant-income-target/2017369.article.
47 Imperial College London (2015). 'Professor Alice Gast on BBC Radio 4's *Today Programme* (Friday 17 April 2015)'. https://wwwf.imperial.ac.uk/imedia/content/view/4708/professor-alice-gast-on-bbc-radio-4s-today-programme-friday-17-april-2015.
48 H. Simon (1991). 'Organisations and Markets'. *Journal of Economic Perspectives*, 5(2): 225–44, p. 237.
49 A. Avegoustaki (2016). 'Work Uncertainty and the Extensive Work Effort: the

Mediating Role of Human Resource Practices'. *International Labor Review*, 69(3): 656 – 82.

50 K. Marx (1867/1976). *Capital: Volume One*. London: Penguin.

51 같은 책, p. 271.

52 같은 곳.

53 A. Malm (2015). *Fossil Capital: The Rise of Steam Power and the Roots of Global Warming*. London: Verso.

54 같은 책, p. 130.

55 Groth, 'Holacracy at Zappos'.

56 J. Stanford (2017). 'The Resurgence of Gig Work: Historical and Theoretical Perspectives'. *Economic and Labour Relations Review* 28(3): 382 – 401.

57 같은 책, p. 386.

58 같은 곳.

59 T. Brass (2004). 'Medieval Working Practices? British Agriculture and the Return of the Gangmaster'. *Journal of Peasant Studies* 31(2): 313 – 40.

60 다음을 참고하라. A. Hill (2017). 'Gig Workers Are Easy Prey for Bullies and Gangmasters'. *Financial Times*. https://www.ft.com/content/cae35762-b41d-11e7-aa26-bb002965bce8?emailId=59e891ac60feaa0004330e63; P. Conford and J. Burchardt (2011). 'The Return of the Gangmaster'. *History and Policy* 6 September. www.historyandpolicy.org/policy-papers/papers/the-return-of-the-gangmaster.

61 A. Boyle (2018). 'Amazon Wins a Pair of Patents for Wireless Wristbands that Track Warehouse Workers'. *GeekWire*. https://www.geekwire.com/2018/amazon-wins-patents-wireless-wristbands-track-warehouse-workers.

62 N. Schreiber (2017). 'How Uber Uses Psychological tricks to Push Drivers' Buttons'. *The New York Times*. https://www.nytimes.com/interactive/2017/04/02/technology/uber-drivers-psychological-tricks.html?mtrref=www.google.co.uk&gwh=90ABE34EFF5B5EDEC703C24A8FACF16F&gwt=pay.

63 O. Solon (2017). 'Big Brother Isn't Just Watching: Workplace Surveillance Can Track Your Every Move'. *The Guardian*. https://www.theguardian.com/world/2017/nov/06/workplace-surveillance-big-brother-technology.

64 같은 글.

65 G. Harvey, C. Rhodes, S. J. Vachhani and K. Williams (2017). 'Neo-villeiny and the Service Sector: the Case of Hyper Flexible and Precarious Work in Fitness Centres'. *Work, Employment and Society* 31(1): 19 – 35.

66 같은 글, p. 20.

67 다음을 참고하라. Weber, M. (1946). *From Max Weber: Essays in Sociology*. New York: Oxford University Press.
68 Harvey et al., 'Neo-villeiny and the Service Sector', p. 26.
69 같은 글, p. 30.
70 W. Streeck (2016). *How Will Capitalism End?* London: Verso.
71 D. Gordon (2017). 'Do You Have to Avoid Huggers at Work?' *BBC News*. http://www.bbc.co.uk/news/business-40580986.
72 A. Swales (2016). 'The Rules of Digital Kissing: Is It Ever Appropriate to Sign off Work Emails with a Kiss?' *Stylist*. www.stylist.co.uk/life/rules-of-digital-kissing-email-kiss-etiquette-at-work-careers-workplace.
73 O. Williams-Grut (2014). 'Booze Trolleys and Cocktails in the Foyer: Why Londoners Are All Drinking al Desko'. *Evening Standard*. https://www.standard.co.uk/lifestyle/foodanddrink/booze-trolleys-and-cocktails-in-the-foyer-why-londoners-are-all-drinking-al-desko-9581096.html.
74 G. Deleuze (1992). 'Postscript on the Societies of Control'. *October* 59(Winter): 3–7, p. 6.
75 예를 들어, 1000명의 직장인을 대상으로 한 설문조사에서 54%가 회사 크리스마스 파티를 피하고 싶다고 답했다. *Reward Gateway* (2015). 'More than 50% of Employees Dread the Christmas Office Party'. https://www.rewardgateway.com/press-releases/50-employees-dread-office-christmas-party.
76 Hart Research Associates (2016). 'Key Findings from a Survey of Women Fast Food Workers'. http://hartresearch.com/wp-content/uploads/2016/10/Fast-Food-Worker-Survey-Memo-10-5-16.pdf.
77 같은 글, p. 2.
78 같은 글, p. 1.
79 예를 들어, 다음을 참고하라. L. Dodson (2009). *The Moral Underground: How Ordinary Americans Subvert an Unfair Economy*. New York: The New Press.
80 F. A. Hayek (1944). *The Road to Serfdom*. London: Routledge.
81 H. Arendt (1958). *The Human Condition*. University of Chicago Press.

5장 그런 친교는 필요 없다

1 M. Judge (1999). *Office Space*. Twentieth Century Fox.
2 2017년에 영국 노동자 5000명을 대상으로 진행된 설문에서 67%가 현재의 직장에서 이탈할 방법을 강구하고 있다고 답했다. 다음을 참고하라. R. Rigby (2017). 'Is the UK Workforce a Zombie Nation?' TotalJobs.com. https://www.totaljobs.com/

insidejob/uk-workforce-zombie-nation.
3 C. B. Macpherson (1962). *The Political Theory of Possessive Individualism: From Hobbes to Locke*. Toronto: Oxford University Press, Canada, p. 3.
4 영국만 보더라도 이와 관련해 주목할 만한 승리 사례들을 더 찾아볼 수 있다. 온라인 상거래 기업 UK익스프레스(UKXD)는 2018년 1월 노동조합인 GMB의 압력에 이어 배달 노동자들이 직원임을 인정하고 소송에 대해 합의했다. 택시 회사 애디슨 리의 운전사 세 명이 제기한 소송에서도 운전사들이 승소해 사실상의 직원이라는 판결을 받았다. 2018년에는 자전거 배달업체 시티스프린트가 노동자들에게 유급 휴일을 줘야 하고 전국 최저임금법을 지켜야 한다는 판결을 받았다.
5 Employment Appeal Tribunal (2017). *'Uber B.V. and Others v. Mr Y. Aslam and Others'*. https://assets.publishing.service.gov.uk/media/5a046b06e5274a0ee5a1f171/Uber_B.V._and_Others_v_Mr_Y_Aslam_and_Others_UKEAT_0056_17_DA.pdf.
6 A. Rosenblat and L. Stark (2016). 'Algorithmic Labor and Information Asymmetries: A Case Study of Uber's Drivers'. *International Journal of Communication*, 10: 3758–84, p. 3762.
7 J. Worland (2017). 'Uber Wants to Settle a Lawsuit With its California Drivers for Just $1 Each'. *Fortune*. http://fortune.com/2017/02/02/uber-california-lawsuit-settlement.
8 D. Alba (2016). 'Judge Rejects Uber's 100 Million Settlement with Drivers'. *Wired*. https://www.wired.com/2016/08/uber-settlement-rejected.
9 United States District Court (2016). 'Order Denying Plaintiff's Motion for Preliminary Settlement'. https://assets.documentcloud.org/documents/3031645/Uber-Settlement-Denied.pdf.
10 T. Lien (2015). 'Uber Tries to Limit Size in Class-Action Lawsuit with New Driver Contract'. *LA Times*. www.latimes.com/business/technology/la-fi-tn-uber-arbitration-opt-out-20151211-story.html.
11 Uber Technologies, Inc. (2015). 'Technologies Services Agreement'. https://s3.amazonaws.com/uber-regulatory-documents/country/united_states/RASIER+Technology+Services+Agreement+December+10+2015.pdf.
12 같은 글.
13 Lien, 'Uber Tries to Limit Size in Class-Action Lawsuit with New Driver Contract'.
14 같은 글.
15 S. Fowler (2017). 'Reflecting on One Very, Very Strange Year at Uber'. https://www.susanjfowler.com/blog/2017/2/19/reflecting-on-one-very-strange-year-at-uber.

16 같은 글.
17 같은 글.
18 P. Blumberg (2017). 'Ex-Uber Engineer Asks Supreme Court to Learn from Her Ordeal'. Bloomberg. https://www.bloomberg.com/news/articles/2017-08-24/uber-provocateur-takes-her-tale-of-harassment-to-supreme-court.
19 N. Tiku (2017). 'Why Aren't More Employees Suing Uber?' *Wired*. https://www.wired.com/story/uber-susan-fowler-travis-kalanick-arbitration.
20 M. Hamilton (2017). 'Labor Protections Rise in New York's Uber, Lyft Debate'. *Times Union*. www.timesunion.com/tuplus-local/article/Labor-protections-rise-in-New-York-s-Uber-Lyft-10842682.php.
21 J. Woodcock (2016). 'Lessons on Resistance from Deliveroo and UberEATS'. Pluto Press Blog. https://www.plutobooks.com/blog/lessons-on-resistance-from-deliveroo-and-ubereats.
22 같은 글.
23 S. Butler and H. Osbourne (2016). 'Deliveroo Announces It Will Not Force New Contracts on Workers'. *The Guardian*. https://www.theguardian.com/business/2016/aug/16/deliveroo-announces-it-will-not-force-new-contracts-on-workers.
24 Woodcock, 'Lessons on Resistance from Deliveroo and UberEATS'.
25 J. Woodcock (2016). 'Slaveroo: Deliveroo Drivers Organising in the "Gig Economy"'. *Novara Media*. http://novaramedia.com/2016/08/12/slaveroo-deliveroo-drivers-organising-in-the-gig-economy.
26 *Fortune* (2017). 'Ryanair Recognizes Pilot Union in Historic Effort to Stop Holiday Season Strike'. http://fortune.com/2017/12/15/ryanair-strike-pilot-union-recognize.
27 D. Morris (2017). 'Uber Names New Self-Driving Car Hardware Chief Amid Major Turmoil'. *Fortune*. http://fortune.com/2017/06/09/uber-new-head-of-self-driving-hardware-development.
28 J. Woodcock (2016). *Working the Phones: Control and Resistance in a Call Centre*. London: Pluto Press.
29 아이러니하게도 채용 과정에서 이런 주관적인 판단이 인공 지능에 의해 수행되는 경우가 많아지고 있다. '하이어 뷰' 같은 소프트웨어 회사는 카메라와 알고리즘을 이용해 면접 시 자세, 표정, 목소리 톤 등을 측정한다. 다음을 참고하라. S. Buranyi (2018). 'Dehumanising, Impenetrable, Frustrating: the Grim Reality of Job Hunting in the Age of AI'. *The Guardian*. https://www.theguardian.com/inequality/2018/mar/04/dehumanising-impenetrable-frustrating-the-grim-reality-of-job-

hunting-in-the-age-of-ai.

30 G. Callaghan and P. Thompson (2002). '"We Recruit Attitude": the Selection and Shaping of Routine Call-Centre Labour'. *Journal of Management Studies*, 39(2): 233-54.

31 같은 글, p. 240.

32 R. Brooks (2012). *Cheaper by the Hour: Temporary Lawyers and the Deprofessionalization of the Law*. Philadelphia: Temple University Press.

33 같은 책, p. 130.

34 같은 책, p. 135.

35 같은 책, p. 140.

36 R. Tracey (2015). 'Driverless Trains Would Break the Militant Unions Forever'. *City AM*. www.cityam.com/222879/tube-strike-driverless-trains-would-break-militant-unions-for-ever; T. Edwards (2011). 'Driverless Tube Trains: Is This the End for Drivers?' *BBC News*. www.bbc.co.uk/news/uk-england-london-15523336.

37 예를 들어 다음을 참고하라. G. Monbiot (2017). *Out of the Wreckage: A New Politics for an Age of Crisis*. London: Verso; P. Fleming (2017). *The Death of Homo Economicus*. London: Pluto Press.

38 C. Lispector (1977). *The Hour of the Star*. São Paulo: Jose Olympio, p. 15.

39 M. Weaver (2017). 'G4S Staff Suspended from Brook House Immigration Centre over Abuse Claims'. *The Guardian*. https://www.theguardian.com/uk-news/2017/sep/01/g4s-staff-suspended-brook-house-immigration-centre-claims-abuse.

40 같은 글.

41 R. Epstein (2014). 'The Moral and Economic Foundations of Capitalism'. The Clemson Institute. https://www.youtube.com/watch?v=5gwKh3C4f_Q.

42 R. Epstein (2016). 'Richard Epstein's Lecture on Piketty'. https://www.youtube.com/watch?v=B2NYie_EAL4&t=463s.

43 F. Phillips (2017). 'The Gig Economy: Using Mandatory Arbitration Agreements with Class Action Waivers'. *Lexology*. https://www.lexology.com/library/detail.aspx?g=93b55903-50ac-49a6-9663-67b23acc9f08.

44 D. Alba (2016). 'Judge Says Lyft's $12 Million Settlement Doesn't Pay Drivers Enough'. *Wired*. https://www.wired.com/2016/04/judge-says-lyfts-12m-settlement-doesnt-pay-drivers-enough.

45 H. Somerville (2016). 'Judge Approves $27 Million Driver Settlement in Lyft Lawsuit'. Reuters. https://www.reuters.com/article/us-lyft-drivers/judge-approves-27-million-driver-settlement-in-lyft-lawsuit-idUSKBN16N30D.

46 D. Levine and H. Somerville (2016). 'Lyft Settles California Driver Lawsuit over Employment Status'. Reuters. https://www.reuters.com/article/us-lyft-drivers-settlement/lyft-settles-california-driver-lawsuit-over-employment-status-idUSKCN0V-50FR.

47 *BBC News* (2017). 'Deliveroo Claims Victory in Self-Employment Case'. www.bbc.co.uk/ news/business-41983343.

48 같은 글.

49 L. Crampton and J. Steingart (2017). 'Uber, Lyft Court Filing Marks New Justice Dept. Initiative'. Bloomberg. https://www.bna.com/uber-lyft-court-n73014471763.

50 1914년의 클레이턴법 제6조는 다음과 같이 명시했다. "인간의 노동은 상품이나 상업의 거래 대상이 아니다. 반독점법에 포함된 어느 내용도 상호 부조를 위해 설립된 (…) 노동의 존재와 활동을 제약하지 않는다. (…) 그리고 그러한 조직에 속하는 사람들이 합법적으로 목적을 추구하는 것을 금지하지 않는다. 또한 그러한 조직과 소속원들은 반독점법이 말하는, 상업 거래를 제약하는 담합이나 공모를 한 것으로 간주되지 않는다." http://gwclc.com/Library/America/USA/The%20Clayton%20Act.pdf.

51 다음을 참고하라. H. Simons (1942). 'Hansen on Fiscal Policy.' *Journal of Political Economy*, 50: 171; H. Simons (1944). 'Some Reflections on Syndicalism'. *Journal of Political Economy*, 52: 1–25; Fritz Machlup (1947). 'Monopolistic Wage Determination as a Part of the General Problem of Monopoly'. 다음에 수록됨. *The Economic Institution on Wage Determination and Economics of Liberalism*. Washington, DC: The Chamber of Economics of the United States, pp. 49–82; F. A. Hayek (1960). *The Constitution of Liberty*. University of Chicago Press, p. 391.

52 F. Knight (1953). 'Conflict of Values: Freedom and Justice'. 다음에 수록됨. Alfred Dudley Ward (ed.), *Goals of Economic Life*. New York: Harper and Brothers, pp. 224–5.

53 B. Jessop (2003). *The Future of the Capitalist State*. Cambridge: Polity.

54 *BBC News* (2016). 'French Workers Get "Right to Disconnect" from Emails out of Hours'. www.bbc.co.uk/news/world-europe-38479439.

55 J. Appleton (2016). *Officious: Rise of the Busybody State*. London: Zero Books; B. Evans and S. McBride (2017). *The Austerity State*. University of Toronto Press.

56 F. A. Hayek (1944). *The Road to Serfdom*. London: Routledge.

57 M. Weber (1946). *From Max Weber: Essays in Sociology*. New York: Oxford University Press, p. 226.

58 R. Michels (1915/1962). *Political Parties: A Sociological Study of the Oligarchical Tendencies of Modern Democracy*. New York: Free Press.

59 다음을 참고하라. W. Niskanen (1996). *Bureaucracy and Public Economics*.

Cheltenham: Edward Elgar Publishing Ltd.

60 A. Sen. (1977). 'Rational Fools: A Critique of the Behavioral Foundations of Economic Theory'. *Philosophy and Public Affairs*, 6(4): 317–44.

61 C. Sellers (2017). 'Trump and Pruitt are the Biggest Threat to the EPA in its 47 Years of Existence'. Vox. https://www.vox.com/2017/7/1/15886420/pruitt-threat-epa.

62 M. Mazzucato (2013). *The Entrepreneurial State: Debunking Public vs. Private Sector Myths*. London: Anthem Press.

63 D. Graeber (2015). *The Utopia of Rules: On Technology, Stupidity and the Secret Joys of Bureaucracy*. Brooklyn: Melville House.

64 여기에서 현대의 통화 이론은 흥미로운 통찰을 제공한다. 예를 들어, 다음을 참고하라. W. Mitchell and T. Fazi (2017). *Reclaiming the State: A Progressive Vision of Sovereignty for a Post-Neoliberal World*. London: Pluto Press; W. Mosler (2010). *Seven Deadly Innocent Frauds of Economic Policy*. St Croix: Valance.

65 다음을 참고하라. M. Blyth (2013). *Austerity: The History of a Dangerous Idea*. New York: Oxford University Press; A. Pettifor (2017). *The Production of Money: How to Break the Power of Bankers*. London: Verso.

66 예를 들어, 하이에크는 "그러므로 자유는 개인이 모종의 확실한 사적 영역을 가지고 있다는 것을 전제한다"고 주장했다. Hayek, *The Constitution of Liberty*, p. 61.

결론 덜 인간적인 경제를 향하여

1 하이에크는 신고전파 정치경제학자들이 사회주의자들과 사회주의의 지극히 유토피아적인 사고를 배워야 한다고 명시적으로 주장한 바 있다. "우리는 자유로운 사회를 건설하는 것을 다시 한번 더 학문적인 모험이 되게 만들어야 한다. 그것을 용기의 행위로 만들어야 한다. 우리에게 부족한 것은 자유주의적인 유토피아다. 단순하게 현상을 옹호하는 것도 아니고 사회주의류의 희석된 유토피아도 아닌, 진정으로 자유주의적인 급진주의, 완력(노조의 완력도 포함해서)에 영향받지 않고, 과도하게 실용적인 고려로만 치우치지도 않아서 스스로를 현재의 환경에서 정치적으로 가능해 보이는 것만으로 한정하지 않는 유토피아가 필요하다. 우리는 지성의 지도자들이 이상을 위해 기꺼이 나서고자 해야 한다고 생각한다. 실현될 가능성이 얼마나 적든 간에 말이다. 그들은 원칙을 고수하는 사람이어야 하고 아무리 멀더라도 그것의 완전한 실현을 위해 싸울 수 있는 사람이어야 한다." F. A. Hayek (1949). 'The Intellectuals and Socialism'. *University of Chicago Law Review*, 16(3): 417–33, pp. 432–3.

2 C. Bray (2016). 'No Laptop, No Phone, No Desk: UBS Reinvents the Work Space'. *The New York Times*. https://www.nytimes.com/2016/11/04/business/dealbook/

ubs-bank-virtual-desktops-london.html?action.
3 같은 글.
4 같은 글.
5 F. A. Hayek (1944). *The Road to Serfdom*. London: Routledge.
6 R. Booth (2018). 'DPD Courier Who Was Fined for Day Off to See Doctor Dies from Diabetes'. *The Guardian*. https://www.theguardian.com/business/2018/feb/05/courier-who-was-fined-for-day-off-to-see-doctor-dies-from-diabetes.
7 S. Hilton (2015). *More Human: Designing a World Where People Come First*. New York: W. H. Allen.
8 같은 책, p. 163.
9 D. Pink (2014). *To Sell Is Human: The Surprising Truth about Moving Others*. London: Canongate Books Ltd.
10 같은 책, p. 6.
11 D. Pink (2013). 'Why "To Sell Is Human"'. Knowledge at Wharton. https://www.youtube.com/watch?v=J6EjBwrdHgE&t=381s.
12 다음을 참고하라. A. Culp (2016). *Dark Deleuze*. Minneapolis: Minnesota University Press.
13 그래서, [영화 〈울프 오브 월스트리트The Wolf of Wall Street〉의 실제 모델] 조던 벨포트가 뛰어난 금융 세일즈맨이 될 수 있는 방법에 대해 쓴 책에서 주장했듯이, 여기에는 "늑대의 방법"이 없다["늑대의 방법"은 그가 쓴 책 제목이다]. 다음을 참고하라. J. Belfort (2017). *Way of the Wolf: Straight Line Selling: Master the Art of Persuasion, Influence and Success*. New York: North Star Way.
14 G. Deleuze (2006). *Coldness and Cruelty*. New York: Zone Books.
15 G. Deleuze (2011). *Gilles Deleuze from A to Z*. Cambridge, MA: MIT Press.
16 N. Chomsky and M. Foucault (2006). *The Chomsky–Foucault Debate: On Human Nature*. New York: The Free Press.
17 다음을 참고하라. N. Chomsky (2017). *Optimism over Despair*. London: Penguin; N. Chomsky (2015). 'Noam Chomsky on Moral Relativism and Michel Foucault'. https://www.youtube.com/watch?v=i63_kAw3WmE.
18 D. Harvey (2014). *Seventeen Contradictions and the End of Capitalism*. London: Profile Books.
19 같은 책, p. 287.
20 다음을 참고하라. T. Morton (2017). *Humankind: Solidarity with Nonhuman People*. London: Verso.
21 이에 대해 더 알아보려면 다음을 참고하라. G. Standing (2017). *Basic Income: And How We Can Make It Happen*. London: Pelican/ Penguin; R. Bregman (2016).

Utopia for Realists: The Case for a Universal Basic Income, Open Borders, and a 15-hour Workweek. Amsterdam: The Correspondent.

22 예를 들어, 다음을 참고하라. E. A. Roy (2016). 'Zero-hours Contracts Banned in New Zealand'. *The Guardian*. www.theguardian.com/world/2016/mar/11/zero-hour-contracts-banned-in-new-zealand.

23 이 밖에도 최근에 주목할 만한 사례들이 있었다. 맥도날드 노동자들은 영국에서 처음으로 파업을 했다. 미국 패스트푸드 노동자들은 패스트푸드 업계에 만연한 '기습 스케줄'에 맞서 저항했다. 또 야간 시간대에 청소 업무를 하는 이주 노동자들은 런던에서 한 다국적 아웃소싱 기업을 상대로 소송을 제기해 승리했다. 다음을 참고하라. J. Kollewe and N. Slawson (2017). 'McDonald's Workers to Go on Strike in Britain for First Time'. *The Guardian*. https://www.theguardian.com/business/2017/sep/04/mcdonalds-workers-strike-cambridge-crayford; P. Szekely (2017). 'Not So Fast: US Restaurant Workers Seeking a Ban on Surprise Scheduling'. Reuters. www.reuters.com/article/us-usa-fastfood-schedules/not-so-fast-u-s-restaurant-workers-seek-ban-on-surprise-scheduling-idUSKBN1A20VC; A. Chakrabortty (2017). 'College Cleaners Defeated Outsourcing: They've Shown It Can Be Done'. *The Guardian*. https://www.theguardian.com/commentisfree/2017/sep/12/college-cleaners-outsourcing-soas.

24 다음을 참고하라. P. Fleming (2017). *The Death of Homo Economicus: Work, Debt and the Myth of Endless Accumulation*. London: Pluto.

25 A. Kleinknecht, Z. Kwee and L. Budyanto (2016). 'Rigidities through Flexibility: Flexible Labour and the Rise of Management Bureaucracies'. *Cambridge Journal of Economics*, 40(4): 1137–47, p. 1137.

26 L. Mishel and J. Schieder (2017). 'CEO pay remains high relative to the pay of typical workers and high-wage earners'. Economic Policy Institute. http://www.epi.org/publication/ceo-pay-remains-high-relative-to-the-pay-of-typical-workers-and-high-wage-earners/.

27 하이에크가 고용주뿐 아니라 노동자에게서도 '노동자 협동조합'이라는 개념을 없애기 위해 조직적인 노력을 기울였다는 점은 흥미롭다. 그는 협동조합이 자본주의에 심대한 위협을 제기할 뿐 아니라, 불합리하고 어리석은 것이라고 생각했다. 그의 주장은 거의 우스꽝스럽지만 신자유주의적 정책 결정자와 대변인들이 생산적이고 민주적이며 목적을 달성해내는 조직들을 공격하는 데 유용한 무기가 됐다. 그는 다음과 같이 언급했다. "공장이나 산업을 경영하는 일은, 그들[노동자들]이 고객의 이해관계를 위해서도 동시에 일하지 않는 한 노동자들이 별도로 구성한 영구적인 조직의 이해관계에 의해 수행될 수 없다. 그뿐 아니라, 기업 경영에 실질적으로 참여하는 것은 [일부 시간을 쪼개서 할 수 있는 일이 아니라] 전일제로 해야 하는 일이므로, 경영에 참여하

는 노동자는 곧 노동자 집단의 이해관계에서 멀어진다. 따라서 이런 조직을 거부해야 하는 이유는 고용주 관점에서만의 이야기가 아니다. 노조의 입장에서도 노조 지도자들이 기업 경영에 참여하는 것은 고려하지 말아야 한다." F. A. Hayek (1960). *The Constitution of Liberty*. University of Chicago Press, p. 396.

28 예를 들어, 다음을 참고하라. A. Pang (2016). *Rest: Why You Get More Done When You Work Less*. New York: Penguin; H. Matharu (2016). 'Employers in Sweden Introduce Six-Hour Work Day'. *The Independent*. www.independent.co.uk/news/world/europe/sweden-introduces-six-hour-work-day-a6674646.html; P. Fleming (2015). *The Mythology of Work: How Capitalism Persists Despite Itself*. London: Pluto.

29 R. Epstein (2015). 'Richard Epstein Enriches Us with His Ideas on Inequality, Taxes, Politics, and Health Care'. The Hoover Institution. https://www.youtube.com/watch?v=7sJPZeSl-5M.

30 엡스타인은 임의 계약을 (그다지 설득력 없게) 옹호하면서 "개인적인, 혹은 성적인 서비스를 제공하기를 거부할 경우" 노동자들이 해고될지 모른다는 비판을 지나가는 말로나마 언급하긴 했다. 하지만 엡스타인은 그렇더라도 이것이 국가가 일률적으로 하나의 규제(해고 시 '정당한 사유'가 있어야 한다는 조항도 포함해서)를 적용하는 것보다는 낫다고 생각했다. 개인의 자율성과 자유는 고용주와 피고용자 모두에게 불가침의 것으로 보호돼야 하기 때문이라는 것이다. 여기에서도 노동은 개인의 선택과 선호에 의한, 전적으로 사적인 문제로 상정돼 있다. 이런 이데올로기가 슈거 대디 자본주의 경제에서 너무나 널리 이용되고 있다. R. Epstein. (1984) 'In Defense of the Contract at Will'. *University of Chicago Law Review*, 51(4): 947–82, p. 949.

찾아보기

ㄱ

ㅇ

ㅎ

A-Z

슈거 대디 자본주의

2020년 11월 13일 1쇄 발행

지은이 피터 플레밍
옮긴이 김승진
펴낸이 김상현, 최세현 **경영고문** 박시형

책임편집 정상태 **교정교열** 김미영 **디자인** 디자인비따
마케팅 양근모, 권금숙, 양봉호, 임지윤, 조히라, 유미정
디지털콘텐츠 김명래 **경영지원** 김현우, 문경국
해외기획 우정민, 배혜림 **국내기획** 박현조
펴낸곳 (주)쌤앤파커스 **출판신고** 2006년 9월 25일 제406-2006-000210호
주소 서울시 마포구 월드컵북로 396 누리꿈스퀘어 비즈니스타워 18층
전화 02-6712-9800 **팩스** 02-6712-9810 **이메일** info@smpk.kr

ISBN 979-11-6534-247-0(03330)

- 이 책의 국립중앙도서관 출판시도서목록은 서지정보유통지원시스템 홈페이지(http://seoji.nl.go.kr)와 국가자료공동목록시스템(http://www.nl.go.kr/kolisnet)에서 이용하실 수 있습니다.
  (CIP제어번호 : CIP2020041413)

- 잘못된 책은 구입하신 서점에서 바꿔드립니다.
- 책값은 뒤표지에 있습니다.